20세기 교회사

세계화 시대의
그리스도교

믿음이란 한 알의 밀알이 땅에 떨어져 죽음으로 많은 열매를 맺음과 같이 진리의 열매를 위하여 스스로 죽는 것을 뜻합니다. 눈으로 볼 수는 없으나 영원히 살아 있는 진리와 목숨을 맞바꾸는 자들을 우리는 믿는 이라고 부릅니다. 「믿음의 글들」은 평생, 혹은 가장 귀한 순간에 진리를 위하여 죽거나 죽기를 결단하는 참 믿는 이들의, 참 믿는 이들을 위한, 참 믿음의 글들입니다.

His+STORY
그리스도교의 역사 5

20세기 교회사 _____

세계화 시대의
그리스도교

--

GLOBALIZATION AND
CHRISTIANITY IN THE
TWENTIETH CENTURY

'역설의 세기'에
그리스도교는 어떻게
부흥·변모해 왔나?

--

배덕만
지음

기획 취지문

역사에서 신앙과 개혁의 길을 묻다

2017년은 종교개혁 500주년이라는 뜻깊은 해다. 그러나 한국 교회는 갱신과 개혁에 대한 기대로 그리스도교 공동체와 한국 사회에 새로운 희망을 주기보다는 세상으로부터 그 어느 때보다 따가운 질책을 받으며 곤혹스러운 시간을 보내고 있다. 오래전부터 교회는 세상의 고통이나 불의, 신앙의 사회적 차원에 대해서는 거의 관심을 보이지 않았고, 복음의 본질도 철저히 망각한 채 맘몬신과 성장·성공이라는 세속적 가치를 추구하는 데 여념이 없었다. 신자들이 그저 자신의 욕망을 신앙의 이름으로 포장해 추구하지만, 교회는 그런 풍조를 방임하거나 심지어 북돋고 있다. 교회가 세상에 귀감이 되기보다는 걱정거리로 전락해 있으며, 종교인들이 저지른 사회적 비리와 낯 뜨거운 일탈행위들은 일일이 열거할 수 없을 정도가 되었다. 철저히 세속화된 종교, 21세기 한국 그리스도교의 민낯이다. 이는 사실상 종교개혁 직전 부패와 모순으로 저항에 직면했던 유럽의 가톨릭교회와 비교해도 전혀 나을 것이 없다. 폭발적인 성장에 취해 스스로를 돌아볼 기회를 갖지 못했던 한국 교회는 치명적인 위기에 직면해서야 비로소 반성과 성찰을 강요받고 있다. 한때 세계 그리스도교의 희망이었던 한국 교회가 어찌하다 이 꼴이 되었을까? 길을 잃은 한국 교회는 일단 가던 길을 멈추고 지나온 길들을 찬찬히 돌아보며 길을 잃게 된 원인을 점검해 봐야 한다.

개신교인들은 종교개혁을 명분과 정당성을 갖춘 사건으로 확신한다. 그런데 지난 500년간 가톨릭교회에서 이탈하여 종교개혁가들이 건설한 새로운 교회가 과연 온전히 성경다운 교회상을 구현하고, 바람직한 발전을 거쳐 왔는지 냉철하게 돌아볼 시기가 되었다. 사실상 한국 교회뿐 아니라, 그리스도교 역사 중 상당 부분이 지구촌 공동체로부터 부정되고 있는 현실을 성찰해야 한다. 그리스도교는 현재 세상의 어두움을 밝히는 진리이기는커녕 일반적으로 기대되는 종교의 모습에도 크게 미흡하다는 평판을 받고 있다. 그로 인해 세상은 종교개혁 500주년을 그리 의미 있는 일로 평가하지 않으며, 오히려 그리스도교가 경제정의, 자유, 민주, 인권 등 현대 문명의 발전에 걸림돌이 되고 있는 현실에 주목한다. 그런 맥락에서 때마침 맞이하는 종교개혁 500주년은 통렬한 성찰의 계기가 되어야 한다. 정작 필요한 것은 거창한 과시용 행사들이 아니라, 세계 교회와 한국 교회가 어디에서 길을 잃었는지 역사의 경로를 되짚어 보며 차분하게 묻고 찾는 모색의 과정이다.

이 기획은 이러한 자기성찰로부터 비롯되었다. 그리스도인 공동체와 제도로서의 교회가 팔레스타인 지역에서 시작된 후 현재에 이르기까지 전 과정을 세속사의 전개와 더불어 찬찬히 살펴보며, 그 변화와 성장, 일탈과 갈등의 과정들 속에서 새로운 통찰과 전망을 얻고자 하는 시도다. 그리스도교 역사의 발전 과정에서 이루어졌던 개혁들과 일련의 운동들이 남긴 긍정적인 성과들뿐만 아니라, 의도하지 않았을지라도 결과적으로 부정적인 유산을 초래하게 된 원인들에 대해서도 관심을 두고 추적하려 한다. 세상의 길과 교회의 길이 다르다는 주장을 간과하지 않겠지만, 종교의 이름으로 자행되었던 흉악하고 반인륜적인 범죄들을 대면하려는 노력도 포기하지 않을 것이다. 그 과정에서 현재 길을 잃고 헤매는 한국 교회와 그리스도교인들에게 주는 시사점을 찾아보고자 한다.

이 기획이 기왕에 출판된 여러 세계교회사 시리즈와 차별을 보이는 부분은 대략 다음 세 가지로 요약할 수 있을 것이다.

첫째, 교회사와 세속사를 적극적으로 통합하여 그리스도교 역사를 전체사로 다루는 것을 목표로 삼는다. 그리스도교인들은 역사(歷史)가 하나님이 주관하는 역사(役事), 즉 'His Story'임을 고백하는 자들이다. 그럼에도 불구하고 기존의 교회사들은 제도로서의 교회, 교리, 신앙운동 등 제한적인 종교사를 서술하는 것으로 만족한다. 이 기획은 세속사를 전공하는 역사가들과 교회사가들이 상호 협력하여 교회사와 세속사를 그리스도교적 안목으로 통합적으로 서술하려는 시도다. 세속사에서는 교회사를 지엽적인 것으로 생각하는 경향이 있고, 교회사에서는 종교적인 주제에만 관심을 보이면서 사회사적인 풍부한 연구 성과들을 도외시해 왔다. 그러나 어느 시대를 막론하고 그리스도교는 정치는 물론 사회, 경제, 문화 등과도 밀접한 관계를 맺으며 상호작용했다. 종교인과 신자들의 삶의 현장이 세상이기 때문이다. 분량의 제한 때문에 세속사의 모든 주제를 포괄할 수는 없겠지만, 통상 세속사의 영역으로 다루어지던 주제들도 통합적인 안목으로 재해석하려 시도했다.

둘째, 우리 연구자들의 눈으로 세계 그리스도교의 발전 과정을 재해석하려고 시도했다. 그리스도교 역사를 다루는 번역서들은 넘쳐나지만 정작 한국인이 서양 학자들과 다른 시각으로 저술한 저서들은 아직 드물다. 그들의 변형된 제국주의적 시각이 아니라, 한국과 제3세계까지도 포괄하는 다중심성의 시각으로 그리스도교의 발전과 전개를 새롭게 해석하기 위해서는 한국과 같은 주변부 연구자들의 적극적인 기여가 요청된다. 유럽중심주의적 시각에서 벗어나야 할 필요성은 근현대 시기뿐 아니라, 근대 이전 시기의 역사에 대해서도 마찬가지로 절실하다. 이 책은 예루살렘과 땅끝을 균형 있게 살피는 태도를 견지하고자 했다.

셋째, 연구 업적의 축적과 방대한 사료들로 인해 한두 학자가 세계사 전체의 서술을 감당할 수는 없다. 그로 인해 해당 분야의 전문가들 중에 그리스도교 역사에 관심을 갖고 연구해 온 학자들을 엄선하여 저술을 의뢰함으로써 전문성에 있어서 미흡함이 없도록 배려했다. 이 기획에서는 통상적인 시대구분법을 감안해 세계사 전체를 다섯 부분으로 나누어 집필하도록 했다.

① 서양 고대에 해당되는 시기로, 그리스도교가 출현하여 제국의 종교로 발전하게 된 국면

② 서양 중세에 해당되는 15세기까지로, 그리스도교가 유럽 문명의 속성을 지니게 된 국면

③ 근대 전기를 대체로 포괄하는 16–17세기로, 종교개혁과 종교전쟁의 시기

④ 근대 혹은 '장기의 19세기'라고 불리는 시기로, 계몽주의와 혁명들 그리고 제국주의 시대

⑤ 시간적으로는 현대로 분류되는 20세기로, 공간적으로는 지구촌 전체를 아우르게 된 시대

이와 같이 국내 중견급 학자들이 협업하며 그리스도교 역사를 통사로 서술하는 기획은 사실상 국내에서 처음으로 시도되는 일이다. 학문 세계의 축적을 감안하면 무모하게 생각되는 측면도 있지만, 출판사와 저자들은 광야에 길을 내는 심정으로 용기를 내어 의기투합했다. '홍성강좌'라는 이름으로 필자들은 2016년 초부터 한 학기씩 관심 있는 독자들을 모아 파일럿 강의를 시작했고, 그 강의안과 교실에서 실제 이루어졌던 토론 내용 등을 보완하여 책으로 완성하는 절차를 밟았다. 집필에 참여한 여러 연구자들은 함께 콘셉트, 역할 분담, 용어 등 일부 사안들에 대해 의견을 나누었다. 각 권의 저술은 각 담당자들이 책임을 지며 소신껏 진행하기 때문에 어느 정도 견해 및 시각 차이도 피할 수 없을 것이다. 그렇지만 드러나게 될 차이들이 오히려 서로를 긍정적인 방향으로 이끄는 좋은 자극제가 되리라 기대한다.

역사에서 신앙과 개혁의 길을 묻는 긴 여정의 동반자로 당신을 초대한다.

2017년 9월

홍성강좌 기획위원

박흥식(서울대 서양사학과 교수)

머리말

20세기에는 거대하고 극적인 변화가 세계 도처에서 동시다발적으로 발생했다. 19세기 서구 열강의 식민지 건설로 세계는 정치·경제·문화적으로 긴밀히 연결되기 시작했고, 20세기에는 그 네트워크가 훨씬 더 빠르고 체계적으로 구축되어 마침내 '지구촌 시대'가 도래했다. 특히 이런 변화는, 18세기 산업혁명 이후 서유럽을 중심으로 발전하여 20세기 들어 경이로운 결과물들을 대량으로 쏟아낸 과학기술의 눈부신 발전 때문에 가능했다. 즉, 전화, 라디오, 텔레비전, 컴퓨터 그리고 제트여객기로 대표되는 운송수단의 혁신적인 발전으로, 시공간의 물리적 한계가 빠르고 광범위하게 극복되면서 인간의 삶 자체가 근본적으로 변한 것이다.

　이런 물질적 변화는 18세기 계몽주의의 출현과 함께 본격적으로 발전한 민주주의 및 자본주의와 연동되어 진행되었다. 세계 각국에서 교육의 기회와 수준이 크게 향상되고 대중매체가 널리 보급되면서 정보의 대중화·보편화가 실현된 결과, 군주제와 노예제, 정교일치와 신정사회 같은 전근대적 제도들이 폐지되고 참정권을 포함한 인권이 크게 신장되었다. 농업기술, 생산력, 위생관념, 위생시설, 의약품 개발, 의학기술 등의 끝없는 발전으로 극단적인 빈곤과 치명적인 질병도 상당 수준 극복되었다. 이로써 인간의 평균수명도 늘어나고 인구도 급증했다. 그뿐만 아니라 텔레비전, 컴퓨터, 냉장고, 자동차, 휴대폰 등의 보급으로 대중의 생활수준이 크게 개선되었고, 영화, 음악, 스포츠 등이 널리 확산되면서 거대한 대중문화 산업이 대두되었다.

한편, 전 세계로 팽창된 제국주의와 자본주의, 이것을 지지하고 정당화한 제국의 다양한 정치적 실험은 자유주의, 공산주의, 사회주의, 무정부주의, 파시즘 같은 이념들의 탄생과 갈등으로 이어졌다. 결국, 과학기술의 발전과 제국주의의 팽창, 이념적 갈등은 제1, 제2차 세계대전 그리고 냉전을 불러일으키며 전대미문의 폭력과 살상을 초래했다. 칼과 창을 든 병사들이 분리된 전쟁터에서 전개하던 과거의 전쟁이 최첨단 과학기술과 결합된 대량살상무기, 그리고 전 국민이 동원된 총력전으로 발전하여 헤아릴 수 없이 많은 사람이 상해를 입거나 사망했다. 그리스도교가 지배하던 중세 시절에는 교회와 국가가 결탁하여 신의 이름으로 벌인 십자군전쟁과 이단사냥에 의해 인류가 극심한 고통을 당했다면, 세속화된 20세기에는 새로운 정치·경제적 이념들이 교회와 종교의 자리를 차지하고 민족과 국가의 이름으로 인류를 향해 무자비한 폭력과 억압의 칼을 휘둘렀다. 그 결과, 20세기는 인류 역사상 가장 찬란한 세기이자 가장 처참한 세기로 기억될 것이다. 정녕 20세기는 역설의 세기다.

이런 20세기의 명암은 그리스도교에도 직간접적으로 영향을 끼쳤다. 무엇보다 제국주의의 확산은 그리스도교 선교활동의 1차적 배경으로 기능했다. 특히, 미국이 막강한 경제력과 군사력을 바탕으로 20세기 초반 새로운 제국으로 등장했고, 20세기 후반에는 세계 유일의 초강대국으로 등극했다. 이후 미국의 영향력이 빠르게 세계로 확장되면서, 미국형 그리스도교(복음주의, 오순절운동, 번영신학 등)도 미국의 군대, 자본, 문화와 함께 세계 도처로 전파되었다. 그 결과, 전통적 그리스도교 지역인 유럽과 아메리카뿐만 아니라 아시아와 아프리카에서도 그리스도교가 급성장했다. 심지어 그리스도교의 지리적 범주가 확장되면서 그 중심축이 북반구(Global North)에서 남반구(Global South)로 이동하는 뜻밖의 결과도 발생했다. 이런 확장과 변화의 영향하에 은둔의 나라 조선도 20세기 그리스도교 역사에 참여할 수 있었다.

프랑스혁명 이후 세계적으로 유행한 자유주의, 유럽과 라틴아메리카에서 맹위를 떨친 파시즘, 소련을 필두로 하여 동유럽과 아시아를 강타한 공산주의, 그리고 아프리카와 중동 지역에서 여전히 지배적인 이슬람의 영향으로 그리스도교는 세계 도처에서 20세기 후반까지 암울한 시절을 보내기도 했다. 하지만 공산주의의 몰락과 냉전의 종식, 미국의 주도하에 확산된 신자유주의와 세계화는 '묵시적 암흑기'를 통과하던 많은 그리스도인에게 새로운 기회와 피난처를 제공했다. 동시에 정치적 환경이 안정되고 교인 수가 증가하면서 선교와 목회를 위한 반전의 기회가 마련되었다. 그 결과, 신학·영성·문화 면에서 그리스도교의 '새로운 르네상스'가 도래했다. 오랫동안 형이상학에 기울었던 신학이 마침내 구체적인 현실에 주목하기 시작했고, 서유럽 백인 남성들이 독점하던 신학계에서 제3세계, 유색인종, 여성 및 성소수자들의 목소리가 들리기 시작했다. 영화, 음악, 문학, 건축, 미술 영역에서도 세속화와 신앙의 문제를 탁월하게 조명한 작품들이 세계 각국에서 꾸준히 발표되었다.

이런 신학의 각성, 선교운동의 성숙 및 문화적 발전으로 타문화와 타종교, 그리고 그리스도교 내부의 다른 전통 및 교파 간의 대화와 협력도 가능해졌다. 2,000년간 다양한 이유로 끝없이 분열했던 그리스도교가 마침내 대화와 협력을 통해 상생과 공존의 길을 모색하기 시작한 것이다. 이런 용감하고 창조적인 노력 덕택에, 종교개혁 이후 개신교가 '오직 믿음, 오직 성경, 오직 그리스도'에 집중하느라 상대적으로 간과했던 그리스도교의 다른 유산들, 특히 서방교회와 동방교회의 영적·문화적 전통을 적극 수용하기 시작했다. 사실 개신교는 오랫동안 개인의 소박한 믿음과 감각적 체험에 주목하면서 부흥운동과 전도활동에 전념해 왔다. 그 결과, 개신교 영성은 개인의 현실적 욕망과 필요에 집중하는 대중적 특성이 매우 강했다. 하지만 이제 개신교 내에서 교회의 공공성과 공동체성, 그리고 성도의 내적 변화와 인격적 성숙을 함께 추구하는 수도원적 영성에 마음을 열기 시작하면서 개신교 영성이 한층 다양하고 풍성해졌다. 이로써 20세기는 '종교 이후 시대'(post religious era)가 아니라 '새로운 부흥의 시대'로 기억될 것이다. 물론 국가와 교회, 혹은 정치와 종교가 일치되었던 중세 그리스도교왕국(Chris-tendom)과 비교할 수준은 아니지만, 19세기 빠르게 상실했던 그리스도교의 활기와 영향력이 다양한 영역에서 상당 부분 회복된 것이다.

20세기 그리스도교는 이전과 매우 다른 현실에 직면하여 이런 긍정적 측면과 함께 다양한 문제와 부작용, 한계도 드러냈다. 오랫동안 종교적 억압을 당했던 전통적인 그리스도교 지역에서 교회들이 자유와 교세를 회복하고 비그리스도교 지역에서의 선교활동이 전투적으로 전개되는 과정에서, 중앙통제력이 부재한 개신교회들은 많은 난제와 씨름하며 적지 않은 시행착오를 반복한 것이다. 동시에, 미국 중심의 세계화가 진행되다 보니 세속화의 영향력과 이에 대한 반작용이 강하게 충돌했다. 특히, 미국 문화와 복음이 함께 전파된 지역에서는 십자가 복음과 하나님 나라 신앙이 번영신학 및 교회성장학에 압도당했고, 자본주의와 자유민주주의가 성경적 가치와 이상으로 정당화되는 신학적 왜곡과 신앙의 변질이 발생했다. 신비 체험에 대한 과도한 집착과 성경 및 신학에 대한 무지, 성속이원론에 근거한 협소한 복음 이해, 그리고 세상을 향한 예언자적 책임의 부재 등으로, 세속사회에서 교회의 입지와 영향력이 크게 약화되었다. 심지어 반인륜적·탈사회적·반복음적 사이비와 이단들이 끝없이 양산되어 선교와 개혁의 길에 이들은 치명적인 방해물이 되었다.

또한 선교와 생존을 위한 현실적 이유 때문에 정통 교회들이 부당한 정권 및 불의한 이념과 유착관계를 형성함으로써 개혁과 변혁의 주체가 아닌 저항과 개혁의 대상으로 전락하기도 했다. 때로는 타문화에 대한 몰이해와 타종교에 대한 과도한 적대감으로, 교회가 불필요한 갈등과 안타까운 희생의 원인이 되기도 했다. 이런 문제들은 교회가 합리적인 이성과 건전한 윤리, 겸손한 신앙과 정직한 신학, 보편적 인권과 기본적 관용에 주목하고 실천할 때 상당 부분 예방하거나 해결할 수 있는 것이었다. 하지만 20세기 그리스도교는 이 문제들을 방지하거나 극복하는 데 큰 기여를 하지 못했다. 결과적으로, 그리스도교 역사에서 20세기는 '묵시적 암흑기'와 '새로운 르네상스'가 긴장 속에 공존한 시기이다.

이 책에서는 20세기 그리스도교가 거쳐 간 역사적·종교적 현실을 배경으로, 개신교의 복잡하고 역동적인 역사를 몇 가지 영역과 주제로 분류하여 살펴본다. 1장부터 3장에서는 20세기 그리스도교의 세계적 확장을 현실화한 선교운동의 구체적인 양상을 검토하고, 이 운동을 가능케 한 동력과 제도로서의 복음주의 및 오순절운동의 역사를 살펴본다. 4, 5, 6장에서는 20세기 그리스도교의 다양한 내용을 영성, 신학, 문화로 구분하여 상세히 다룬다. 아울러 세속화, 이념과 계급, 인권과 해방, 전쟁과 폭력에 직면하여 출현한 신학적·영성적·문화적 실험들을 소개한다. 7, 8, 9장에서는 개신교 안팎에서 진행된 그리스도교의 다양한 흐름을 정리한다. 먼저, 로마 가톨릭교회를 교황과 국가로 구분하여 살피고, 동방 그리스도교의 다양한 분파를 지역과 특성별로 검토한다. 이어서 개신교 주요 이단들의 역사와 실체를 국내외로 구분하여 추적한다.

이렇게 책의 주제를 선택하고 구조를 결정하는 데 몇 가지 사항을 염두에 두었다. 첫째, 그리스도교의 세계화를 구체적으로 추적하는 일이다. 20세기 들어 복음이 서유럽에서 세계 도처로 확산되고, 다시 피선교지에서 선교지로 역수출되는 과정에 주목했다. 또한 유럽 밖의 지역과 국가들에서 전개된 교회와 신자들의 다양한 활동을 포함시켰다. 둘째, 각 주제에 해당하는 한국 교회 이야기를 언급하고자 했다. 19세기 말에 시작된 한국 개신교 역사의 대부분이 20세기에 해당하므로, 이 역사를 20세기 그리스도교 역사에 포함시켜 세계사적 맥락에서 한국 교회를 조명하려 했다. 셋째, 20세기 그리스도교 역사를 좀 더 객관적으로 이해하고 정직하게 평가하는 작업을 했다. 20세기 역사의 영향과 유산이 생생히 살아 있는 21세기 초에 이 책을 집필했기에, 과거를 냉정히 성찰하고 미래를 신중하게 전망하는 것이 중요했다. 그래서 기존 교회사에서 간과하거나 약술했던 로마 가톨릭교회와 동방 그리스도교, 그리고 각종 분파들에 적지 않은 분량을 할애했고, 각장 끝에는 "평가와 전망" 항목을 담았다.

작업을 마치면서 만감이 교차한다. 나는 20세기 미국교회사를 전공했기에, 큰 어려움 없이 20세기 그리스도교와 관련하여 강의와 집필을 감당하리라 예상했다. 하지만 현실은 생각과 많이 달랐다. 매주 강의를 준비하는 것도 쉽지 않았지만, 책을 집필하는 것은 훨씬 지난한 작업이었다. 역사가로서 한계를 절감하면서, 더 많이 읽고 더 깊이 사유하고 더 치열하게 써야 한다는 각성의 시간을 보냈다. 그러기에 더욱, 학자로서 역량이 많이 부족한 사람에게 귀한 강의와 집필의 기회를 허락하신 홍성사와 늦은 밤까지 진행된 강의를 끝까지 경청해 주신 모든 수강생 여러분께 진심으로 감사를 드린다. 끝으로, 나의 학문과 실천의 여정에서 길벗이 되어 주는 기독연구원 느헤미야 가족들, 하나님 나라를 향한 좁고 험한 길을 함께 걷는 백향나무 교우들, 한결같은 사랑으로 나의 길을 지지해 주는 아내 숙경과 세 딸 수연, 소연, 서연에게 감사와 사랑을 전한다. 그리고 이 모든 것을 가능케 하신 삼위일체 하나님께 영광을!

2020년이 시작되는 달
부평에서

13

차례

선고운동:
지각변동을 일으키다

1

19세기는 '위대한 선교의 세기'로 불려 왔다. 유럽의 종교였던 그리스도교가 전 세계로 확장됨으로써 이런 19세기 현상은 20세기에도 지속되었다. 다양한 형태의 선교운동, 선교신학, 선교단체 그리고 선교사들의 출현으로, 20세기 선교사역은 강력한 영적·인적 동력과 신학적 정당성을 획득했다. 그뿐만 아니라, 운송수단 및 통신기술이 비약적으로 발전함에 따라 인구이동이 훨씬 쉽고 활발해졌으며, 그리스도교의 세계적 확산에도 가속도가 붙었다. 19세기 세계 선교 주도권이 영국에 있었다면, 20세기 선교는 미국이 주도했다. 하지만 전 세계로 선교 영역이 확장되고 제2차 세계대전 이후 많은 식민지들이 독립함으로써 수(數)와 열정 면에서 그리스도교의 중심축이 북반구에서 남반구로 이동했다. 2,000년 교회사에서 또 한 번의 근본적 지각변동이 발생한 것이다.

 ## 시대별 선교운동

1901–1945년

19세기 서유럽 열강들은 경쟁적으로 해외식민지 건설에 뛰어들었다. 이들은 산업혁명 이후 눈부시게 발전한 과학기술과 막강한 군사력·경제력을 토대로, 아프리카, 아시아, 라틴아메리카로 자신들의 영향력을 빠르게 확장했고, 다양한 교파와 선교회 소속의 선교사들을 대규모로 파송했다. 20세기 초반의 세계 선교는 서구의 식민지 개척과 동시에 진행되었다.

아프리카 선교는 19세기 영국과 프랑스 선교사들이 개척했다. 이후 독일, 이탈리아, 벨기에 등이 경쟁적으로 아프리카에 진출했고, 로마 가톨릭, 영국 성공회, 감리교가 이 지역 선교를 주도했다. 19세기 말 아프리카에는 약 1,000만 명의 그리스도인이 있었다. 그것은 아프리카 전체 인구의 9퍼센트에 해당했다. 하지만 20세기 미국의 오순절파 신자들이 선교에 뛰어들면서 선교 역사의 새로운 시대가 열렸다. 서양 선교사들과 원주민 사역자들의 헌신으로 아프리카 그리스도교는 빠르게 성장해 1950년 당시 신자 수가 3,400만 명에

중국내지선교회 창설자 허드슨 테일러

이르렀고 이는 아프리카 전체 인구의 15퍼센트를 차지했다.

　　20세기 아시아는 서양 선교사들의 각축장이었다. 19세기부터 서유럽 출신의 선교사들이 인도·중국·일본·한국에서 헌신적으로 사역하고 있었고, 이런 흐름이 20세기에는 더욱 고조되었다. 중국의 경우, 허드슨 테일러(James Hudson Taylor, 1832-1905)의 중국내지선교회(China Inland Mission, CIM)가 선교 역사를 다시 쓰고 있었다. 20세기 초반, 이 선교회 소속 선교사 800여 명을 포함하여 약 8,000명의 서양 선교사들이 중국에서 활동하고 있었다. 이들을 통해 13개 대학과 6,000여 개 초·중학교, 900여 개 병원이 설립되었다. 그 결과, 1949년 중국이 공산화되었을 때 중국 그리스도인 수는 500만 명가량 되었다. 한편, 1859년 개신교 선교가 시작된 일본의 경우도, 1897년까지 297개 교회와 3만 4,000명 신자가 있었으나 1941년에는 23만 3,000명으로 급증했다.

　　라틴아메리카는 오랫동안 스페인과 포르투갈의 지배를 받으면서 로마 가톨릭교회가 깊이 뿌리 내린 곳이다. 하지만 1898년 미국-스페인 전쟁에서 승리한 미국이 라틴아메리카 전역에서 막강한 영향력을 행사하면서 개신교 선교사들의 선교활동도 본격적으로 시작되었다. 라틴아메리카 개신교 선교활동은 1906년 아주사 거리(Azusa Street)에서 폭발한 오순절운동의 영향을 크게 받았다. 1909년부터 오순절파 선교사들이 아르헨티나, 페루, 브라질 등지에서 선교사역을 시작한 것이다. 하지만 초창기에는 주목할 만한 성과를 거두지 못해, 1940년대까지 라틴아메리카 개신교인이 100만 명도 채 되지 않았다.

1946-2000년

두 차례의 세계대전은 세계 선교운동에 결정적인 영향을 끼쳤다. 제2차 세계대전의 종전(終戰)과 함께 제국주의 시대가 종말을 고하면서 많은 식민지들이 독립을 쟁취했다. 이러한 정치적 독립은 곧 종교적 독립으로 이어졌다. 자국 내에서 외국 선교사들의 영향력이 빠르게 축소되었고 본토인에게 선교의 주도권이 넘어갔다. 이후, 이러한 지역에서 그리스도교가 폭발적으로 성장했고 그리스도교 세계가 근본적으로 재구성되었다. 그렇다고 해서 전통적인 선교운동이 중단된 것은 결코 아니다. 오히려 1960년대 이후 전통적 선교단체 외에도 새로운 선교단체가 지속적으로 출현했다. 미국이 이러한 변화를 주도했다. 또한 제2차 세계대전 이후 미국과 소련을 중심으로 세계가 재편되고 냉전이 시작되었다. 동유럽과 아시아에서 공산주의가 빠르게 확산되었으며, 전통적인 그리스도교 국가들과 오래된 선교지들이 공산정부의 탄압으로 극심한 고난을 당했다. 하지만 교회는 그런 탄압을 겪고도 살아남았고, 20세기 후반 소련과 동유럽의 공산정권이 붕괴되면서 다시 옛 세력을 빠르게 회복했다.

특히 20세기 중반에는 아프리카, 라틴아메리카, 아시아에서 개신교가 폭발적으로 성장했는데, 랄프 윈터(Ralph D. Winter)는 이 시기의 성장을 다음과 같이 정리했다.

1953년부터 1960년 사이 한국 교회는 그전 60년 동안 성장한 것보다 더욱 놀랍게 성장했다. 사하라 이남 아프리카 지역교회들은 3,000만 명에서 9,700만 명으로 3배 이상 성장했다. 인도네시아에서는 무슬림 가운데 적어도 5만 명이 그리스도인이 되었다. 이렇게 무슬림이 집단으로 기독교로 개종한 것은 역사상 처음 있는 일이었다. 남인도 감리교단은 종교적 박해 속에서도 9만 5,000명에서 19만 명으로 성장했다. 대만 장로교단은 1955년부터 1965년까지 실시한 '교회 배가운동'에서 성공했다. 라틴아메리카에서는 오순절교단들이 꾸준한 개인 전도를 효과적으로 전개하여, 1945년에 190만 명이던 교인 수가 1970년에는 1,900만 명으로 성장했다. 1970년까지 브라질에서만 복음주의 교회들이 매년 3,000개씩 세워졌다.[1]

이런 성장은 20세기 후반에도 지속되었다. 아프리카의 성장이 가장 경이로웠으며, 그 성장을 견인한 것은 '오순절운동'과 '독립교회운동'이었다. 정치적 혼란과 경제적 빈곤 속에 정령숭배 전통을 이어온 아프리카인들에게 방언과 신유, 축귀를 강조하는 오순절운동은 폭발적 반응을 일으키며 빠르게 확산되었다. 또한 성령체험과 물질적 번영을 결합한 설교와 "열정적인 찬양과 율동적인 박수소리… 치유와 기적을 구하는 기도"가 아프리카인들의 전통적 영성을 크게 자극했다. 오순절운동과 함께 서구 선교단체의 지원 없이 토착교회 설립을 추구하는 독립교회운동도 급성장했다. 그 결과, 이 시기에는 선교단체들이 세운 교회보다 독립교회의 수가 훨씬 많았다. 하지만 독립교회들은 신앙적·신학적 특징에서 오순절운동과 거의 차이가 없었다.[2] 오순절운동과 독립교회운동의 영향으로, 아프리카 서부의 나이지리아는 1960년 1만 2,000개 교회 500만 신자에서 2000년 10만 5,000개 교회 4,400만 신자로 성장했고, 동부의 케냐는 개신교 인구가 10배나 증가했다. 이처럼 아프리카 개신교 인구는 1965년 이래 매일 2만 3,000명이 개종하면서 46퍼센트나 늘었다.

유사한 현상이 라틴아메리카에서도 반복되었다. 로마 가톨릭교회가 지배적인 이 지역에서 1960년부터 개신교가 급성장했다. 매년 16퍼센트 성장세를 유지한 결과, 20세기 말에는 6,000-7,000만 명의 개신교인들이 이 대륙에서 활동하게 되었다. 이는 라틴아메리카 전체 인구의 10-15퍼센트에 해당한다. 과테말라와 칠레의 경우, 개신교인이 전체 인구의 4분의 1을 차지하게 되었고, 브라질에는 3,000-4,000만 명의 개신교인이 있으며, 멕시코 인구의 6퍼센트가 개신교인이다. 이런 성장의 주된 동력도 오순절운동이었다. 1970년 라틴아메리카에서는 오순절파 교회가 다른 교단의 교회들보다 수적으로 2배나 많았으며, 그 격차는 매년 크게 벌어졌다. 예를 들어, 선교학자 랄프 윈터는 1,500만 명 신자를 거느린 브라질 하나님의성회의 경이적인 성장에 대해 이렇게 설명한다. "브라질 오순절의 경우 강점이 있었다. 현지인들의 정령숭배와 영적 존재에 대한 신념체계를 진지하게 취급했다는 것이다. 가톨릭교회와 개신교회들은 이 사실을 가볍게 생각했다."[3]

아시아의 경우, 세계 교회가 중국의 변화에 주목하고 있다. 1949년 공산당이 정권을 잡은 이후, 중국 교회는 오랜 박해와 시련의 시기를 맞이했다. 서양 선교사들이 모두 철수했고, 그리스도교가 정부의 극단적인 박해와 탄압을 받았기 때문이다. 하지만 거의 50년간 지속된 암흑기에도 교회는 외부 도움 없이 생존했고 경이적으로 성장했다. 2017년 현재 중국의 그리스도교 인구는 6,500만-7,000만 명으로 추산되는데, 이는 전체 인구의 5퍼센트에 해당하는 수치로 "프랑스, 영국, 혹은 이탈리아 같은 주요 국가들의 전체 인구보다 많은 것이다."[4] 물론 한국 교회의 성장도 간과할 수 없다. 1950년 60만 명에 불과했던 개신교인 수가 1990년 800만 명으로 늘었기 때문이다. 특히 이 기간 동안, 1958년 5명의 신자로 시작한 하나님의성회 소속 여의도순복음교회는 1990년대 70만 명으로 성장하여 세계 최대 교회가 되었다.

앞에서 언급한 것처럼 20세기 후반 세계 그리스도교의 지형도는 크게 변했다. 오순절운동의 폭발적 영향력하에 남반구 지역에서 개신교회의 수와 영향력이 크게 증가한 것이다. 이런 현상은 이 지역의 인구성장과 연동되어 앞으로 더욱 심화될 것으로 예측된다. 필립 젠킨스(Philip Jenkins)는 이런 현상을 분석하면서 그리스도교의 미래를 다음과 같이 예측한다.

지난 1세기 동안 기독교 세계의 무게중심은 아프리카와 라틴아메리카를 향해서 줄기차게 남쪽으로 내려왔다. 지금 지구상에서 가장 기독교 인구가 많은 곳이 바로 남반구에 존재한다. 우리가 만약 '전형적인' 현대 기독교인을 떠올린다면, 나이지리아의 한 마을이나 브라질 '빈민가'에 살고 있는 한 여성을 그려야 마땅하다.[5]

에큐메니컬운동

세계교회협의회

19세기에 본격적으로 전개되어 20세기까지 이어진 선교운동은 그리스도교의 세계적 팽창에 결정적인 공헌을 했다. 하지만 우후죽순처럼 확산되면서 심각한 갈등과 시행착오도 반복했다. 결국, 이런 현실을 비판적으로 성찰하고 효율적 선교를 위한 국제적 차원의 연대와 협력이 다방면에서 시작되었다. 이런 노력이 1910년 에든버러 세계선교대회(The World Missionary Conference)로 수렴되면서 근대 에큐메니컬운동의 막이 올랐다.

"이 세대 안에 세계 복음화"(the Evangelization of the World in this Generation)라는 주제하에 약 160개 선교회에서 파송한 1,200명의 대표들이 스코틀랜드 에든버러에 모여, 1910년 6월 14일부터 23일까지 8개 분과로 나뉘어 세계 선교를 위한 구체적인 전략을 탐색했다. 존 모트(John R. Mott, 1865-1955)가 대회장을 맡은 이 대회에, 선교사 새뮤얼 모펫(Samuel A. Moffett, 1864-1939)과 조지 존스(George Heber Jones, 1867-1919), 그리고 윤치호(1865-1945)가 참석하여 한국의 선교 상황을 보고했다. 이 대회의 가장 중요한 결실은 교회일치에 대한 인식이 크게 고조된 것이다. 그리고 이 대회의 결정과 열매를 지속하기 위한 제도적 장치가 마련되었다. 먼저, 선교사역의 발전을 도모하기 위해 1921년 국제선교협의회(the International Missionary Council, IMC)가 창설되었다. 이어서 제1차 세계대전의 참상을 경험한 후 그리스도인의 봉사와 윤리적 책임을 감당할 목적으로 스코틀랜드의 조

1910년에 열린 에든버러 세계선교대회

섭 올덤(Joseph Oldham, 1874-1969)과 웁살라 대주교 나단 쇠더블롬(Nathan Söderblom, 1866-1931)의 주도하에 '생활과 사역'(Life and Work)이 1925년 스웨덴 스톡홀름에서 조직되었다. 1927년에는 교회일치를 위한 신학적 토대 마련을 목적으로 '신앙과 직제'(Faith and Work)가 미국 성공회 찰스 브렌트(Charles H. Brent, 1862-1929) 주교의 주도로 스위스 로잔에서 탄생했다.

한편, 세월이 흐르면서 이런 기구들의 통합을 요청하는 목소리가 커져 갔다. 불필요한 혼란과 갈등이 표출되었기 때문이다. 따라서 1937년부터 '생활과 사역'과 '신앙과 직제'의 통합을 위한 노력이 본격적으로 시작되었고, 1941년에는 세계교회협의회(World Council of Churches, WCC)를 창설하기 위한 계획안도 마련되었다. 하지만 이 계획은 제2차 세계대전이 발발하면서 잠정적으로 중단될 수밖에 없었다. 결국, 1948년에 세계 44개국 135개 교단에서 파송한 351명의 대의원들이 암스테르담에 모여 '생활과 사역'과 '신앙과 직제'를 통합하여 '세계교회협의회'를 출범시켰다. 그리고 1961년 인도 뉴델리 총회에서 국제선교협의회(IMC)가 WCC의 '세계 선교와 전도 위원회'로 통합되었으며, 동방 정교회도 정식회원으로 가입했다. 그 결과, 세계교회협의회는 자타공인 에큐메니컬운동의 중심축으로 자리했다.

이후 세계교회협의회로 통합된 기존 기구들은 '위원회'로 변모하여 각자 역할을 충실히 수행했다. '생활과 사역 위원회'는 정치·경제·사회적 정의구현 및 과학과 기술, 핵, 환경, 생태 문제에 관심을 집중하며 실천방안을 모색했다. '신앙과 직제 위원회'는 교회들의 가시적인 연합과 일치를 위해 노력하면서 〈리마문서〉(1982), 〈세계 교회가 고백해야 할 하나의 신앙고백〉(1990), 〈교회의 본질과 선교〉(2005)를 세상에 내놓았다. 그리고 '세계선교와 전도 위원회'는 '하나님의 선교'(Missio Dei)를 표방하며 삶의 모든 영역에서 삼위일체 하나님의 통치를 앙망했다. 세계교회협의회는 2019년 현재약 150개국 52만 교회와 49만 3,000명의 성직자, 5억 9,000만 명의 신자들을 대표한다고 주장한다.

로잔대회

19세기 중반 이후, 교회는 성경과 과학, 사회적·정치적 쟁점에 대한 입장 차로 진보와 보수로 분열되기 시작했다. 20세기 세계교회협의회가 출현한 후, 이런 분열과 갈등은 교회일치와 선교에 대한 해석과 실천의 차이로 인해 더욱 심화되었다. 특히 미국의 경우, 보수주의자들은 진보적 성향의 '연방교회협의회'(Federal Council of Churches)에 반대하여 '미국기독교협의회'(American Council of Christian Churches, 1941)와 '미국복음주의협회'(National Association of Evangelicals, 1942)를 구성했다. 이어서 1960년대 이후 국내외에서 확장되던 사회개혁에 대한 강력한 요청과 세계교회협의회의 진보적 선교 개념에 대한 반작용으로, 1974년 미국의 빌리 그레이엄(Billy Graham, 1918-2018)과 영국의 존 스토트(John Stott, 1921-2011)의 주도하에 '제1차 세계복음화국제대회'(the First International Congress on World Evangelization)가 스위스 로잔에서 개최되었다.

사실 1945년 이후 칼 헨리(Carl Henry, 1913-2003), 데이비드 모버그(David O. Moberg, 1922-), 로널드 사이더(Ronald J. Sider, 1939-), 짐 월리스(Jim

김일성을 만나고 있는 빌리 그레이엄

Wallis, 1948-) 같은 당시 젊은 복음주의 지성인들이 빈곤·인종·전쟁에 대해 복음주의자들의 적극적 관심과 참여를 촉구했고, 그들의 영향력은 복음주의 진영 안팎에서 빠르게 확산되었다. 그럼에도 그레이엄을 포함한 주류 복음주의자들에게는 사회적·정치적 쟁점이 교회의 선교에서 일차적 관심사가 아니었다.

한편, 세계교회협의회는 1950년대 이후 '하나님의 선교'를 주창했던 호켄다이크(Johannes C. Hoekendijk, 1912-1972)의 영향으로, 복음전파를 일차적 목적으로 삼는 전통적 선교 개념을 벗어나 선교를 이 땅에서 '총체적 샬롬'을 실현하는 것으로 이해하며, 참된 인간성을 지향하는 '인간화'를 선교의 목표로 삼았다. 그런데 특히, 1969년 시작된 세계교회협의회의 인종주의와의 전투 프로그램, 그리고 개인의 영혼구원에 집중했던 전통적 선교 개념에 대항하여 인간과 사회의 총체적 구원을 추구했던 1973년 '세계 선교와 전도 위원회' 방콕 대회는 당시 복음주의자들에게 충격과 공포를 안겨주었다.

미국을 대표하는 복음주의 신학자 칼 헨리

이런 상황에서 그레이엄은 1966년 베를린회의의 후속 모임을 준비하기 시작했다. 그는 '젊은 교회들'(Younger Churches)[6]의 대표들이 이 모임의 준비 작업부터 참여하길 기대했고, 그 결과 라틴아메리카, 아프리카, 아시아의 복음주의자들이 이 대회에 대거 참석했다. 즉, 1974년 7월 16일부터 25일까지, 세계 150개국 135개 교단에서 2,473명의 대표들이 스위스 로잔에 모였으며, 이들 중 1,000명 이상이 비서구권에서 참석했고 여성과 평신도가 전체 참석자의 7.1퍼센트와 10퍼센트를 각각 차지했다.

1974년 로잔대회의 가장 중요한 특징은 아직까지 서구 중심의 전통적 선교 개념에 머물러 있던 복음주의 진영 내에서 사회정의와 비서구적 상황에 대한 관심이 고조된 데 있다. 이런 변화를 주도한 것은 라틴아메리카와 아프리카에서 참석한 대표들이었다. 특히, 라틴아메리카에서 온 르네 파디야(C. Rene Padilla, 1932-), 사무엘 에스코바(Samuel Escobar, 1934-), 올란도 코스타스(Orlando Costas, 1942-1987) 그리고 아프리카에서 온 존 가투(John Gatu, 1925-2017)의 논문과 연설이 참석자들에게 충격과 반향을 일으켰다. 이들은 시장주의와 교회성장 전략에 기운 미국식 선교를 한목소리로 비판했고, 불평등하고 왜곡된 사회구조에도 복음을 적용해야 한다고 목소리를 높였다. 결국 이들의 주장은 존 스토트의 중재와 설득, 정리를 통해 소위 '로잔언약'(the Lausanne Covenant)에 반영되었다. 복음주의자로서 복음전도의 우선성과 중요성을 인정함과 동시에, 그리스도인의 사회적 책임을 강조하는 항목이 로잔언약 제5항에 포함된 것이다.

> 사람은 하나님의 형상대로 창조되었기 때문에 인종, 종교, 피부색, 문화, 계급, 성 또는 연령의 구별 없이 모든 사람은 천부적 존엄성을 지니고 있으며, 따라서 누구나 존경받고 섬김을 받아야 하며 착취당해서는 안 된다. 이 사실을 우리는 등한시해 왔고, 때로 복음전도와 사회참여를 서로 상반된 것으로 여겼던 것을 뉘우친다. 물론 사람과의 화해가 곧 하나님과의 화해는 아니며 또 사회참여가 곧 복음전도일 수 없으며 정치적 해방이 곧 구원은 아닐지라도, 우리는 복음전도와 사회·정치적 참여가 우리 그리스도인의 의무의 두 부분임을 확언한다.[7]

로잔대회의 결정과 이후의 행보에 대해, 복음주의 진영 내부에서 반대와 갈등의 목소리가 터져 나왔다. 그럼에도 1989년 마닐라에서 제2차 국제대회가 개최되었다. 이 대회에서 '선교의 전인적 강조점'이 부활했고 21개 선언문도 발표됐다. 여기에는 불의에 대한 저항과 세계복음화의 긴박성이 조화롭게 담겨 있다. 로잔대회를 연구한 브라이언 스탠리(Brian Stanley)는 이 대회의 역사적 의미를 다음과 같이 정리했다.

> 가난한 자에 대한 관심이 핵심 요소인 '사회 행동' 또는 사회복음이 자유주의자의 전유물이라거나 혹은 선교와 전도가 근본적으로 같은 말이라는 인식을 더 이상은 당연시할 수 없게 된 것이다. 아마도 이 모든 것 중 가장 근본적인 변화는 지금까지 너무나도 당연시해 왔던 복음주의의 지리적·문화적 정체성의 일방성을 해체하고, 이 정체성의 급진적 다양성을 보여 준 첫 번째 분명한 징조가 로잔에서 나타난 것이다. 북대서양 양편의 복음주의자는 더 이상 자신들만 홀로 복음의 내용을 정의할 수 있다거나 기독교 선교의 올바른 전략

을 정할 수 있다고 주장할 수 없다.[8]

 ## 20세기 주요 선교운동과 이론

오순절운동

오순절운동은 중생(重生) 이후 성결의 은혜를 추구했던 18세기 존 웨슬리(John Wesley, 1703-1791)의 감리교운동에서 기원했다. 이후 19세기 중반 미국과 영국을 강타한 성결운동을 통과하여, 20세기 초반 찰스 파함(Charles F. Parham, 1873-1929)과 윌리엄 시무어(William J. Seymour, 1870-1922)의 성령운동을 통해 세계적인 사건으로 급격히 퍼져 갔다. 오순절운동은 내적 정결을 추구하는 성결(성화)과 '섬김을 위한 권능'으로서의 성령세례를 구분했고, 성령세례의 물리적인 증거로 '방언'을 강조했다. 특별히 오순절주의자들은 방언의 은사를 성령에 의한 외국어의 초자연적 습득으로 이해했는데, 이런 은사체험은 곧 해당 언어를 사용하는 지역의 선교사로 부름 받았다는 구체적 증거로 해석되었다. 하지만 선교현장에서 이 방언이 특정한 외국어가 아니라 이해할 수 없는 기이한 발화현상으로 밝혀지면서, 방언에 대한 이런 급진적 이해는 빠르게 자취를 감추었다.

오순절운동은 당시 유행하던 예수의 임박한 재림을 고대하던 세대주의적 전천년설과, 오직 믿음으로 하나님의 은혜를 추구하던 신앙선교(faith mission) 그리고 무디(D. L. Moody, 1837-1899)와 피어슨(A. T. Pierson, 1837-1911)을 중심으로 전개되던 선교운동의 강력한 영향하에 해외선교에 적극적으로 동참했다. 특히 시무어를 중심으로 발생한 아주사 거리 부흥운동으로 많은 여성과 흑인이 오순절운동에 참여하기 시작했고, 이후 많은 오순절파 선교사들이 아프리카와 라틴아메리카로 출발했다. 특히 이들의 강력한 종말신앙과, 방언과 신유와 축사(逐邪)를 동반한 성령운동, 열정적인 전도활동이 선교지의 어려운 현실 및 전통적인 영성과 맞닥뜨리면서 폭발적인 반응을 불러일으켰다. 그 결과, 20세기 세계 그리스도교의 지형도가 근본적으

학생자원운동을 주도한 존 모트

로 변했다. 하비 콕스(Harvey Cox)의 외침처럼 "성령의 바람이 불고 있다."[9]

학생자원운동

1886년 7월 6일부터 8월 1일까지 미국 매사추세츠 주 노스필드에 있는 무디의 허몬산학교(the Mount Hermon School for Boys)에서 '대학생 여름 수양회'가 개최되었는데, 미국과 캐나다의 89개 대학에서 251명이 참석했다. 유명한 설교자요 선교 전문가인 피어슨이 "우리 모두가 가야 합니다. 모두에게로 가야 합니다"(All should go, go to all)라고 설교했을 때, 젊은 청년들이 큰 감동을 받았다. 이어서 프린스턴대학교의 로버트 와일더(Robert P. Wilder, 1863-1938)의 주도하에 100명의 학생이 "하나님께서 원하시면 어느 곳이든 선교사로 가겠습니다"라는 소위 〈프린스턴 서약〉(Princeton Pledge)에 서명했고, 다음 한 해 동안 4명의 대표들이 176개 대학을 순방하며 간증했다. 이어서 이 운동을 체계적으로 지속하기 위해 1888년 11월 6일 50명의 학생 대표들이 모여 코넬대학교 출신 존 모트를 의장으로 선출하고 '학생자원운동'(the Student Volunteer Movement for Foreign Missions)을 공식적으로 출범시켰다.

1891년 오하이오 주 클리블랜드에서 개최된 제1차 학생자원운동 국제 대회에 6,200명이 참석했고, 향후 4년마다 이런 대회를 열기로 결정했다. 이후 학생자원운동은 30여 년 간 "이 세대 안에 세계 복음화"라는 표어 아래 많은 학생들을 해외선교사로 파송하거나 재정후원자로 헌신하게 했다. 1890년 선교지에서 사역하던 미국 개신교 선교사는 934명에 불과했지만, 1900년 5,000명, 1915년 9,000명, 그리고 1920년 말에는 1만 4,000명으로 크게 증가했고, 이들 중 절반 정도가 학생자원운동의 영향하에 선교사로 지원한 것이다. 이 운동을 통해 중국, 일본, 한국에 가장 많은 선교사가 파송되었으며 (43%), 버마와 스리랑카(21%) 그리고 아프리카(11%)가 그 뒤를 이었다.[10] 이 운동은 1936년 인디애나폴리스에서 마지막 대회를 치르고 막을 내렸으나, 그 정신은 IVF(InterVarsity Christian Fellowship)를 통해 지금도 지속되고 있다.

하나님의 선교

카를 바르트(Karl Barth, 1886-1968)는 1932년 브란덴부르크 선교대회에서 발표한 논문에서 선교를 하나님 자신의 활동이나 속성으로 이해해야 한다고 주장했다. 즉, 일체의 인간적 동기와 방법이 배제되고, 오직 교회의 주인이신 하나님의 뜻을 따르는 것이 진정한 의미의 선교라고 천명한 것이다. 이런 '오직 하나님으로부터의 선교'라는 바르트의 선교관이 독일 슈투트가르트 교구의 카를 하르텐슈타인(Karl Hartenstein, 1894-1952) 감독에게 큰 영향을 끼쳤다. "십자가 아래에서의 선교"라는 주제로 모인 1952년 국제선교협의회 빌링겐대회 직후, 하르텐슈타인은 "오직 하나님만이 선교의 동기와 목적이며 그분만이 선교의 주체와 근원이며, 선교하는 자는 오직 그의 속죄에 근거해야 한다는 의미"에서 '하나님의 선교'(Missio Dei)라는 개념을 최초로 사용했다.[11]

이후 '하나님의 선교' 개념은 휘체돔(Georg F. Vicedom, 1903-1974)과 호켄다이크에 의해 체계화되었다. 휘체돔은 하나님의 선교 역사를 구원사로 이해하고, 모든 인간에게 복음을 전하여 구원하고 교회로 모으는 것을 선

'하나님의 선교' 개념을 처음 사용한 카를 하르텐슈타인

교의 목표로 삼았다. 반면, 호켄다이크는 전통적 선교 개념인 '교회의 선교'(Missio Ecclesia)를 맹렬히 공격했다. 그는 하나님의 활동과 세계 역사가 긴밀히 연결되어 있다고 전제하면서, 교회를 이 세상에서 하나님의 구속행위와 샬롬의 실현을 위한 "하나님의 손 안에 든 도구"라고 주장했다.[12] 결국, 1950년대 이후 WCC에서 호켄다이크의 영향력이 커지면서, 샬롬을 지향하는 '하나님의 선교'가 WCC 선교정책의 핵심으로 뿌리를 내렸다. 그 결과, 1968년 웁살라대회는 선교에서 교회의 위치를 '하나님, 교회, 세상'이라는 전통적 순서에서 '하나님, 세상, 교회'로 변경하고, 선교의 과제를 영혼구원과 교회개척을 넘어 참된 인간성 회복을 지향하는 '인간화'로 삼게 되었다.

교회성장운동

교회성장운동은 도널드 맥가브란(Donald A. McGavran, 1897-1990)에 의해 시작되었다. 그는 인도 다모에서 사역하던 선교사 집안에서 태어났으며, 가족과 미국으로 돌아와서 대학에 다니는 동안 학생자원운동의 영향

교회성장운동의 창시자 도널드 맥가브란

을 받고 선교사로 자원했다. 예일대학교 신학대학원에서 공부하던 중, 리처드 니버(H. Richard Niebuhr, 1894-1962)의 영향을 깊이 받고, 선교를 교회 담 밖에서 이루어지는 모든 것, 즉 자선, 교육, 의료, 구제, 전도라고 생각하게 되었다. 하지만 인도에서 교육선교사이자 행정책임자로 사역하면서 경험한 현실은 그에게 실망만 안겨 주었다. 그가 속한 선교회가 수십 년간 교육과 의료를 통해 선교에 전념했지만 개척한 교회 수는 30여 개에 불과했고, 그들 대부분도 거의 성장하지 못한 것이다. 그런 상황에서 맥가브란은 인도에서 감리교 선교사로 활동했던 와스컴 피케트(Waskom Pickett)를 통해 '종족운동'(People Movement)이라는 개념을 접했다. 즉, 대부분의 비서구 지역에서 개종은 개인이 아니라 집단의 결정에 더 의존하므로, 이런 지역에서 선교사들은 개인 대신 종족집단을 기본단위로 사역해야 한다는 것이다. 이후 맥가브란은 이 발견을 연구하고 선교현장에서 실험하기 시작했다.

　1958년 선교사역에서 물러난 맥가브란은 이후 대학에서 교회성장을 학문적으로 연구할 기회를 모색했다. 그러던 중 1961년 노스웨스트크리스천대학에 교회성장연구소를 설립했고, 1965년 풀러신학교 세계선교대학원의 초대 학장으로 부임했다. 이후 맥가브란은 자신의 경험과 연구를 토대로 《교회성장의 이해》(Understanding Church Growth, 1970)를 출판했는데, 이 책에서 자신의 종족운동 경험을 토대로 "동질집단의 원리"(homogenous unit principle)라는 교회성장이론의 핵심을 상술했다. "동질단위에 속한 사람들은 자신들의 인종적·언어적·계급적 장벽을 헐지 않고 그리스도인이 되기를 원하므로, 동질집단끼리 모일 수 있게 해주고, 동질집단과 관계를 끊지 않고 그리스도에게 오는 방법이 모색될 때 효과적인 선교가 이루어진다."[13] 이 주장은 많은 논쟁과 비판 속에서도 현대 선교현장에서 큰 영향력을 발휘했다.

성경번역선교회

미국 캘리포니아에서 출생한 윌리엄 캐머런 타운젠드(William Cameron Townsend, 1896-1982)는 다니던 대학을 중퇴하고 '로스앤젤레스 바이블하우스' 성경판매원으로 1917년 과테말라로 떠났다. 2년 후, 중앙아메리카선교회(the Central American Mission, CAM)에 가입했고, 14년간 칵치켈(Cakchiquel) 인디언들과 살면서 그들의 언어로 성경을 번역했다. 타운젠드는 그들 안에서 다양한 사역을 전개하면서 원주민들의 비참한 현실에 깊은 관심을 갖게 되었다. 그 결과, 그는 그리스도를 향한 참된 회심만이 원주민들에게 궁극적 탈출구가 될 수 있으며, 이들을 회심시키기 위한 일차적 해법은 원주민들이 자국어로 성경을 읽도록 돕는 것이라고 확신했다. 즉, 타운젠드는 성경이 훌륭하게 번역되어 잘 이해된다면 개인과 사회를 더 낫게 변화시킬 힘을 얻게 되리라고 확신했다. "종족의 언어로 번역된 성경이 최고의 선교사다. 그것은 결코 아프거나 안식년을 떠나거나 외국인 취급을 받지 않을 것이기 때문이다." 그가 자주 한 말이다. 하지만 당시 가톨릭 사제들은 성경번역에 관심이 없었고, 개신교 선교회는 스페인어 사용자들에게만 관심을 집중했다.

성경번역운동이 발전하면서 타운젠드는 아마존 지역에 관심을 갖고 과테말라에서 멕시코와 페루로 이동했다. 1932년 결핵에 감염되어 미국으

성경번역선교회의 시작이 된 윌리엄 타운젠드

로 돌아온 그는 1934년 여름 친구 레그터스(L. L. Legters)와 알칸사스에서 '캠프 위클리프'(Camp Wycliffe)를 열었다. 이 캠프는 최초의 영어 번역 성경에 기여한 존 위클리프(John Wycliffe, 1330-1384)에서 이름을 가져왔으며, 젊은이들에게 기초 언어학과 번역기술을 교육하는 데 일차적인 목적을 두었다. 첫해 등록한 학생은 겨우 두 명이었지만 훗날 이 캠프는 '하계언어학교'(Summer Institute for Linguistics, SIL)와 '위클리프성경번역선교회'(Wycliffe Bible Translators, WBT)로 발전했다. 타운젠드는 번역사역을 위해 외국 정부나 다른 종교단체와도 기꺼이 협력했으며, 흑인과 다른 소수민족도 성경번역 사역에 참여해야 한다고 주장했다. 이런 생각과 활동은 당시 매우 낯설고 혁신적이어서 많은 반대와 오해를 불러일으켰다. 그럼에도 그의 사역은 소수민족의 언어로 성경을 번역하는 데 결정적인 자극과 동력이 되었고, 미전도 종족 선교의 활성화에도 큰 영향을 끼쳤다. 위클리프성경번역선교회는 지금까지 4,000명이 넘는 선교사들의 헌신을 통해 700여 개 언어로 성경을 번역했다. 지금도 이들의 사역을 통해 매년 30여 개 언어로 성경이 번역되고 있다.

평가와 전망

20세기 선교는 미국의 주도하에 제3세계를 중심으로 전개되었다. 그 결과, 서양종교로 이해되던 그리스도교는 전 세계로 빠르고 역동적으로 확장되어 마침내 세계종교로서 자신의 위치를 확고히 했다. 이런 변화는 오순절운동을 중심으로 한 성령운동과 복음주의 선교사들의 헌신적 사역, 운송 및 통신시설의 발달과 확장, 그리고 미국을 중심으로 한 자본주의 경제의 성장과 지원 때문에 가능했다.

한편, 유럽 교회를 중심으로 한 에큐메니컬 진영에서는 19세기 선교 활동에 대한 진지한 반성을 토대로, '하나님 선교'라는 새로운 선교 개념을 천명했다. 양적·지리적 확장에 과도하게 치중하던 기존 선교운동의 부정적 결과를 극복하고, 선교의 질적·신학적 성숙을 위한 노력의 산물이었다. 이로써 선교의 영역이 새롭게 확장되고 선교에 대한 신학적 이해도 깊어졌으나, 동시에 보수와 진보, 에큐메니컬 진영과 복음주의 진영 간의 긴장과 갈등도 심화되었다. 이슬람의 공격적 선교와 세속주의의 팽창이라는 새로운 도전과 위기 앞에서 이러한 개신교의 내적 갈등과 분열은 매우 불행하고 위험한 현상이다. 따라서 개신교 선교운동의 내적 갈등과 분열을 극복하고 체계적인 협력을 이루는 것이야말로 긴급하고 중요한 과제다. 이런 맥락에서, 개신교 내의 두 진영은 속히 그리고 적극적으로 대화하며 협력해야 한다.

"20세기에 처음으로 세계는 보편 종교를 갖게 되었다. 그것은 바로 기독교다"[14]라는 스티븐 닐(Stephen Neill)의 장엄한 선언에도 불구하고, 아직 세계 도처에는 선교불모지가 가득하다. 소위 해당 종족 안에 복음적 그리스도인이 2퍼센트 미만 혹은 전체 그리스도인이 5퍼센트 미만인 경우를 지칭하는 '미전도 종족'이 상당하다. 이들은 주로 10/40창, 즉 북위 10도에서 40도 사이, 대서양과 태평양 사이 지역에 밀집해 있다. 정확한 정보가 없지만, 미국 남침례교 선교부의 발표에 따르면, 전 세계에 1만 1,355개 종족이 존재하고 그들 중 6,411개가 미전도 종족이다. 이들은 무려 36억 명에 이른다. 좀 더 심각한 것은 현재 활동하는 선교사들 중 80퍼센트가 그리스도교 국가에서 사역하는 반면, 미전도 종족을 대상으로 하는 선교사는 2.5퍼센트에 불과하다는 사실이다. 따라서 선교학자 안승오의 제안처럼, "그리스도의 지상명령을 완수하기 위해선, 이런 배치의 불균형을 수정해서 700여 개의 최우선 종족에게로 선교 인력을 집중해야 한다."[15]

제1차 세계대전 이후 오스만제국이 해체되자 북아프리카, 발칸반도, 아라비아반도가 서유럽의 통제하에 놓이고 터키마저 세속정부가 들어서면서 세계적으로 이슬람 세력이 크게 위축되었다. 그런데 20세기 중반부터 이슬람은 전 세계에서 빠르게 세력을 확장하기 시작했다. 또한 1991년 구소련이 해체되고 독립국가연합으로 재편되면서 중앙아시아 지역에서 정교회는 약화되었으나, 이슬람은 급성장했다. 예를 들어, 구소련 해체 시 카자흐스탄의 수도 알마티에 25개의 모스크가 있었지만 수년 내에 300개로 증가했다. 북아프리카와 터키에서 서유럽으로 무슬림들이 꾸준히 이주한 결과, 서유럽에서도 이슬람 인구가 폭발적으로 증가하고 있다. 즉, 프랑스와 독일에 각각 약 400만 명과 300만 명의 무슬림이 거주하고 있으며, 영국에는 1,800개의 모스크, 3,000개의 코란 학교, 5개의 이슬람 신학교가 성업 중이다. 터키에서도 무슬림 세력이 크게 확산되고, 중동과 중앙아시아에서 탈레반, 알카에다, IS 같은 이슬람 원리주의자들의 영향력이 막강해지면서 서양 및 그리스도교와 갈등이 고조되고 있다. 2019년 현재 세계적으로 무슬림은 약 12억 6,000만 명으로, 그리스도교 다음의 거대한 종교가 되었다. 그뿐만 아니라 높은 출산율, 열정적인 신앙과 선교, 오일달러 등의 영향으로 다른 종교보다 훨씬 빠른 속도로 성장 중이다. 현재의 성장속도가 지속될 경우, 2100년에는 세계 최대의 종교가 될 것으로 예상된다. 새뮤얼 헌팅턴(Samuel Huntington)이 예측한 "문명의 충돌"이 현실이 될 가능성이 매우 높은 것이다. 따라서 이슬람은 21세기 그리스도교 선교가 직면하고 해결해야 할 가장 어려운 과제 중 하나임에 틀림없다.

현재 그리스도교는 라틴아메리카와 아프리카에서 가장 빠르게 성장하고 있다. 서유럽에서 그리스도교의 영향력이 지속적으로 축소되는 상황에서 강력한 신비체험과 열정적 전도활동으로 급성장하는 이 지역의 가치와 중요성은 계속 높아질 수밖에 없을 것이다. 특히 이 지역의 그리스도교 성장과 활기의 주된 동력이 오순절운동과 독립교회운동으로 알려지면서 이들에 대한 학문적 관심 또한 고조되고 있다. 하지만 성령의 은사를 강조하는 오순절운동의 특성이 이 지역의 전통적 영성 및 종교적 관행과 '토착화'란 명분 속에 당연시되거나 정당화되고, 정치·경제적 불안 속에서 신비체험과 번영신학을 지배적 흐름으로 수용함으로써 종교적 혼합주의나 이단적 일탈이 심화되는 경향도 나타나고 있다. 브라질의 '하나님의통치우주교회'(Igreja Universal do Reino de Deus)가 대표적인 예이다. 즉, 1990년대에 600만 명의 신도를 자랑했던 이 교회는 브라질에서 가장 큰 방송국과 정당, 리우데자네이루 축구팀을 소유했고 병 고치는 기름을 팔았으며, 시청자들이 텔레비전 화면 옆에 물잔을 두면 리모트컨트롤의 축복을 받는다고 가르쳤다. 그뿐만 아니라, 기도를 통해 귀신이 떠나고 성공과 부를 쟁취한다고 약속했다. 이런 상황에 비추어 볼 때, 20세기 선교의 가장 큰 열매인 이지역에서 복음의 토착화와 성경적 본질의 적절한 조화와 균형을 찾는 것이 매우 중요하며, 동시에 매우 어려운 선교적 과제로 제기되고 있다.

주

1 ____ 랄프 윈터, 《랄프 윈터의 비서구 선교운동사》(서울: 예수전도단, 2012), 150.

2 ____ 필립 젠킨스, 《신의 미래》(서울: 도마의 길, 2009), 143. "아프리카의 대부분 지역에서 오순절파 신도는 독립교회 또는 토착교회의 신도 수를 앞질렀지만, 어떤 지역에서는 독립교회 또는 토착교회들이 여전히 강하다. 독립교단의 믿음과 관습은 무척 다양하지만 아주 폭넓은 의미에서 '오순절파'로 묶을 수 있다."

3 ____ 랄프 윈터, 《랄프 윈터의 비서구 선교운동사》, 79.

4 ____ Philip Jenkins, *The Map of the Global Church*(New York: The Crossroad Publishing Company, 2017), 22-23.

5 ____ 필립 젠킨스, 《신의 미래》, 20.

6 ____ '젊은 교회들'은 서구 교회 선교의 결과로 세워진 비서구 지역의 기독교회를 뜻한다. 브라이언 스탠리, 《복음주의 세계확산》(서울: CLC, 2014), 244.

7 ____ 제임스 패커·토마스 오덴, 《복음주의 신앙선언》(서울: IVP, 2014), 262-263.

8 ____ 브라이언 스탠리, 《복음주의 세계확산》, 275-276.

9 ____ 하비 콕스, 《종교의 미래》(서울: 문예출판사, 2010), 31.

10 ____ Mark Vucekovich, "Historical Highlights of the Student Volunteer Movement for Campus Night"(http://www.ubf.org/world-mission-news/north-america/historical-highlights-student-volunter-movement-campus-night-mark)

11 ____ 안승오, 《세계 선교 역사 100장면》(서울: 평단, 2010), 338.

12 ____ 안희열, 《세계 선교 역사 다이제스트 100》(대전: 침례신학대학교출판부, 2013), 454

13 ____ 안승오, 《세계 선교 역사 100장면》, 342.

14 ____ 필립 젠킨스, 《신의 미래》, 94.

15 ____ 안승오, 《세계 선교 역사 100장면》, 363.

복음주의:
20세기 가장 주목할 만한 현상

2

20세기 그리스도교의 가장 주목할 만한 현상 중 하나는 '복음주의'이다. 19세기를 지배한 영국과 20세기에 세계 최강으로 비상한 미국을 통해 공통적으로 전 세계에 전파된 개신교운동이 복음주의였기 때문이다. 그 결과, 복음주의는 이 두 나라의 독특한 개신교운동일 뿐 아니라, 그들의 영향하에 놓인 대륙과 국가들에서도 지배적 흐름으로 자리를 잡았다. 그중 한국이 대표적인 경우의 하나일 것이다. 특별히 복음주의는 부흥운동의 영향하에 지성운동보다 대중운동으로 정체성을 형성했고, 민주주의와 자본주의의 세계적 확장과 병행하여 자신의 특징과 네트워크를 재구성했다. 무엇보다 복음주의는 박물관에 비치된 유물이 아니다. 지금도 살아 움직이며 지속적으로 변모하는 '실존'이다. 그러다 보니 강력한 영향력을 발휘하고 있음에도 끊임없이 논쟁과 비판의 원인이 되고 있다.

 ## 복음주의란 무엇일까?

복음주의란 무엇일까? 이것은 현대 복음주의 연구자들에게 가장 곤란한 질문 중 하나다. 개신교 내의 다양한 흐름이 복잡하게 결합하며 형성·변모했고, 지금도 그 과정이 역동적으로 진행 중이기 때문이다. 따라서 학자들마다 복음주의의 정의, 특징, 역사에 대한 해석과 강조점에 차이가 있으며 갈등과 긴장도 끊이지 않으나 주목할 만한 공통점도 있다.

먼저 마크 엘링젠(Mark Elligsen)은 방대한 복음주의 연구서 《복음주의운동》(The Evangelical Movement)에서 복음주의의 특징을 다음과 같이 7가지로 정리했다.

(1) 로마 가톨릭교회와 에큐메니컬운동에 대한 비판적 지향(critical orientation) (2) 성서무오설이나 최소한 완전영감과 대화하면서 신학을 해야 한다는 주장 (3) 성경이 기독교적 삶에 중요하다는 주장 (4) 그리스도인이고 그리스도인이 되는 것의 경험적 차원이 성례, 목회, 교회구조보다 우선 (5) 전도

와 선교사역에 대한 강조 (6) 상황보다는 법이란 측면에서 기독교 윤리 이해 (7) 위의 헌신들을 공유하지 않는 개인이나 교회와의 교제에 대한 저항. 하지만 그 외 다른 문제들에 대한 교리적 차이와 상관없이, 모든 사람과의 교제에 대한 개방[1]

한편, 가스 로젤(Garth M. Rosell)과 조지 말스덴(George M. Marsden)은 엘링젠보다 복음주의의 특징을 간략하게 제시한다. 즉, 로젤은 복음주의의 핵심적 주제를 "십자가에서 그리스도 구속사역의 중심성, 종교적 회심의 핵심적 경험, 성경의 근본적 권위, 복음전파의 중요성, 그리고 개인적·집단적 갱신의 가능성", 이렇게 5가지로 요약한다.[2] 하지만 말스덴의 관점에서 복음주의는 다음 것들을 강조하는 개신교운동이다.

(1) 성경(권위 있고 신뢰할 수 있는 것) (2) 영원한 구원(오직 중생/거듭남에 의해 가능하며, 이것은 그리스도와 그의 구속사역에 대한 개인적 신뢰와 연관됨) (3) 영적으로 변화된 삶(도덕적 행동, 성경읽기와 기도 같은 개인적 경건, 그리고 복음전도와 선교에 대한 열정으로 나타남)[3]

마지막 예는 영국 복음주의를 연구한 데이비드 베빙턴(David Bebbington)의 경우이다. 그는 "복음주의 종교"의 특별한 징표를 (1) 회심주의(conversionism) (2) 성서주의(biblicism) (3) 행동주의(activism) (4) 십자가중심주의(crucicentrism)로 정리하고, 각각의 의미를 다음과 같이 설명한다.

회심주의는 생명이 변화될 필요가 있다는 믿음이며, 행동주의는 복음의 표현을 위해 노력하는 것이고, 성서주의는 성경에 대한 특별한 관심이다. 그리고 십자가중심주의라고 불리는 것은 십자가에서 그리스도의 희생을 강조하는 것이다. 이것들이 함께 모여 복음주의의 토대인 네 가지 우선사항을 구성한다.[4]

영국 복음주의 연구가 데이비드 베빙턴

결국, 위에서 열거한 학자들의 주장을 비교·검토하면, 베빙턴의 주장이 공통적으로 포함되어 있다는 점이 드러난다. 엘링젠의 주장에는 분리주의적 성격이 강조되고 있어서, 복음주의보다 근본주의의 특징을 설명하는 것처럼 보인다. 또한 엘링젠과 말스덴의 경우, 십자가에 대한 구체적인 언급이 없으나, 로젤과 베빙턴은 이것을 구체적으로 명시하고 있다. 아울러 근본주의와 복음주의가 분열된 또 다른 요인인 '사회개혁'에 대한 관심이 로젤과 베빙턴에게는 나타나지만,[5] 엘링젠과 말스덴에게는 보이지 않는다. 따라서 복음주의의 특징을 정리한 학자들 중에 로젤과 베빙턴의 개념이 그 핵심을 간략하지만 균형 있게 정리했다고 볼 수 있다.

 ## 복음주의의 출현

복음주의는 영미 그리스도교의 독특한 현상이다. 하지만 이 운동의 기원은 유럽 개신교와 연결된다. 특히 유럽에서 발생한 종교개혁, 청교도, 경건주의가 18세기 대각성운동(the Great Awakening)으로 수렴되면서 미국 복음주의가 형성되었다. 신학적으로, 칼뱅주의와 웨슬리안주의가 결합하여 다양한 교파를 탄생시켰고, 다양한 목적의 자원단체들이 출현하여 강력한 네트워크를 형성했다. 미국이 독립국가로 탄생한 때와 시기적으로 일치하면서, 이러한 현상은 미국에서 준(準)국교적 지위를 누리게 되었다. 이 시기에 미국에서 복음주의는 개신교의 다른 표현이었다.

이렇게 특권적 지위를 누리며 포괄적·초교파적 특성을 유지하던 미국 그리스도교가 19세기 말부터는 중요한 갈등과 변화에 직면했다. 소위 근대성의 발흥과 도전 앞에서, 교회 내 보수주의자들이 거세게 저항하며 분리주의적 전략을 고수한 것이다. 이들은 후에 '근본주의자'(fundamentalist)로 불리게 되었다. 류대영은 이 상황을 다음과 같이 서술한다.

> 19세기 말부터 현대적 성서비평, 진보적 역사관, 과학적 합리주의 등 근대성이 교회에 들어오면서 넓은 신학적 스펙트럼을 가졌던 복음적 기독교 내에서 그것에 대응하는 태도에 따라 신학적 차이가 드러나게 되었던 것이다. 복음적 기독교를 공통분모로 하던 개신교 미국 내부의 갈등이 극적으로 표출된 것이 1920년대의 근본주의와 근대주의 논쟁이었다.[6]

이처럼 복음주의 내부에서 발생한 근대주의와 근본주의 간 갈등의 절정은 세상의 이목을 집중시킨 1925년 '스코프스 재판'(Scopes Trial, 혹은 '원숭이재판')이다. 이 재판은, 공립학교에서 진화론을 교육하는 것이 금지되었던 테네시 주에서 주법(州法)을 어기고 파면된 존 스코프스(John Scopes, 1900-1970)가 미국 소수자의 인권을 대변하는 미국시민자유연맹(American Civil Liberties Union, ACLU)의 후원으로 테네시 주법에 소송을 제기하면서 시작되었다. 이 재판에서 ACLU 소속 변호사 클라렌스 대로우(Clarence Darrow, 1857-1938)와 저명한 정치인이자 보수적 그리스도인인 윌리엄 제닝스 브라이언(William Jennings Bryan, 1860-1925) 간에 치열한 신학논쟁이 벌어졌다. 결국, 창조론과 진화론의 신학적·법적 공방에서 법정은 테네시 주의 손을 들어 주고 스코프스에게 벌금 100달러를 부과했다. 하지만 대중의 의식 속에 근본주의자들에 대한 부정적 인식을 강하게 심어 주는 계기도 되었다.[7] 진화론을 반대했던 제닝스 브라이언의 성경과 과학에 대한 무지가 공개적으로 드러났기 때문이다.

이 재판 이후 근본주의자들은 사회적 비난과 조롱의 대상으로 전락했고, 교계의 주도권은 사회복음을 비판적으로 계승한 '그리스도교 현실주의'(Christian realism)로 넘어갔다. 이 재판을 전후로 미국 장로교회와 침례교회는 심각한 내분을 겪으며, 진보 진영과 근본주의 진영으로 분열되는 아픔을 겪었다. 근본주의 진영은 성경무오설을 포함한 근본주의 5대 교리를 중심으로 자신들의 정체성을 확고히 했다. 동시에 세대주의적 전천년설을 신봉하면서 일체의 사회개혁을 포기하고 개인구원 중심의 전도와 선교에 몰두했다. 이들은 교회를 개척하고 신학교(예. 달라스신학교)를 설립하면서 자신들의 영역을 지속적으로 확장하고 그들의 입장을 신학적으로 정당화했다.[8]

1940년대를 통과하면서 미국 복음주의는 또 한 번 결정적인 변화를 경험했다. 먼저, 1942년 미국 복음주의자들에 의해 미국복음주의협회(National Association of Evangelicals, NAE)가 조직됨으로써 복음주의와 근본주의의 결별이 구체화되었다. NAE 구성 과정에 함께했던 대표적 근본주의자 칼 매킨타이어(Carl McIntire, 1906-2002)는 NAE가 오순절주의자들을 회원으로 초대하는 것에 반발하고, 진보 진영 연합단체 연방교회협의회(Federal Council of Churches, National Council of Churches의 모체)에 대항하기 위해 1941년 미국기독교교회협의회(American Council of Christian Churches, ACCC)를 조직했다. 이 과정에서 ACCC는 당시 조직을 준비하던 NAE 회원들에게 합류를 요청했으나, 그들은 이 요청을 거절하고 자신들만의 새로운 조직을 다음 해에 결성한 것이다.[9] 이로써 근본주의 진영이 NAE와 ACCC로 양분되었다.

한편, NAE 설립 과정에서 결정적인 역할을 하며 초대 회장으로 선출된 헤롤드 오켕가(Harold Ockenga, 1905-1985)는 풀러신학교 설립(1947)에

풀러신학교 초대 학장 헤롤드 오켕가

도 깊이 관여했고 초대 학장으로 취임했다. 이 학교는 근본주의자들의 분리주의와 반지성주의에 대항하는 일종의 대안신학교로 설립되었다.[10] 같은 해 칼 헨리가 《복음주의자의 불편한 양심》(The Uneasy Conscience of Modern Fundamentalism)을 출판하여, 자유주의에 대한 경계심과 함께 근본주의의 경직된 사고와 사회적 무책임을 통렬히 비난했다.[11] 이 시기에 혜성같이 등장한 사람이 빌리 그레이엄이다. 1949년 로스앤젤레스 집회를 통해 일약 스타덤에 오른 그는 1956년 〈크리스채너티투데이〉(Christianity Today)를 창간하여 칼 헨리를 초대 편집장으로 영입했고, 1957년 근본주의자들의 반대에도 불구하고 뉴욕 매디슨스퀘어가든 집회를 강행함으로써 그들과 결별했다.[12]

결국 이런 과정을 거쳐 근본주의 내에서 오켕가, 헨리, 그레이엄 등을 주축으로 좀 더 개방적이고 진보적인 성향의 그룹이 형성되기 시작했고, 오켕가는 이들을 "신복음주의자"(Neo Evangelicals)라고 명명했다. 이들은 기본적으로 신학적 보수주의를 견지하면서 신학적 자유주의를 경계하고 있지만, 근본주의자들의 분리주의와 반지성주의에 반대하며, 세대주의적 전천

복음주의를 다룬 1976년 〈뉴스위크〉

년설이나 성서무오설에 대해서도 보다 전향적으로 생각하기 시작했다.[13] 그러나 신정통주의의 대표자 라인홀드 니버(Reinhold Niebuhr, 1892-1971)와 그레이엄의 관계, 흑인인권운동가 마틴 루터 킹 2세(Martin Luther King, Jr., 1929-1968)와 그레이엄의 미묘한 관계 등을 고려할 때,[14] 당시 신복음주의의 위상 및 특성은 근본주의와 자유주의(혹은 신정통주의) 사이에서 어려운 줄타기를 한 것으로 보인다.

1976년 〈뉴스위크〉(Newsweek)는 이 해를 "복음주의의 해"(the Year of Evangelicalism)라고 명명했다. 〈뉴스위크〉가 이런 결정을 내린 가장 중요한 이유는 자신을 '거듭난 그리스도인'(a born again Christian)으로 당당히 소개한 민주당 후보 지미 카터(Jimmy Carter, 1924-)가 미국의 새 대통령으로 당선되었기 때문이다. 이것은 복음주의자들의 본격적 정치참여의 신호탄이었다. 그레이엄의 경우, 대통령들과 친분관계를 유지하며 간접적으로 정치에 관여했지만, 복음주의적 침례교인인 카터가 백악관에 입성함으로써 복음주의자들이 미국 정치 전면에 나서게 된 것이다. 주목할 만한 점은, 카터가 대선 과정에서 자신의 복음주의적 정체성을 강조했을 뿐만 아니라, 많

제1회 세계복음화국제대회

은 그리스도교 유권자들이 그의 복음주의적 신앙 때문에 그에게 표를 던졌다는 사실이다. 이것은 가톨릭 신자로서 자신의 종교적 정체성이 정치활동에 장애가 되지 않도록 '정교분리원칙'을 강조한 존 F. 케네디(John F. Kennedy, 1917-1963) 이후 민주당의 전통적 입장을 바꾼 것이기에 더욱 중요하다.[15]

1970년대는 복음주의자들의 정치적 커밍아웃의 분기점이었다. 밥존스대학교는 1971년부터 인종통합교육에 대한 연방정부의 결정에 반대하여 흑인 학생들의 입학을 불허했다. 이것은 연방국세청과 이 대학 간 법정소송으로 번졌고, 결국 이 대학의 세금감면 혜택이 철회되는 극단적인 상황으로 치달았다. 이것은 종교의 자유와 연방법이 충돌한 대표적 사례로, 이후 보수적 복음주의자들의 정치참여에 큰 영향을 미쳤다.[16] 1973년에는 소위 '웨이드 대 로'(Wade vs. Roe) 판결에 따라, 산모의 요구에 의한 낙태를 합법화하는 결정이 대법원에서 내려졌다. 이것은 미국 보수주의자들에게 정치참여의 필요성을 일깨워 준 또 하나의 결정적인 사건이다. 한편, 1973년 로널드 사이더를 중심으로 한 젊은 복음주의자들(young Evangelicals)이 "시카고선언"(Chicago Declaration of Evangelical Social Concern)을 발표하면서 사회적 불의에 대한 복음주의자들의 저항을 촉구했다.[17] 이런 상황에서 '제1회 세계복음화국제대회'가 1974년 스위스 로잔에서 개최되어, 복음전파와 함께 사회참여를 복음주의운동의 중요한 영역으로 선언했다.

이렇게 본격화된 복음주의자들의 정치참여는 1980년 로널드 레이

보수적 종교인들의 표심을 공화당으로 결집시킨 제리 폴웰

건(Ronald W. Reagan, 1911-2004)의 대통령 당선과 함께 또 다른 국면으로 접어들었다. 1976년 선거에서 복음주의자 카터를 지지했던 남부 복음주의자들은 이후 카터의 행보에 크게 실망하면서 보다 보수적인 레이건을 선택했다. 이 과정에서 제리 폴웰(Jerry Falwell, 1933-2007)로 대표되는 우파적 정치로비단체 '도덕적 다수'(Moral Majority)가 결정적인 역할을 했다. 폴웰은 낙태, 동성애, 공립학교의 기도 같은 이슈를 중심으로, 미국의 보수적 종교인들의 표심을 공화당으로 결집시켰다. 그 결과, 그리스도교 근본주의자들뿐만 아니라, 유대교와 가톨릭의 보수주의자들도 망라한, 소위 '종교적 우파'(Religious Right) 혹은 '그리스도교 우파'(Christian Right)가 탄생했다. 이 운동은 1989년 팻 로버트슨(Pat Robertson, 1930-)의 '그리스도교연합'(Christian Coalition of America)을 통해 더욱 정교하고 조직적인 형태로 발전했다.[18] 이 그룹은 '네오콘'(Neocon)과 함께 공화당 배후의 강력한 정치세력으로 거의 한 세대 동안 막대한 영향력을 행사해 왔다.[19]

같은 기간 동안, 그리스도교 우파의 대척점에 '복음주의 좌파'(Evangelical Left)가 존재해 왔다. 로널드 사이더, 짐 윌리스, 토니 캄폴로(Tony Cam-

복음주의 좌파의 선두 짐 월리스

polo, 1935-) 등이 주축이 된 이 그룹은 그리스도교 우파에 비해 규모와 세력 면에서는 미약하지만, 자신들의 입장을 견지하면서 복음주의 내에서 결코 무시할 수 없는 목소리로 기능해 왔다. 특히 버락 오바마(Barack Obama, 1961-)의 당선 과정에서 결정적 기여를 한 월리스의 영향력이 급격히 커지면서 최근에는 이들에 대한 관심이 급증했다. 이들은 그리스도교 우파가 낙태와 동성애 같은 개인윤리에 관심을 한정하는 것에 반대하며, 부흥운동적 특성을 유지하되 빈곤·환경·전쟁 같은 문제에도 많은 관심을 보이고 있다. 이 운동의 대표적 인물인 월리스가 자신을 "20세기에 태어난 19세기 복음주의자"로 명명한 것은 19세기에 부흥운동과 사회개혁을 동시에 추구했던 찰스 피니(Charles G. Finney, 1792-1875)를 모범으로 삼았기 때문이다.[20]

이처럼 20세기 복음주의는 미국 사회의 급격한 변화와 함께 극적인 변화를 거듭해 왔다. 복음주의가 신복음주의와 근본주의로 양분되었고, 양측 모두 정치·사회 문제에 깊이 개입하기 시작한 것이다. 근본주의 그룹은 신학적 보수주의를 극단적으로 추구하면서 보수적 정치판에 적극 관여하였다. 한편 그레이엄으로 대표되는 신복음주의 진영은 근본주의와 거리를 유지하고 신학적·사회적 개방성을 주장하였다. 하지만 여전히 신학적 보수주의를 고수하고 사회참여보다 복음전도에 방점을 두고 있다. 반면, 최근 두각을 나타내고 있는 복음주의 좌파들은 신복음주의 내에서 보다 적극적인 사회참여를 추구한다. 그 결과, 20세기 말 복음주의 내부에서는 근본주의, 신복음주의, 복음주의 좌파 간 팽팽한 기 싸움이 전개되었다.

 ## 영국에서 발전한 복음주의

복음주의는 미국에서 크게 발전했지만, 18세기 존 웨슬리(John Wesley, 1703-1791)의 부흥운동 이래 영국에서도 중요한 흐름으로 영향력을 발휘해 왔다. 영국 복음주의자들은 미국 복음주의자들에 비해 좀 더 온건하고 중도적인 입장을 견지했다. 이것은 종교개혁 당시 영국 교회가 가톨릭 진영과 종교개혁 진영 사이에서 '중도'(via media)를 표방했던 전통의 영향으로 보인다. 종교개혁 이후 영국에서는 비국교도들(자유교회들)이 국교회(성공회)의 지배적 영향 아래에서 규모는 작아도 의미 있는 신앙공동체로 공존해 왔다. 따라서 영국 복음주의의 역사도 두 진영이 긴장과 협력 속에 함께 형성한 것이다. 기본적으로, 영국 국교회는 로마 가톨릭교회와 유사한 예배전통을 고수하는 고(高)교회파, 진보적·개방적 신학전통을 추구하는 광(廣)교회파 그리고 복음주의적 정체성을 강조하는 저(低)교회파로 구성되어 있다.

　　미국처럼 영국에서도 1920년대에 근본주의 논쟁이 벌어졌다. 하지만 미국에 비해 규모와 정도 면에서 분열을 초래할 만큼 심각하지는 않았다. 당시 영국에서 '근본주의자'라는 용어는 매우 경멸스러웠고, 자신을 그렇게 규정하는 사람도 극히 적었다. 또한 성경의 권위에 대한 논쟁 자체가 극도로 과열되지 않았다. 그 대신 제2차 세계대전 후, 영국 복음주의 내부에서는 온건한 복음주의자들과 좀 더 자유주의적인 복음주의자들 사이에 갈등이 시작되었다. 결국 자유주의적 복음주의자들이 복음주의 진영에서 이탈함으로써 이 문제는 자연스럽게 정리되었다. 그동안 복음주의 학생운동의 중심축이었던 '학생기독교운동'(Student Christian Movement, SCM)이 자유주의적 성향을 보이면서 빠르게 쇠퇴했고, IVF(InterVarsity Fellowship)[21]가

탁월한 강해설교자 마틴 로이드 존스

그 자리를 대체한 것이다. 학생기독교운동은 본래 복음주의적 학생운동으로서 비국교도들을 중심으로 1890년에 시작되었지만, 이 단체가 자유주의적 경향을 강하게 드러내자 이에 대한 반작용으로 영국 국교회 복음주의자들 중심으로 IVF가 출현(1928)했다. 특히 1960년대 영국에 수십 개 대학이 설립되면서 IVF를 통해 회심하고 목회자로 헌신한 학생들이 대거 배출되었다.

이런 상황에서, 영국 복음주의는 자신의 신학적 정체성을 좀 더 명료하고 세련되게 정리하면서 질적으로 성장했다. 1943년부터 1968년까지 런던 웨스트민스터채플 담임목사였던 마틴 로이드 존스(Martyn Lloyd Jones, 1899-1981)는 탁월한 강해설교와 저술, 강연을 통해 소위 '영국 내 복음주의 르네상스'를 이끌었다. 한편, 1950년 런던의 올소울즈 영국 국교회 교구사제로 부임한 존 스토트(John Stott, 1921-2011)도 설교와 저술, 다양한 모임을 통해 복음주의적 그리스도교를 영국의 교회와 사회 전반으로 확산시키려고 노력했다. 신학자 제임스 패커(James I. Packer, 1926-)도 《근본주의와 하나님의 말씀》(Fundamentalism and the Word of God) 등의 책을 저술하여 복음주의 변증가로서 국제적인 명성을 얻었다.

하지만 1966년 10월 웨스트민스터센트럴홀에서 열린 제2차 전국복

복음주의적 그리스도교를 확산시킨 존 스토트

음주의자회의(National Assembly of Evangelicals)에서 로이드 존스의 개회연설이 큰 파장을 일으키면서 복음주의 진영이 분열되고 말았다. 이 대회에서 존스는 영국 교회에 침투한 진보적 신학과 사상의 위협에 직면했으니, 모든 복음주의자가 오염된 교회들에서 과감히 탈퇴하여 "복음주의 교회의 교제 혹은 연합"으로 뭉쳐야 한다고 주장했다. 하지만 이 회의 의장이었던 스토트와 영국 복음주의자들 대다수가 그의 요청을 거부함으로써, 로이드 존스는 "영국 복음주의 진영에서 고립된 소수파로 전락"했고,[22] 스토트와 그의 동료들이 주도권을 장악했다.

반면, 영국 국교회에 참여하기를 거부한 자유교회들은 오랫동안 복음주의적 전통을 유지해 왔으나, 20세기부터 신학적·실천적인 면에서 매우 진보적인 모습을 보이게 되었다. 1972년 회중교회와 장로교회가 결합하여 탄생한 '연합개혁교회'(United Reformed Church)가 대표적인 경우이다. 하지만 자유교회 중 오순절교회, 구세군, 침례교회, 기독교형제단(Christian Brethren 또는 Open Brethren)은 복음주의 전통을 고수해 왔고, 특히 기독교형제단의 역할이 중요했다. 이 교회는 1948년 플리머스형제단(Plymouth

Brethren) 내에서 발생한 분열의 결과, '배타' 형제단(Exclusive Brethren)과 자신을 구별하기 위해 '개방' 혹은 '독립' 형제단이라는 이름을 취했으며, 1940년대 이후 영국뿐 아니라 세계 도처에서 복음주의를 확산하는 데 크게 기여했다. 예를 들어, 성서유니온운동의 지도자 존 레어드(John M. Laird, 1905-1988), 보수적 성경신학자 F. F. 브루스(F. F. Bruce, 1910-1990), 밴쿠버 리젠트칼리지 설립자 워드 가스크(W. Ward Gasque, 1939-)와 초대 학장 제임스 휴스턴(James M. Houston, 1922-)이 모두 이 교회 출신이다.[23]

복음주의의 세계적 확장

1945년 이후 복음주의는 세계 전역으로 빠르게 확장되기 시작했다. 이런 확장은 무엇보다 항공기술과 통신기술의 눈부신 발전 때문에 가능했다. 빠르고 안전하게 인력과 자금을 먼 곳으로 전달하는 능력이 복음전도와 교회 개척에 결정적인 영향을 끼친 것이다. 이런 맥락에서, 1949년 제트여객기의 발명과 1958년 보잉 707의 운항은 유럽 선교사들이 시공간의 한계를 빠르게 극복하며 복음과 다양한 자료를 선교지로 신속하고 안전하게 전달하는 데 큰 도움을 주었다. 또한 1920년대에 등장한 라디오와 1960년대부터 보급되기 시작한 텔레비전은 비행기로도 해결할 수 없었던 지역으로 복음을 전해 주었다. 이후 등장한 카세트테이프, 비디오테이프, CD와 DVD 등도 선교의 지리적·시간적 한계를 극복하는 데 유용한 도구로 널리 쓰였으며, 1990년대부터 보편화된 컴퓨터와 인터넷망은 통신혁명을 일으키면서 선교 사역의 필수품이 되었다.

기술 발전과 함께 국제공용어로서 영어의 확산도 20세기 선교활동에 크게 기여했다. 역사적으로 19세기는 영국의 세기였다. 영국의 영향력이 전 세계로 확장되면서, 많은 영국 선교사들이 영국이 개척한 식민지 및 관련 지역으로 파송되었다. 그리고 20세기 중반부터 그 주도권이 미국으로 이전되었다. 영국과 미국 선교사들을 통해 아프리카, 아시아, 라틴아메리카에 많은 교회, 병원, 학교가 세워졌고, 이런 기관들을 통해 현지인들이 영어를 익혔다. 동시에 이 지역 젊은이들이 영국과 미국의 주요 대학과 신학교육 기관에서 교육을 받고 그리스도인이 되거나 전문사역자로 성장했다. 예를 들어, 1959-1960년에는 서인도제도, 나이지리아, 가나 출신들이 주를 이룬 2만 9,000명의 유학생이 영국의 대학들에서 공부했으며, 미국의 경우에는 풀러신학교, 트리니티복음주의신학교, 휘튼칼리지, 그리고 남침례교회 소속의 여러 신학교들이 비슷한 역할을 했다. 결국, 이 모든 교육이 영어로 진행되면서 영어의 영향력과 활동 범위가 계속 확장된 것이다. 브라이언 스탠리의 말처럼 "사도시대엔 그리스어가 기독교 신학의 언어였고, 중세 기독교 세계에서는 라틴어가 그 역할을 했던 것처럼, 20세기 후반에는 영어가 복음주의 신학을 논하고 정의하는 지배적인 도구가 되었다."²⁴

이런 기술 발전과 언어의 확장은 전통적인 피선교지의 정치·경제적 특수상황과 맞물리면서 선교의 지형도에 큰 변화를 가져왔다. 즉, 기존 선교는 서유럽 출신 선교사들이 비유럽 지역으로 이동하는 방식으로 전개되었지만, 20세기 중반 이후에는 주목할 만한 역전 현상이 벌어진 것이다. 전쟁, 빈곤, 질병, 교육 등의 이유로 미국과 유럽으로 이주하는 아프리카인, 아시아인, 라틴아메리카인이 급증했기 때문이다. 그뿐만 아니라, 이 지역들에서 발생한 부흥운동과 교회의 급성장은 이미 서구로 이주한 동포들을 대상으로 역수출되었다. 그 결과, 미국과 유럽의 대도시마다 한국인 교회, 중국인 교회, 나이지리아인 교회, 멕시코인 교회 등을 쉽게 발견할 수 있게 되었으며, 비유럽 출신 선교사들도 급증했다.

1990년대가 되면 복음주의 국제 선교운동 네트워크는 1945년에 비해 구조가 한없이 다양해지고 복잡해진다. 20세기가 끝날 무렵에는 아시아(특히 한국, 인도, 필리핀), 아프리카(주로 가나와 나이지리아), 라틴아메리카(특히 브라질) 출신 해외 선교사 수가 빠른 속도로 유럽 및 북미 출신 선교사 수를 따라잡고 있다.²⁵

이처럼 과학기술의 발전과 영어의 보편화, 그리고 다양한 정치·경제적 이유들로 복음주의는 빠르게 전 세계로 확장되었다. 하지만 이런 도구와 상황을 고려하여 적극적으로 세계화에 뛰어든 사람들과 기관들의 헌신이 없었다면, 복음주의는 미국과 영국의 범위를 벗어날 수 없었을 것이다. 이런 맥락에서, 미국의 복음주의를 전 세계로 확장하는 데 결정적으로 기여한 인물은 단연 빌리 그레이엄이다. 1945년 십대선교회(Youth for Christ) 전임전도자로 사역을 시작하면서, 그레이엄은 미국과 유럽에서 유능한 설교자로 급부상했다. 그는 1950년 '빌리그레이엄전도협회'(the Billy Graham Evangelistic Association, Inc.)를 조직했고, 이를 토대로 자신의 사역을 전 세계로 빠르게 확장해 갔다. 1952년에는 미 군목들의 초청으로 전쟁 중인 한국을 방문해 대구와 부산에서 집회를 인도했다. 1954년 초에는 런던을 방문하여 3개월 동안 200만 명 이상의 청중에게 복음을 전했고, 1955년에는 유럽 12개 도시를 돌며 400만 명 넘는 이들에게 설교를 했다. 1958년 카리브 지역, 멕시코, 과테말라, 1959년 호주와 뉴질랜드, 1960년 아프리카와 브라질에서 집회를 인도했다. 1970년대 후반에는 헝가리, 폴란드, 소련 등을 방문하여 설교했으며, 70세를 넘긴 1990년대에 이르러서야 해외사역을 축소하기 시작했다. 하지만 이 시기에도 북한을 두 차례나 방문했고, 2000년 뉴욕 플러싱에서 마지막 집회를 인도한 후에야 공식적으로 은퇴했다. 그는 185개가 넘는 나라와 영토에서 2억 1,500만 명의 사람들에게 설교를 했다.[26] 교회사에 전례 없는 기록이다.

반면, 영국 복음주의의 세계적 확장에는 IVF와 성서유니온(Scripture Union)의 공헌이 결정적이었다. 1928년 잉글랜드에서 결성된 IVF가 1929년 캐나다에도 조직되면서 영국식 복음주의가 캐나다에서 성장할 토대가 마련되었다. 동일한 현상이 하워드 몰(Howard Mowll, 1890-1958)을 통해 호주에서 반복되었다. 케임브리지대학 재학 시절 CICCU(Cambridge InterCollege Christian Union) 리더로 활동했던 몰은 시드니 대주교로 선출된 1933년부터 세상을 떠난 1958년까지 대표적인 복음주의자로서 호주 성공회를 이끌었다. 이처럼 IVF 네트워크는 "비논쟁적이고, 본질적으로 꽤 영국적인, 심지어는 성공회적인 보수 복음주의를 대륙과 제국의 경계 너머까지 전파했다. 영국 역사에서 제국의 시대는 1960년대에 종말을 고하지만, 제국의 동맥을 통해 퍼져 나간 IVF운동은 탈식민지 시대에도 국제 보수 복음주의의 성장을 위한 자양분을 공급했다."[27]

한편, 1867년 런던에서 어린이들에게 성경을 가르칠 목적으로 '어린이 특별집회 선교회'(Children's Special Service Mission)라는 이름으로 조시아 스파이어스(Josiah Spiers, 1840-?)가 시작한 성서유니온은 서아프리카에서 복음주의 성장에 크게 기여했다. 1960-1970년대 가나와 나이지리아에서 성서유니온운동이 크게 성장한 결과, 많은 젊은이들이 사역자로 헌신했다. 예를 들어, 1970년대 초반 가나에서 가장 큰 신학대학인 트리니티칼리지 재학생 중 60퍼센트가 성서유니온 출신이고, 시에라리온의 감리교 목회자와 평신도 설교자 대부분도 성서유니온 출신이다.[28]

아프리카에서 발생한 복음주의운동의 열기를 유럽으로 전한 사람들도 있다. 1929년부터 우간다 남서부 카발레에서 사역하던 성공회 의료선교사 조 처치(J. E. "Joe" Church, 1899-1989), 우간다인 시미오니 은시밤비(Simeoni Nsibambi, 1897-1978), 요시야 키누카(Yosiya Kinuka, 1905-1981), 페스토 키벵게레(Festo Kivengere, 1919-1988), 윌리엄 나겐다(William Nagenda, 1912-1973)의 사역을 통해 동아프리카 부흥운동이 일어났다. 이들은 1947년부터 유럽과 미국, 인도를 차례로 방문하여 집회를 인도하면서 동아프리카 부흥운동을 세계로 확산시켰다. 특히, 키벵게레는 이 부흥을 세계에 소개하는 데 결정적인 역할을 했다. 그뿐만 아니라, 1953년 동아프리카 팀이 펜실베이니아를 방문한 결과, 메노나이트의 제이콥스 부부(Donald and Anna Jacobs)가 1954년 아프리카를 방문했다. 이로써 양 대륙 간의 관계는 물론 미국에서 메노나이트 신자들과 복음주의자들의 관계도 훨씬 긴밀해졌다.[29]

평가와 전망

복음주의는 살아 있는 실체다. 복음주의를 정의하거나 이해하기가 어려운 것은 복음주의가 오래전 시효가 종결된 역사적 유물이 아니라, 현재에도 끊임없이 진화하고 있는 생명체이기 때문이다. 18세기부터 21세기 초반까지 복음주의는 변화를 거듭해 왔다. 새로운 도전 앞에서 복음주의는 새로운 해법과 탈출구를 모색했고, 이 과정에서 이합집산을 반복하며 자신의 겉과 속을 일신해 왔다. 따라서 복음주의를 과거 특정 시점의 정의와 관점에 고착하여 이해하려는 시도는 시대착오적 오류를 범할 수밖에 없다. 이런 이유에서 "복음주의는 ○○이다"라고 정의하는 것은 점점 더 어려워지고 있다.

20세기 초반에 살았던 윌리엄 제닝스 브라이언의 눈으로 21세기 짐 월리스를 동료 복음주의자로 이해하는 것은 쉽지 않을 것이다. 세대주의에 심취한 에이미 셈플 맥퍼슨(Aimee Semple McPherson, 1890-1944)이 후천년설을 추구하는 얼 픽(Earl Paulk, 1927-2009) 같은 동료 오순절주의자를 용납하기도 어려울 것이다. 모든 사회개혁을 부정했던 20세기 초반 근본주의자들에게 적극적인 정치참여를 추구하는 20세기 말 근본주의자들은 어떻게 보일까? 그들 모두가 자신들을 복음주의자로 규정하는 현실을 어떻게 이해해야 할까? 무엇보다 이 모든 기이한 현실은 복음주의가 살아 있기 때문에 벌어진 일이다.

이런 맥락에서 중요한 것은 복음주의에 대한 통일된 정의나 기구를 추구하는 대신, 다양성 속에서 각자의 고유한 역할을 인정하고 건전한 경쟁과 지혜로운 협력을 추구하는 일임에 틀림없다. 아무리 다양한 차이가 존재해도, 이들은 기본적으로 예수를 그리스도로 고백하는 그리스도인들이며, 성경과 성령체험을 중시하는 개신교인들이고, 복음의 개인적·사회적 능력을 확신하는 신자들이다. 그렇다면 자신의 관점만을 배타적으로 옹호함으로써 서로의 가슴에 지울 수 없는 상처를 남기고 자신의 우월성과 기득권에 맹목적으로 집착하기보다 하나님 나라를 위해 각자 영역에서 주어진 역량과 사명을 다하는 것이 더 긴박하고 절실한 책임과 사명이 아니겠는가.

한편, 미국과 영국을 중심으로 발전한 복음주의는 이제 비유럽 세계까지 포괄하는 세계적인 현상이 되었다. 여전히 유럽 복음주의의 신학적·재정적 영향력은 막대하지만, 신자 수와 열정 면에서 비유럽 지역의 복음주의도 빠르고 광범위하게 확산되었고, 이 지역들의 복음주의 교회들은 고유한 전통문화와 특수한 정치·경제적 현실 앞에서 자신들의 사역을 성공적으로 감당하고 있다. 이런 교회들에게 영미 복음주의 신학과 제도는 유용한 참고자료가 되겠지만, 결코 만병통치약은 아니다. 아직까지 시간과 경험의 부족으로 이들이 직면한 많은 신학적·현실적 문제들에 대한 만족스러운 답을 찾지 못하고 있지만, 이 역시 시간과 경험이 해결해 줄 것이다. 그리고 그때 비유럽권 복음주의는 유럽 복음주의와 매우 다른 모습으로 변모해 있을 것이다.

끝으로, 복음주의는 윤리와 정치 면에서 더욱 어려운 선택과 책임을 감당해야 한다. 전통적으로 복음주의는 영국과 미국에서 신학적·윤리적·정치적 보수주의의 요새였다. 사회적·종교적 소수자의 자리에 있을 때나 주류에 합류했을 때도 그런 특성은 크게 변하지 않았다. 하지만 신자유주의의 영향으로 미국 자본이 세계를 지배하고, 그리스도교와 이슬람의 종교적 경쟁과 갈등이 심화되며, 포스트모더니즘과 제4차 혁명 등으로 전통적 윤리와 생활방식이 근본적인 변화를 강요받는 시대에 복음주의는 보수적 가치를 유지하면서 새로운 환경에 적응하는 난제를 해결해야 한다. 보수성을 포기할 때 자신의 본질을 상실할 것이며, 적응에 실패할 경우 생존 자체가 어려울 것이기 때문이다. 이는 세계적인 현상으로 자리 잡은 복음주의가 21세기에도 복음의 능력을 강력히 증거하고 실현하는 건강한 생명체로 기능하기 위해 풀어야 할 어려운 수수께끼다.

주

1 —— Mark Elligsen, *The Evangelical Movement*(Minneapolis: Augsburg Publishing House, 1998), 204.

2 —— Garth M. Rosell, *The Surprising Work of God*(Grand Rapids, MI.: BakerAcademic, 2008), 35.

3 —— George M. Marsden, "Evangelical and Fundamental Christianity," Mircea Eliade, ed. *The Encyclopedia of Religion*. vol. 5(New York: Macmillan Publishing Company, 1987), 190.

4 —— David Bebbington, *Evangelicalism in Modern Britain: A History from the 1730s to the 1980s*(Grand Rapids, MI.: Baker Book House, 1989), 2-3.

5 —— 로젤은 복음전도와 사회변혁을 분리해서 항목을 정리했으나, 베빙턴은 행동주의 안에서 양자를 함께 다룬다. "그러나 행동주의는 흔히 단순한 복음사역의 범주를 넘어선다… 공공보건 같은 분야에서 샤프츠베리의 노력은 복음주의 에너지의 또 다른 출구를 제공했다. 윌버포스의 노예무역 반대운동과 1900년 비국교도의 정치운동은 복음의 윤리를 실행하려는 가장 유명한 예일 뿐이다." David Bebbington, *Evangelicalism in Modern Britain*, 12.

6 —— 류대영,《미국종교사》(서울: 청년사, 2007), 436.

7 —— ACLU와 스코프스 재판의 관계에 대해서는 ACLU 홈페이지 참조. http://www.aclu.org/aclu-history 참조.

8 —— Joel A. Carpenter, *Revive Us Again*(Oxford University Press, 1999), 187-232.

9 —— 이 분리 과정에 대해서는, Garth M. Rosell, *The Surprising Work of God*, 91-100 참조.

10 —— 조지 말스덴이 풀러신학교의 역사를 훌륭하게 정리했다. George M. Marsden, *Reforming Fundamentalism: Fuller Seminary and the New Evangelicalism*(Grand Rapids, MI.: William B. Eerdmans Publishing Company, 1987).

11 —— Carl F. H. Henry, *The Uneasy Conscience of Modern Fundamentalism*(Grand Rapids, MI.: William B. Eerdmans Publishing Company, 1947).《복음주의자의 불편한 양심》(서울: IVP, 2009).

12 —— Billy Graham, *Just as I am: The Autobiography of Billy Graham*(Grand Rapids, MI.: Zondervan and HarperSanFrancisco, 1997), 302-303.

13 —— 죠지 마르스텐(조지 말스텐),《미국의 근본주의와 복음주의 이해》(서울: 성광문화사, 1992), 91-96.

14 —— 니버는 인종 문제에 대한 그레이엄의 입장을 신랄하게 비판했고, 그레이엄은 복음전도를 무시하는 니버의 입장에 반대했다. 반면 킹과 그레이엄은 인종 문제에서 비슷한

생각을 공유했지만, 베트남전쟁에 대해서는 다른 입장을 견지했다.

15 —— 카터의 대선 과정에 대해서는 Randall Balmer, *God in the White House: A History* (New York: HarperOne, 2008), 79-107 참조. 대선 과정에서 정치와 종교의 분리를 주장한 케네디의 입장에 대해서는 같은 책, 7-46 참조.

16 —— 밥존스대학과 국세청의 갈등에 대해서는 다음 사이트 참조. http://en.wiki-pedia. org/wiki/Bob_Jones_University

17 —— Kenneth J. Collins, *The Evangelical Movement: The Promise of an American Religion*(Grand Rapids, MI.: Baker Academic, 2005), 123.

18 —— 미국 그리스도교 우파의 역사에 대해서는 배덕만, 《미국 기독교우파의 정치활동》(서울: 넷북스, 2007) 참조.

19 —— '네오콘'은 미국 공화당 중심의 신보수주의자(neo-conservative)들로, 미국 군사력에 의한 세계제패를 지향한다. 미국 네오콘에 대한 종합적 연구서로는 남궁곤 편, 《네오콘 프로젝트: 미국 신보수주의의 이념과 실천》(서울: 사회평론, 2005)이 있다.

20 —— 짐 월리스의 생애와 사상에 대해서는 배덕만, "짐 월리스: 복음주의 사회참여의 새로운 모델", 〈역사신학논총〉 제17집(2009): 89-114 참조.

21 —— 1975년에 이름을 'Universities and Colleges Christian Fellowship'(UCCF)으로 바꾸었다.

22 —— 이재근, 《세계복음주의 지형도》(서울: 복있는사람, 2015), 102.

23 —— 기독교형제단의 영향에 대해, 브라이언 스탠리는 다음과 같이 평가한다. "1960-1970년대에 보수 복음주의가 얻은 새로운 지적 확신은 한때 그 특징이 전적으로 근본주의적인 것으로 간주된 한 집단 덕에 얻을 수 있었다. 즉 기독교형제단에 진 빚이 어마하다는 것이다." 브라이언 스탠리, 《복음주의 세계확산》(서울: CLC, 2014), 96.

24 —— 브라이언 스탠리, 《복음주의 세계확산》, 49.

25 —— 브라이언 스탠리, 《복음주의 세계확산》, 148. 2001-2010년 북미 출신과 유럽 출신 선교사는 각각 13만 5,000명과 13만 2,800명인 반면, 아시아, 아프리카, 라틴아메리카 출신 해외 선교사는 12만 6,200명이었다. Todd M. Johnson and Kenneth R. Ross (eds), *Atlas of Global Christianity* (Edinburgh University Press, 2009), 261.

26 —— 배덕만, "빌리 그레이엄과 미국 복음주의", 〈역사신학논총〉 제33집(2018): 187-216 참조.

27 —— 브라이언 스탠리, 《복음주의 세계확산》, 103.

28 —— 브라이언 스탠리, 《복음주의 세계확산》, 146.

29 —— 동아프리카 부흥운동에 대해서는 김성환, "동아프리카 부흥운동과 한국부흥운동의 비교연구: 우간다와 한국을 중심으로 선교학적 발전을 위하여", 〈ACTS 세계선교연구〉 vol. 3(2013): 258-288 참조.

오순절운동:
수모와 박해를 넘어

3

20세기 그리스도교 역사 가운데 뜨거운 논쟁과 관심을 촉발한 또 하나의 현상은 단연 '오순절운동'의 출현과 급성장이다. 전통적인 그리스도교 국가들, 특히 서유럽에서 세속화가 빠르게 진행되면서 그리스도교의 위치와 영향력이 급격히 약화되던 때에, 이러한 흐름에 역행하며 그리스도교의 열정과 동력을 회복하고 지리적·사회적 영향력을 확대할 수 있었던 것은 오순절운동의 팽창과 깊은 관련이 있기 때문이다. 20세기 초반 세상에 첫 모습을 드러냈을 때 전통 교회로부터 수모와 박해를 당했던 오순절주의자들이 21세기 세계 그리스도교의 부흥과 성장을 견인하고 있으니 그야말로 격세지감(隔世之感)이다. 물론 오순절운동의 역사가 항상 장밋빛이었던 것은 결코 아니다. 이 운동이 남긴 역사적 유산과 현재의 상황이 모두 긍정적인 것도 낙관적인 것도 아니다. 주류 교회로부터 끊임없이 '이단'으로 공격받고, 신학과 실천 면에서 비난을 피하기 어려운 과오도 적지 않게 범했다. 그럼에도 오순절운동에 대한 설명 없이 20세기 개신교 역사를 서술하기란 불가능하다. 동시에 이 운동에 대한 객관적 이해와 공정한 서술은 21세기 개신교를 위해서도 꼭 필요한 학문적·신앙적 작업이다.

 ## 오순절운동의 배경

역사가들은 흔히 1901년 1월 1일, 캔자스 주 토피카에 있는 베델성경학교에서 방언현상이 출현한 것에서 오순절운동의 기원을 찾는다. 하지만 이런 오순절운동의 역사적 출현을 이해하기 위해서는 그 전에 진행된 '성령세례'(baptism with the Holy Spirit)에 대한 오랜 논쟁을 먼저 이해해야 한다. 대략 그 출발점은 존 웨슬리로부터 시작된다. 웨슬리는 '이신칭의'(justification by faith) 교리를 강조했던 16세기 종교개혁의 전통을 충실히 계승하면서, 18세기 영국 국교회의 형식화·이성화된 신앙에 문제의식을 갖고 '명목상의 그리스도인'(nominal Christian)을 '진정한 그리스도인'(real Christian)으로 변화·성장시키는 데 관심을 집중했다. 그는 '칭의'를 강조하면서 칭의와 성화(성

성결운동의 선구자 피비 팔머

결, 그리스도인의 완전)를 동시적 사건으로 이해한 칼뱅주의에 반발하여, 칭의라는 법정적 개념 대신 '중생/신생'(regeneration/new birth)이라는 생물학적 용어를 선호하고 중생과 성화를 시간적으로 구분했다. 이로써 이름뿐인 신자들의 형식적 신앙이 좀 더 역동적·실천적 신앙으로 발전하도록 유도했다. 하지만 웨슬리는 성령세례라는 용어 사용을 자제했고, 성령은 죄인의 중생체험 순간에 한 번만 역사한다고 주장했다. 그런데 웨슬리가 자신의 후계자로 지명한 존 플레처(John W. Fletcher, 1729-1785)는 웨슬리의 논리를 충실히 따르되, 성화를 성령세례라고 명명함으로써 웨슬리와 갈등을 초래했다.[1]

이런 웨슬리와 플레처의 사상은 미국에서 형성된 미국 감리교회에 직접적인 영향을 끼쳤다. 그리고 1830년대 감리교 여성 사역자 피비 팔머 (Phoebe Palmer, 1807-1874)가 "성결 증진을 위한 화요기도회"를 자기 언니와 함께 인도하는데 거기에 강력한 성령의 역사가 나타났다. 팔머는 웨슬리와 플레처의 사상을 좀 더 단순하게 이론화하여 자신의 독자적 신학으로 발전시켰다. 그녀는 성화의 점진적·즉각적 가능성 모두를 인정한 웨슬리와 달리 성화의 즉각적 체험을 강조했고, 성화를 성령세례로 이해한 플레처의 입장을 수용했다. 그녀는 신자들이 '제단'(altar)이신 예수 그리스도께 믿음으로 헌신할 때, 즉각적으로 성화(성결)의 은총을 받게 된다고 주장했다. 팔머의 이런 주장은 '제단신학'(altar theology)으로 불리기 시작했다.[2]

이처럼 감리교 내에서 성결에 대한 관심이 고조되는 가운데, 1867년 감리교 목회자들인 윌리엄 오스본(William B. Osborn, 1832-1902)과 존 인스킵(John S. Inskip, 1816-1884)의 주도로 '성결 증진을 위한 전국 캠프 집회'가 개최되었다. 이 집회에서 강사들은 중생 이후 제2의 은총으로 성결을 체험해야 한다고 설교했고, 이것은 성령세례를 통해 가능하다고 주장했다. 이 집회는 매년 개최되면서 전국으로 빠르게 확산되었다. 이로써 팔머에서 비롯된 성결운동은 감리교 내에서 확고히 뿌리 내리며 제도적 장치를 확보했다.

그러나 이 운동이 전국으로 확산되면서 초창기의 의도와 다른 변화가 일어났다. 첫째는 '성령세례'라는 개념에 변화가 생긴 것이다. 본래 이들이 추구했던 성령세례는 성화, 즉 내적인 정결(inner purity)이다. 하지만 성령세례를 '권능의 부여'(empowerment)로 해석하는 그룹이 출현하면서 성결 그룹 내에서 성화를 '정결'(purity)로 이해하는 그룹과 '권능'(power)으로 주장하는 그룹이 한동안 공존하게 되었다. 당연히 이들 사이에서 갈등이 고조되었다. 또 다른 변화는 지방연합회에 가입한 침례교와 장로교 출신 목회자들이 성화 외에 신유와 재림의 교리도 강조하기 시작한 것이다. 이것은 성결운동 지도그룹의 전통적 신학과 상충되는 교리였기 때문에, 당연히 지도그룹은 지방연합회에서 확산되고 있던 신유와 재림 교리에 대해 반대의 사를 표명했다. 결국, 사중복음(중생, 성결, 신유, 재림)을 강조하는 새로운 그룹이 '급진적' 성결운동으로 분류되기 시작했고, 1894년을 기점으로, 이들이 감리교회 내에서 축출되거나 자발적으로 탈퇴하면서 다양한 이름과 규모의 성결교회가 탄생했다.

오순절운동의 출현과 확장

사중복음의 출현으로 감리교 내에서 성결교회가 분립·탄생한 후 성결교회 내에 다시 한 번 분열의 회오리바람이 불기 시작했다. 성결을 성령세례와 동일시하는 성결운동의 전통적 입장에 반대하여, 성결과 성령세례를 분리하고 성령세례를 권능(power)으로 이해하는 그룹이 급증했기 때문이다. 특별히 성령세례를 권능으로 이해하고 성령세례의 증거를 방언이라고 주장하는 그룹이 출현하면서 분열은 돌이킬 수 없는 현실이 되고 말았다.

이 분열의 단초를 제공한 사람은 찰스 파함이다. 그는 캔자스 주 토피카에 베델성경학교를 개원하여 성결운동을 위한 사역자들을 양성하고 있었다. 그런데 1900년 12월 31일 송구영신예배 중 학생 아그네스 오즈만(Agnes Ozman, 1870-1937)이 방언을 시작했고, 이 사건을 계기로 파함은 방언을 성령세례의 일차적 증거로 해석하며 감리교 및 성결운동과 구별된 독특한 오순절 교리를 만들어 냈다. 그의 오순절신학은 방언운동의 범주를 넘어 신유와 재림 교리를 수용하면서 캔자스와 텍사스 지역에 부흥의 불길을 확산시켰다. 한편, 파함이 텍사스에 임시로 개설한 단기성경학교에서 공부하던 흑인 성결운동가 윌리엄 시무어는 1906년부터 1909년까지 로스앤젤레스의 아주사 거리에서 폭발적인 부흥운동을 이끌었다. 이 부흥운동의 소식은 로스앤젤레스의 경계를 넘어 미국 전역과 전 세계로 급속히 확산되었다.

얼마 후 이 아주사 거리는 새로 임한 오순절의 불길을 목격하고 체험하기 위해 원근각처에서 몰려온 사람들로 인산인해를 이루었고, 그곳에서 동일한 성령체험을 한 사람들이 자신들의 고국과 고향으로 이 불길을 옮겨심었다. 이 과정에서 중요한 신학적 분열이 오순절운동 내부에서 발생했다. 1907년 아주사에서 방언을 체험한 윌리엄 더럼(William Durham, 1873-1912)은 1910년 소위 '갈보리의 완성된 사역'(Finished Work of Calvary)이라는 새로운 교리를 주창했다. 즉, 더럼은 중생 이후 성결/성화를 체험한다는 성결

오순절 부흥운동을 확신시킨 찰스 파함과 아그네스 오즈만

교리를 반대하면서, 예수께서 갈보리 언덕 위 십자가에 달리셨을 때 완성하신 사역을 신자들이 중생할 때 이용해서 성화도 함께 이룰 수 있다고 주장한 것이다. 이로써 오순절운동이 웨슬리 전통을 따르는 그룹과 이에 반대하는 그룹으로 양분되었다. 이런 신학적 차이에 따라, 오순절운동 내에 하나님의성회(Assemblies of God, 1914), 하나님의교회(클리블랜드파, Church of God, Cleveland, 1886), 하나님의교회(그리스도파, Church of God in Christ, 1907), 국제복음교회(International Church of Foursquare Gospel, 1923), 오순절성결교회(Pentecostal Holiness Church, 1911) 같은 다양한 교단이 탄생하게 되었다.[3]

아주사 거리에서 폭발한 오순절운동은 순식간에 미국의 경계를 넘어 전 세계로 확산되기 시작했다. 이 운동에 참여한 사람들이 성령세례를 종말적 사건으로 받아들이고 방언을 '선교지 언어의 초자연적 습득'으로 이해했기 때문에, 그들이 세계 선교에 적극적으로 뛰어든 것은 지극히 자연스러운 현상이었다. 독특한 교리와 열정적 예배, 다양한 신비현상으로 선교지에서 극심한 오해와 박해에 직면했지만, 오순절운동은 대체로 빠르게 성장했다. 이 성령의 불이 가장 먼저 전달된 곳은 유럽이며, 핵심인물은 노르웨이 감리교 목사 토마스 볼 바라트(Thomas Ball Barratt, 1862-1940)였다. 그는 1906년 10월 7일 뉴욕의 한 호텔방에서 오순절 체험을 한 후 7-8개 언어로 기도했다. 그 해 12월, 그는 오슬로로 돌아가서 유럽 최초의 근대 오순

아주사 부흥운동의 요람인 사도적 신앙복음선교회

절 집회를 개최했고, 유럽 전역에서 몰려온 목회자들이 바라트를 통해 성령 세례를 체험했다.

바라트의 집회에서 오순절을 체험한 이들 중에는 영국 성공회 목사 알렉산더 바디(Alexander Boddy, 1854-1930), 독일 성결운동의 지도자 요나단 파울(Jonathan Paul, 1853-1931), 그리고 스톡홀름 출신 침례교 목사 루이 페트루스(Lewi Pethrus, 1884-1974)가 있다. 바디는 바라트의 기도로 방언을 체험한 후, 제1차 세계대전 발발 전까지 영국 선더랜드에서 '오순절성령집회'(Whitsuntide Pentecostal Conference)를 이끌었다. 폴은 1907년 오슬로에서 동일한 경험을 하고 귀국하여 카셀에서 오순절 집회를 개최했다. 그 결과, 독일 오순절교단인 '뮬하임 연합회'(Muhlheim Association, 1914)가 탄생했다. 한편, 페트루스는 오슬로에서 돌아온 후 자신이 섬기던 한 침례교회에서 부흥회를 인도했다. 하지만 침례교 전통에서 벗어났다는 이유로 침례교 연합회에서 축출당했다. 그는 교회 이름을 '필라델피아'로 바꾸고 자신의 운동을 지속한 결과, 유럽에서 가장 큰 독립교회로 성장했다.

시카고에서 오순절운동을 주도한 윌리엄 더럼의 노스애비뉴선교회(North Avenue Mission)도 오순절운동을 유럽과 남미로 전파하는 데 중요한 역할을 했다. 캐나다 위니펙의 아규(A. H. Argue, 1868-1959)는 1906년 시카고의 더럼을 통해 오순절 체험을 한 후 캐나다에 이 운동의 씨를 뿌렸다. 그를 통해 캐나다에서 가장 큰 오순절교단인 '캐나다오순절성회'(the Pentecostal Assemblies of Canada)가 1919년 설립되었다. 한편, 시카고로 이민 온 루이기 프란체스콘(Luigi Francescon, 1866-1964)과 지아코모 롬바르디(Giacomo Lombardy)는 미국, 브라질, 아르헨티나, 이탈리아에 오순절운동을 전했다. 그런데 프란체스콘은 1907년 더럼의 선교회에서 오순절 신자가 되었으며, 1909년 아르헨티나를 방문하여 '아르헨티나오순절교회'를 설립했고, 다음 해에 브라질을 여행하며 '그리스도의교회'(Congregationi Christiani)라는 이탈리아인들의 오순절운동을 시작한 것이다. 그리고 그의 친구 롬바르디는 이탈리아에서 최초의 오순절집회를 인도했으며, 이후 두 사람이 계속 모국을 방문하여 1928년 '이탈리아오순절교회'를 조직했다. 이 교회는 이탈리아의 다른 개신교인을 모두 합친 것보다 두 배나 많게 성장했다.

두 스웨덴 젊은이 다니엘 베르크(Daniel Berg, 1884-1963)와 아돌프 구나르 빈그렌(Adolf Gunnar Vingren, 1879-1933)은 브라질에 오순절운동을 전파했다. 경제적 목적으로 미국에 이민 온 두 사람은 1909년 시카고에서 오순절주의자가 되었다. 그들은 1910년 브라질에 와서 언어 훈련을 하는 동안 한 침례교회에 출석했는데, 예배 도중 방언, 통역, 예언, 신유 등이 나타났고, 그 결과 1911년 18명을 기반으로 브라질 최초의 오순절교회인 '브라질 하나님의성회'가 시작되었다. 칠레의 오순절운동은 시카고에서 온 의사이자 감리교 선교사인 윌리스 후버 커트(Willis C. Hoover Kurt, 1858-1936)에 의해 시작되었다. 1889년 칠레에 온 후버는 칠레에서 가장 큰 감리교회에서 사역하던 중, 1907년 방언, 성령춤, 환상, 예언 등을 체험했다. 이후, 그의 감독하에 있던 교회들이 크게 성장했지만, 교리적 이유로 1909년 감리교회에서 제명되고 말았다. 마침내 후버와 그의 추종자 37명이 '칠레오순절감리교회'를 조직했고, 후에 칠레에서 가장 큰 개신교회로 성장했다.

존 레이크(John G. Lake, 1870-1935)는 오순절 메시지를 남아프리카에 전달한 인물이다. 감리교 설교자였던 레이크는 신유사역자 존 알렉산더 도위(John Alexander Dowie, 1847-1907)의 '시온 시 가톨릭사도교회'(Zion Catho-

시온 시를 건설한 알렉산더 도위

lic Apostolic Church)의 장로로 사역하고 있었는데, 1907년 시온 시를 방문한 찰스 파함을 통해 오순절 체험을 했다. 그는 1908년부터 1913년까지 5명의 복음전도자들과 남아프리카 전역에서 오순절 메시지를 전했다. 선교사역 첫해에 아내를 잃는 어려움을 겪었지만, 그는 '사도적신앙선교회'(Apostolic Faith Mission)[4]라는 백인 교회와 '시온그리스도교회'(Zion Christian Church)라는 흑인 교회를 세우는 데 성공했다. 한편, 1964년 사도적신앙선교회를 통해 회심한 윌리엄 쿠무이(William Kumuyi, 1941-)가 1977년 나이지리아에 '보다 깊이 있는 생활 성경교회'(Deeper Life Bible Church)를 세웠다. 쿠무이는 기사와 이적이 나타나는 집회를 주최했다는 이유로 1977년 이 교회에서 쫓겨났고, 이어서 교회(Deeper Christian Bible Church)를 새로 개척했다. 이후 이 교회는 나이지리아에 5,000개 교회, 세계적으로 3,000개 교회를 세웠다.

　　러시아 출신 침례교 목사이자 1919년 뉴욕 시에서 오순절을 체험한 이반 보로나예프(Ivan Voronaev, 1885-1937)는 오순절운동을 슬라브 세계로 전파했다. 1913년 미국으로 이민 온 보로나예프는 침례교 목사로 사역했다.

1919년 방언을 체험한 후, 침례교단을 떠나 뉴욕 시에 최초의 러시아 오순절교회를 개척했고, 1920년 러시아 선교의 부름을 받고 우크라이나로 떠났다. 보로나예프는 1929년부터 수차례 러시아 공산당국에 체포되어 투옥되었으며, 마침내 굴락으로 유배되어 그곳에서 순교했다. 그의 사역을 통해 350여 개의 오순절교회가 슬라브 국가들에 세워졌다.

한국에서의 오순절운동은 1928년 메리 럼지(Mary Rumsey) 선교사가 도착하면서 시작되었다. 물론 1907년 평양대부흥을 기점으로 강력한 부흥운동이 시작되었고, 1920년대에는 감리교의 이용도(1901-1933) 목사를 중심으로 방언현상을 동반한 신비적 부흥운동이 전국적으로 유행했다. 그러나 성령세례를 복음전파를 위한 권능의 부여로, 이 세례의 증거를 방언으로 이해하는 오순절운동은 1928년 럼지 선교사와 함께 시작된 것이다. 그녀는 1907년 아주사 거리에서 방언을 체험한 후 선교사로 한국에 가고 싶었으나, 20년이 지난 후에야 그 사명을 다할 수 있었다. 한국에 입국한 럼지는 감리교 선교사 하디(R. A. Hardie, 1865-1949)가 운영하던 병원에서 일하면서 오순절집회를 열었고, 구세군 출신의 허홍과 더불어 한국 최초의 오순절교회인 '서빙고오순절교회'(1932)도 세웠다. 이렇게 시작된 한국의 오순절운동은 1952년 미국 하나님의성회와 연결되었고, 1958년 최자실·조용기 목사에 의해 '순복음교회'가 시작되면서 경이롭게 성장했다. 이후 1953년 예언하나님의교회, 1972년 대한예수교복음교회가 창설되면서 한국에도 다양한 오순절교단이 존재하게 되었다.

 늦은비운동과 은사주의운동

1946년, 윌리엄 브랜햄(William Branham, 1909-1965)과 오랄 로버츠(Oral Roberts, 1918-2009)를 중심으로 강력한 신유운동이 미국을 강타했다. 브랜햄은 거대한 천막에 모인 수천 명을 대상으로 신유집회를 인도했다. 많은 병자가 치유되었고, 죽은 사람이 살아났다는 소문도 있었다. 특별히 그는 수차례

천사들의 방문을 받은 후 환자들의 질병과 생각을 분별할 수 있게 되었다고 주장했다. 집회 도중 그의 머리 뒤에 나타난 광채가 사진에 찍히자, 그는 더욱 신비한 인물로 인정되었다.[5] 한편, 로버츠는 전국에서 가장 큰 천막에서 대규모 신유집회를 인도했고, 그의 집회는 라디오와 텔레비전을 통해 전국으로 중계되었다. 순복음실업인회 조직, 감리교 가입, 오랄로버츠대학 설립, '신앙의 도시'(City of Faith, 기도와 의학을 겸비한 병원) 건축 등을 통해 그의 사역은 오순절교단을 넘어 주류 교단으로 확대되었고 은사주의운동의 발전에 결정적인 공헌을 했다.

1948년 2월, '늦은비'(Latter Rain) 운동으로 알려진 새로운 성령운동이 캐나다 노스배틀포드의 '샤론 고아원과 학교'에서 호틴 형제(Erin and Geroge Hawtin)를 통해 시작되었다. 후에 이 운동은 '늦은비의 새로운 질서'(New Order of the Latter Rain)가 되었으며, 〈샤론의 별〉(The Sharon Star)이라는 잡지도 발행했다. 이 운동은 여러 면에서 오순절운동과 유사했다. 늦은 밤까지 지속되던 기도회에서 방언, 예언, 거룩한 웃음, 신유 등이 일반적으로 나타났다. 종말에 대한 기대도 매우 컸다. 하지만 안수를 통해 성령의 은사를 부여(imparting)하는 것, 집단적 방언찬송, 개인적 예언, 그리고 사도와 예언자 직분의 회복 등은 독특한 점이다. 이 운동은 곧 하나님의성회를 비롯한 주류 오순절교단들의 지지를 상실했으나, 1960년대에 출현한 은사주의운동에 큰 영향을 끼쳤다.[6] 특히, 이 운동에 참여했던 빌 해몬(Bill Hamon, 1934-)은 이 운동의 영향을 은사주의, 오순절운동, 신사도운동으로 확대하는 데 중요한 통로 역할을 했다.

1960년대에 이 부흥의 불길이 성공회를 비롯한 주류 교단들과 로마가톨릭교회로 확산되면서, 소위 신오순절운동(Neo-Pentecostalism) 혹은 은사주의운동(Charismatic Movement) 시대의 막이 올랐다. 이 운동의 막을 연 사람은 휘튼트리니티 성공회 교회 목사 리처드 윙클러(Richard Winkler, 1916-?)와 로스앤젤레스의 성 마가 성공회 교회 목사 데니스 베넷(Denis Bennet, 1917-1991)이다. 이들은 하나님의성회 교인들을 통해 성령세례를 체험한 후, 자신들의 교단을 떠나지 않고 성령운동 확산에 기여했다. 또한 데모스 쉐

신유운동의 리더 윌리엄 브랜햄

이커리언(Demos Shakarian, 1913-1993)이 1952년 설립한 '국제순복음실업인 연합회'(Full Gospel Business Men's Fellowship International)와 오순절 에큐메니 컬운동을 주도했던 데이비드 듀 플레시스(David J. Du Plessis, 1905-1987) 같은 이들이 성령의 불길을 오순절교단의 담장을 넘어 개신교 전체로 확산시켰다. 이런 현상은 1963년 예일대학에서, 1966년 펜실베이니아의 가톨릭 대학인 듀케인대학에서, 그리고 1967년 노터데임대학에서 방언이 터지면서 더욱 탄력을 받았다. 이로써 오순절운동은 개신교와 로마 가톨릭교회를 모두 아우르는 범그리스도교적 성령운동으로 발전했다.[7]

1970년대에 은사주의운동 내부에서 소위 '통치신학'(dominion theology)이 출현했다. 이것은 네덜란드 신학자 아브라함 카이퍼(Abraham Kuyper, 1837-1920)의 깊은 영향을 받은 존 러시두니 루사스(John Rushdoony Rousas, 1916-2001)에 의해 시작되었고, 팻 로버트슨, 존 기메네스(John Gimenez, 1931-2008), 얼 픽 같은 은사주의자들에게 영향을 끼쳤다. 이들은 대체로 다원주의를 반대하면서, 그리스도인들이 삶의 모든 영역을 지배해야 한다고 주장했다. 세부적으로는 재건주의(Reconstructionism), 지배주의(Dominionism), '현재 임한 하나님의 나라 신학'(Kingdom Now Theology) 등으로 명명했다. 특히 얼 픽의 경우, 에베소서 4장에 기록된 '5중직'의 회복과 추가적 계시에

77

대한 개방성을 주장했으며, 흑인인권운동을 포함한 다양한 형태의 진보적 사회운동에도 참여했다. 이 과정에서 그는 늦은비운동에 참여했던 빌 해몬의 영향을 깊이 받았다.[8]

제3의 물결과 신사도개혁운동

퀘이커 출신 존 윔버(John Wimber, 1934-1998)는 목회 초기부터 은사주의와 관계를 맺어 왔다. 하지만 성령세례에 대한 입장 차로 오순절운동 및 은사주의운동과 자신을 철저히 구분했다. 그럼에도 현재 진행되는 하나님과 사탄의 싸움이 예수의 재림에 의해 하나님의 최종승리로 끝날 것이라는 '왕국신학'(Kingdom Theology)에 근거해서 '능력전도'(power evangelism)와 신유를 강조했다. 특히 윔버는 풀러신학교에서 피터 와그너(Charles Peter Wagner, 1930-2016)와 함께 "표적, 기사 그리고 교회성장"이라는 제목의 수업을 진행하면서, 와그너가 성령에 관심을 갖도록 결정적인 영향을 끼쳤다.[9] 이런 경험과 관찰을 통해 와그너는 윔버를 중심으로 발생한 새로운 형태의 성령운동을 '제3의 물결'(the Third Wave)로 명명했다. 또한 캔자스시티 예언자들과 깊은 관계를 맺으면서, 예언을 중심으로 한 '늦은비운동'의 적극적인 지원자가 되었다.

1987년부터 남아프리카 출신 로드니 하워드-브라운(Rodney How-ard-Brown, 1961-)의 집회에서 '웃음부흥'이 나타나기 시작했다. 또한 1992년 플로리다 주 레이크랜드에 있는 하나님의성회 소속 '카펜터스 하우스'(Carpenter's House)에서 1만여 명 성도가 운집한 가운데 웃음 현상이 나타났다. 이 현상은 다음 해 온타리오 주 토론토에 있는 존 아노트(John Ar-nott, 1940-) 목사의 빈야드 공항교회에서 더욱 강력하게 터져 나왔다. 브라운 집회에 참석했던 랜디 클락(Randy Clark, 1952-) 목사가 이 교회에서 집회를 인도하자, '거룩한 웃음' 외에 울부짖음, 개 짖는 소리, 병아리 울음소리 같은 '동물 소리'가 빈번히 나타났다. 이 현상은 비슷한 시기 영국 런던 근

신사도개혁운동을 주도한 피터 와그너

처 브롬턴에 있는 성삼위성공회교회(Holy Trinity Brompton)에서도 나타났고, 영국 신문들이 이 현상을 '토론토블레싱'(Toronto Blessing)이라고 최초로 명명했다. 와그너는 이 부흥을 "주님께서 다가오는 부흥을 위해 우리를 준비시키려고 하시는 일들 중 하나"로 평가했으나, 빈야드운동 대표 존 윔버는 "우리는 비성경적인 이상한 행위들에 대해 결코 인정하거나 권장하거나 신학적 타당성 내지 성경적인 증거 본문을 제시할 수 없다"라고 비판하며 빈야드 공항교회와 관계를 단절했다.

한편, 1982년 마이크 비클(Mike Bickle, 1955-)이 미주리 주 캔자스시티에 캔자스시티 펠로우십(현재는 Metro Christian Fellowship) 교회를 개척했다. 이 교회는 빠르게 성장했고, 1986년 '그레이스 미니스트리'(Grace Ministries)라는 단체도 설립했다. 이 교회는 '늦은비신학'에 토대를 두었으며, 1987년부터 폴 케인(Paul Cain, 1929-2019)이 주요 강사로 활약했다. 케인은 윌리엄 브랜햄에게 영향을 받았으며, 브랜햄의 "나타난 하나님의 아들들, 혹은 요엘의 군대" 같은 주장을 선전했다. 이처럼 캔자스시티 펠로우십과 관련된 일군의 사람들(마이크 비클, 폴 케인, 폴 잭슨 등)이 '캔자스시티 예언자들'로 불리게 되었다. 그들은 1990년 존 윔버와 결합하여 빈야드 교회연합에 가입했으나, 윔버와 토론토 공항교회가 분열하자 빈야드와 결별했다. 그 후 이들은 토론토블레싱운동과 긴밀한 관계를 유지하며 '늦은비신학'을 전

파하고 있다. 그들의 집회에는 예언과 강력한 영적 현상이 빈번하게 나타난다.[10]

이런 상황에서 피터 와그너와 존 켈리(John P. Kelly)가 2000년 '국제사도연합'(the International Coalition of Apostles)을 설립하고, "제2의 사도시대가 2001년에 시작되었다"라고 천명했다. 소위 '신사도개혁운동'(New Apostolic Reformation Movement)이 공식적으로 탄생한 것이다. 이 운동에 '신사도'라는 개념이 도입된 일차적 이유는 교회의 핵심적 직분들인 '사도와 예언자'를 회복해야 한다는 확신 때문이다. 특별히 이 운동은 사도직 회복을 강력히 부르짖는데, 에베소서 2장 20절과 4장 11-12절을 핵심 성경본문으로 제시하며 사도와 예언자를 포함한 '5중직'을 강조한다. 신사도운동은 교회성장과 성령의 관계를 강조하기 때문에, 신유, 축귀, 영적 전쟁, 예언, 성령에 의한 쓰러짐, 영적 도해, 중보기도 같은 사역들을 활발히 행한다. 또한 전천년설적 종말론을 신앙하면서 이스라엘에 지대한 관심을 가질 뿐 아니라, 지배신학(dominion theology)의 영향하에 8개 영역(예술, 예능, 사업, 가족, 정부, 미디어, 종교, 교육)에서 하나님 나라를 드러내야 한다고 주장한다.

오순절운동의 현재

현재 오순절운동은 세계에서 가장 빠르고 역동적으로 성장·변모하는 그리스도교운동이다. 선교통계학자 데이비드 바렛과 토드 존슨에 따르면, 1970년 오순절 신자들은 6,700만 명이었으나 2010년 6억 1,400만 명으로 증가했고, 2025년에는 8억 명에 이를 것으로 예상된다. 이 통계는 고전적 오순절 신자들뿐 아니라, 은사주의자와 독립교회에 속한 사람들도 포함된 것이다.[11] 이것은 오순절운동이 성령세례의 일차적 증거를 방언으로 한정하는 고전적 오순절운동에서, 성령의 초자연적 역사에 대한 관심은 공유하지만 이에 대한 신학적 해석과 강조점에서는 주목할 만한 차이를 보이는 다양한 운동들로 분화·진화하고 있음을 보여 준다. 그리스도교의 중심축이 유럽에서 제3세계로 이동하면서 오순절운동의 중심무대도 같은 경로를 따라 이동했으며, 지역의 문화적·경제적·정치적·종교적 상황에 따라 각 지역 오순절운동이 매우 다양하고 독특한 문제들과 씨름 중이다.

미국의 경우, 전통적 교회들은 빠르게 쇠퇴하는 반면 오순절교회들은 지속적으로 성장하고 있다. 즉, 1960년대 이후 성공회, 장로교회, 감리교회, 루터교회 같은 주류 교회들의 신자 수는 전성기에 비해 절반으로 줄어든 반면, 대표적 오순절교단인 하나님의성회와 하나님의교회(그리스도파)는 빠르게 성장하여 로마 가톨릭교회, 감리교, 남침례교를 제외한 대부분의 주류 교회들보다 교세가 크다. 이런 현상에 대해 하비 콕스는 다음과 같이 분석한다.

> 내 생각에, 그 대답은 방언이 우리 시대 영적 위기의 가장 두드러진 특징 중 하나에 대한 응답이라는 것이다. 어느 작가는 이 위기를 "황홀경의 결핍"이라고 명명했다. 방언에 대한 사람들의 이해 방식이 아무리 달라도, 그것은 황홀경의 체험이다. 그 안에서 사람들이 보다 깊은 통찰과 황홀한 감정에 자신을 개방하지 못하도록 막았던 인지체계와 지각의 장애물이 일시적으로 정지된다.[12]

유럽의 경우, 급속한 세속화의 결과로 그리스도교 자체의 영향력이 급속히 약화되고 있다. 세속화논쟁이 학계에서 영향력을 상실하고 있음에도, 서유럽의 경우에는 여전히 세속화이론이 부분적으로 설득력을 유지할 정도로 유럽의 세속화는 심각한 상태다.[13] 따라서 미국과 제3세계의 경우와 달리 유럽, 특히 서유럽에서 오순절운동의 성장과 영향력은 상대적으로 미약하다. 그럼에도, 유럽에서 오순절운동의 주목할 만한 움직임을 확인할 수 있다. 유럽의 경우, 오순절운동은 아프리카와 중남미 이민자들에 의해 수입되어 유럽 전역으로 확산되고 있다. 유럽에서 오순절운동이 가장 활발한 국가는 포르투갈이다. 브라질 이민자들의 영향 때문이다. 또한 영국, 우크라이나, 헝가리 등에 설립된 대형 오순절교회들은 주로 흑인 교회이며,

예외적으로 스웨덴에 미국의 도움으로 설립된 오순절교회가 큰 영향을 끼치고 있다.[14] 학자들에 따르면, 세속화가 깊이 진행된 서유럽의 경우에는 초자연적 종교체험을 강조하는 오순절운동이 미신과 전근대적 종교로 폄하되고 있으며, 국가교회체제의 전통이 상당 부분 남아 있기 때문에 오순절운동 같은 새로운 종교운동이 대중 속으로 확산되는 데 상대적으로 어려움을 겪는 것이라고 한다.[15]

라틴아메리카의 경우, 오순절운동이 로마 가톨릭교회를 추월하여 주류 그리스도교로 부상하고 있다. 특히 세계에서 가장 큰 가톨릭 국가인 브라질과 칠레에서 2013년 현재 주일예배에 참석하는 가톨릭교인 수와, 오순절 신자 수가 거의 같다. 이런 현상에 대해 도널드 데이턴(Donald W. Dayton)은 "이것은 종교개혁 시대보다 변화 속도가 훨씬 빠르다!"[16]라고 평가했다. 특히 라틴아메리카의 오순절교회는 오랫동안 미국 선교사들의 영향하에 있었으므로, 남미 오순절운동의 확산은 미제국주의의 부산물로 간주되어 왔다. 하지만 최근에는 이들 교회의 토착화가 빠르게 진행되면서 미국의 간섭과 영향력을 거부하는 독립교회들이 발흥하고 있다.[17] 브라질에서 신유와 축사로 유명한 '하나님의통치우주교회'(Universal Church of the Reign of God)가 대표적인 예로, 이 교회의 영향력이 세계 전역으로 빠르게 확장되고 있다.[18] 일부 독립교회들(Iglesia de Dios in Argentina, Brazil para Christo, Iglesia Mission Pentecostal in Chile)은 세계교회협의회와 라틴아메리카교회협의회 같은 에큐메니컬운동에 활발히 참여하고 있으며, 라틴아메리카의 사회 및 정치운동에도 적극적으로 임하고 있다.[19] 끝으로, 삼위일체를 부정하는 '단일성 오순절운동'(Oneness Pentecostalism)이 콜롬비아와 멕시코에서 가장 큰 비가톨릭 교단으로 성장하면서 오순절운동 내에서 새로운 논쟁을 야기했다.[20]

아프리카의 경우, 오순절운동의 성장 속도가 매우 빠르다. 기본적으로, 아프리카에서 그리스도교가 엄청난 속도로 성장하고 있다. 1985년 이슬람의 교세를 추월하여 이 대륙의 주류 종교가 되었고,[21] 일부 학자들은 아프리카에 "새로운 그리스도교 국가체제가 출현 중"이라며 환호하고 있다.[22] 케냐의 경우, 고전적 오순절주의자가 전체 인구의 33퍼센트이며, 은사주의자와 독립교회 신자들을 포함할 경우 무려 56퍼센트에 이른다. 하지만 아프리카에서 독립교회들의 정체성 문제가 심각한 논쟁거리이다. 독립교회들은 오순절 선교사들에 의해 설립된 고전적 오순절교단들 그리고 기성 교단들 내부의 성령운동인 은사주의와 달리, 아프리카에서 자생적으로 발생했고, 환상·신유·축귀 같은 초자연적 현상을 강조한다. 현상적으로는 오순절운동과 유사하지만, 신학과 제도 면에서는 오순절교회와 부딪치는 부분이 적지 않다. 따라서 이런 운동을 오순절운동의 범주에 포함시킬 것인지에 대한 뜨거운 논쟁이 이어지고 있다.

아시아의 상황은 다소 복잡하다. 전통적으로 그리스도교 국가였던 유럽과 달리 아시아는 불교, 유교, 힌두교 같은 동양 종교의 영향이 지금도 현저하다. 따라서 전통 종교의 영향력이 강한 곳에서는 대체로 오순절운동을 포함한 그리스도교의 교세가 매우 작다.[23] 일본이 대표적인 경우다. 일본은 오랜 선교 역사에도 불구하고 교세가 미약하고 오순절운동도 활성화되지 못했다. 반면, 한국과 필리핀에서는 오순절운동이 주류 그리스도교로 성장했다. 태국과 싱가포르는 그리스도교 교세가 약하지만, 오순절운동이 꾸준히 확산되면서 대형교회들이 출현하고 있다. 특히 태국의 방콕희망교회(Hope of Bangkok Church)는 전 세계로 영향력을 확장하고 있다. 또한 중국 교회에 대한 관심이 고조되고 있는데, 이는 공산주의 국가체제하에서 공식적인 삼자교회뿐 아니라 비공식적인 가정교회들이 폭발적으로 성장하고 있기 때문이다.[24] 특히 가정교회들 내에서 오순절적 현상과 강조점이 두드러지게 나타나면서 가정교회와 오순절운동의 관계가 중요한 논점으로 떠오르고 있다. 이 교회의 향방에 세계 교회의 관심이 집중되고 있다.

평가와 전망

오순절운동은 끊임없이 변화·성장하고 있다. 오순절운동의 지리적 영역이

전 세계로 확장되고 전통종교 및 세속문화와 접촉하면서, 복잡하고 다양한 변화가 일어나고 있다. 이런 변화와 성장은 당분간 지속될 것으로 보인다. 라틴아메리카, 아프리카, 아시아 등지에서 오순절운동은 빠르게 세력을 확장하고 있으며, 미국과 동유럽에서도 주목할 만한 성장세를 보이고 있다. 세속화가 뿌리 깊게 진행된 서유럽에서도, 남미와 아프리카 이민자들에 의해 오순절운동의 영역이 꾸준히 확장되고 있다. 따라서 2010년 현재 6억 명 정도의 오순절 인구가 2025년에는 8억 명으로 증가할 것이라는 바렛과 존슨의 예측은 수치의 정확성과는 별개로, 쉽게 무시할 수 없는 통계적 예측으로 보인다. 학문의 경계 및 종교적 배경의 차이에도 불구하고, 많은 학자들이 오순절운동에 시선을 고정하고 이 운동의 향방을 예의주시하는 일차적 이유다.

오순절운동이 풀어야 할 숙제도 적지 않다. 양적 성장에 따른 부정적 영향을 쉽게 예측할 수 있으며, 성장에 따른 예상 밖의 도전과 책임도 적지 않기 때문이다. 무엇보다, 오순절운동의 적극적 선교활동으로 발생한 타교회 및 타종교와의 갈등을 해소하기 위해 오순절주의자들은 더욱 노력해야 한다. 강렬한 성령체험과 성경에 대한 문자적 해석, 종말에 대한 열정적 신앙이 결합하여, 다수 지역에서 오순절운동은 전투적 선교·전도활동을 전개해 왔다. 그 결과, 다른 교파의 신자들뿐 아니라 타종교인들과의 물리적 충돌이 빈번하게 발생했다. 물론 최근에는 에큐메니컬운동과의 종교 간 대화에 신중하면서도 적극적으로 참여하는 모습을 자주 접할 수 있다. 하지만 아직도 대다수 오순절주의자들은 타자들에 대한 관용적 태도 자체를 의혹과 경계의 눈으로 바라보며, 적대감과 공격적 태도도 강화하고 있다. 관용적 태도를 타협과 왜곡의 증거로 이해하기 때문이다. 하지만 종교적 갈등이 문명의 파국에 도화선이 되지 않도록 지혜와 힘을 모으는 것이 절대적으로 필요하다.[25]

오순절운동은 자신이 폭발적으로 성장하는 국가와 지역의 현실문제들에도 책임 있게 반응해야 한다. 이미 그리스도교의 중심축이 북반구에서 남반구로 이동했고, 남반부는 극심한 빈곤과 정치적 혼란에 빠져 있다. 이런 상황에서 오순절운동은 다수의 우파와 소수의 좌파로 분열된 모습을 보인다. 예를 들어, 아프리카와 라틴아메리카에서 오순절운동은 대체로 독재 정권과 밀월관계를 유지하고 있으나, 저항세력에 가담한 경우도 적지 않다. 그뿐만 아니라 세계화, 지구온난화, 신자유주의, 국제분쟁, 에이즈와 빈곤 등 세계가 공통적으로 직면한 난제들도 외면할 수 없다. 따라서 오순절운동이 자신의 초월적 특성과 현실적 책임 사이에서 적절한 균형을 유지하는 것이 중요하다. 자신의 성장에 몰두하여 사회적 책임을 간과하고 현재적 특권에 안주해 사회적 비판 능력을 상실할 때, 역으로 과도하게 정치와 사회 문제에 관여함으로써 자신의 또 다른 책임을 간과하고 영적 동력을 상실할 때, 오순절운동의 미래는 위태로울 수밖에 없다.

또한 오순절운동이 감당해야 할 신학적 과제도 있다. 우선적인 과제는 오순절운동의 교회론 정립과 윤리적 책임이다. 기존 오순절신학이 성령세례를 중심으로 한 구원론, 성령론, 종말론 등에 집중한 데 비해 오순절운동의 교회론과 윤리학에는 상대적으로 관심이 적었다. 결국 지난 세월 동안 오순절운동이 구원론, 성령론, 종말론 분야에서는 괄목할 만한 학문적 성과를 내며 기존 신학계에 적지 않은 충격과 도전을 준 반면, 기존 교회와 신학이 오랫동안 집중해 온 교회론과 윤리학 분야는 오순절신학에게 여전히 미개척 분야로 남아 있다. 따라서 카리스마적 리더십과 체험 중심의 예배를 중심으로 한 오순절운동의 교회론이 교회사에서 차지하는 위치를 면밀히 검토하여, 현대 교회에 적극적으로 적용할 장점과 극복해야 할 한계를 냉정히 분석해야 한다. 동시에 웨슬리 신학의 전통을 계승하면서 성령과 성화의 관계를 토대로 21세기 그리스도교 윤리학 발전에 기여하도록 노력해야 한다.

주

1 —— 웨슬리와 플레처의 관계에 대해서는 하도균, "웨슬리와 성령운동가로서의 플레처에 관한 연구—최초의 웨슬리안 신학자로서의 기여와 시비에 관하여", 〈한국기독교신학논총〉 제70권(2010): 229-252 참조.

2 —— 팔머에 대해서는 Charles White, *The Beauty of Holiness: Phoebe Palmer as Theologian, Revivalist, Feminist, and Humanitarian*(Eugene, OR: Wipf & Stock Publishers, 2008) 참조.

3 —— 오순절운동의 초기 역사에 대해서는 Vinson Synan, *The Holiness-Pentecostal Tradition in America: Charismatic Movements in the Twentieth Century*(Grand Rapids, MI.: William B. Eerdmans Publishing Company, 1971, 1997) 참조.《세계오순절성결운동의 역사》(서울: 서울말씀사, 2000).

4 —— 오리건 주 포틀랜드에 있는 플로렌스 크로포드 교회에서 아프리카 선교사업을 담당하는 조직이다.

5 —— David Edwin Harrell, Jr., *All Things Are Possible*(Bloomington, IN.: Indiana University Press, 1975), 27-41; D. J. Wilson, "Branham, William Marrion," in *International Dictionary of Pentecostal Charismatic Movements*, 440-441.

6 —— 빈슨 사이난,《세계오순절성결운동의 역사》, 212-213; R. M. Riss, "Latter Rain Movement," in *International Dictionary of Pentecostal Charismatic Movements*, 830-833.

7 —— Vinson Synan, *The Holiness-Pentecostal Tradition*, 220-298.

8 —— Bruce Barron, *Heaven on Earth?: The Social & Political Agendas of Dominion Theology* (Grand Rapids, MA.: Zondervan Publishing House, 1992), 71-79. 얼 픽에 대한 상세한 소개는 배덕만, "오순절운동의 새로운 한 모형: 얼 픽의 '현재 임한 하나님 나라' 신학", 〈한국교회사연구〉 제21권(2007): 125-152에서 확인할 수 있다.

9 —— 물론 와그너가 성령운동에 대한 고정관념을 바꾸게 된 것은 그가 볼리비아에 선교사로 사역할 때였다. 하지만 그는 윔버를 통해 만성적 두통을 치료받았고, 그와 함께 강의하면서 더욱 성령운동에 확신을 갖게 되었다.

10 —— G. W. Gohr, "Kansas City Prophets," *International Dictionary of Pentecostal Charismatic Movements*, 816-817.

11 —— Allan H. Anderson, *To the Ends of the Earth: Pentecostalism and the Transformation of World Christianity*(New York: Oxford University Press, 2013), 248.

12 —— Harvey Cox, *Fire from Heaven: The Rise of Pentecostal Spirituality and the Reshaping of Religion in the Twenty-first Century* (New York, NY.: Addison-Wesley, 1995), 86.

13 —— 유럽 교회의 세속화와 오순절운동의 관계에 대해서는 Bernice Martin, "The Global Context of Transnational Pentecostalism in Europe," *PentecoStudies* (2010): 35-55 참조.

14 —— 유럽의 상황에 대한 중요한 정보는 David Martin, *Pentecostalism: The World Their Parish*(Oxford: Blackwell, 2002), 28-70 참조.

15 —— Bernice Martin, "The Global Context of Transnational Pentecostalism in Europe," 50.

16 —— Donald W. Dayton, "세계오순절신학/운동의 동향", 2013년 5월 28일 복음신학대학원대학교에서 열린 '건신특강'에서 발표한 글.

17 —— Juan Sepulveda, "Future Perspectives for Latin American Pentecostalism," 190. "그들의 기원이 무엇이든, 대부분의 라틴아메리카 오순절교회들은 이제 자신들의 리더십, 사역과 재정 면에서 독립적이거나 자생적이다. 라틴아메리카 오순절운동의 급성장은 인민운동과 해방신학을 저지하려는 미국 우파들의 음모의 결과라는 일반적인 비난은 사실 거의 근거가 없다."

18 —— 이 교회는 1977년 에디르 마케도가 세웠으며 성장의 절정기였던 1990년대에 300-600만 신도를 자랑했다. 현재 이 교회는 브라질에서 가장 큰 방송국과 정당, 리우데자네이루 축구팀을 소유하며 브라질 외에 40개국에 교회를 세웠다. 필립 젠킨스,《신의 미래》(서울: 도마의 길, 2009), 138 참조.

19 —— Michael J. McClymond, "We're Not in Kansas Anymore: The Roots and Routes of World Pentecostalism," *Religious Studies Review*, vol. 33 (October 2007), 277.

20 —— Donald W. Dayton, "세계오순절신학/운동의 동향."

21 —— Allan Anderson, *To the Ends on the Earth*, 253.

22 —— Donald W. Dayton, "세계오순절신학/운동의 동향." 예일대학교의 라민 사네(Lamin Sanneh)는 그런 현상을 "역사적 균형의 대륙적 이동"이라고 표현했다. 사네는 아프리카 그리스도교와 이슬람의 수를 다음과 같이 비교해서 제시했다. "아프리카에서 종교적 팽창은 식민지 및 선교적 헤게모니가 종식된 직후 가장 왕성한 단계에 진입했다. 1900년 아프리카에서 무슬림 인구는 3,450만 명이었으며, 그리스도인들은 대략 870만 명이었다. 약 4:1의 비율이다. 1985년 그리스도인은 아프리카에서 무슬림을 수적으로 능가했다. 대륙 전체 인구 5억 2,000만 명 중에서, 그리스도인 수는 2억 7,000만 명인 반면, 무슬림 수는 2억 1,600만 명이었다. 2000년에는, 아프리카 그리스도인이 3억 4,600만 명으로 성장했고, 아프리카의 3억 1,500만 명 무슬림은 이집트와 아프리카의 북부와 서부에서 아랍어를 사용하는 지역에 주로 집중되어 있다. 2025년

에는 아프리카에서 6억 명의 그리스도인과 5억 1,900만 명의 무슬림이 존재할 것으로 전망된다." Lamin Sanneh, "The Return of Religion," in *The Cresset: A review of literature, the arts, and public affairs, a publication of Valparaiso University* (June 2009): 15-23.

23 —— David Martin, *Pentecostalism: The World Their Parish*, 153-166.

24 —— Allan Anderson은 곧 중국의 오순절 신자 수가 브라질을 능가할 거라고 예측한다. "중국 관찰자들과 중국인 학자들 자신이 그곳에서 새로 출현하는 기독교운동들이 많은 오순절적 특징들을 보유하고 있으며, 그래서 중국이 곧 가장 많은 오순절주의자들을 거느린 국가로서 브라질을 무색하게 만들 것이라고 주장한다. 하지만 우리가 '오순절주의자들'이라는 이름을 붙이기 힘든, 매우 다른 종류의 오순절주의자들일 것이다." *To the Ends of the Earth*, 256.

25 —— 새뮤얼 헌팅턴은 문명 충돌의 위협을 다음과 같이 경고하면서, 종교의 중요성을 언급한다. "전 세계적으로 보았을 때 문명은 많은 영역에서 야만주의에게 밀려나고 있는 것으로 보인다. 세계의 암흑시대라고 하는 전대미문의 현상이 인류를 집어삼킬지 모른다. …평화와 문명의 미래는 세계의 주요 문명들을 이끄는 정치인, 종교인, 지식인들이 얼마나 서로를 이해하고 협력할 수 있느냐에 달려 있다. …다가오는 세계에서 문명과 문명의 충돌은 세계 평화에 가장 큰 위협이 되며, 문명에 바탕을 둔 국제 질서만이 세계대전을 막는 가장 확실한 방어 수단이다." 새뮤얼 헌팅턴, 《문명의 충돌》(서울: 김영사, 1997), 442.

영성:
개인 신앙과 사회적 실천

4

종교개혁은 성경 중심의 개신교를 탄생시켰다. 특히 이신칭의 교리를 중심으로 발전한 개신교는 믿음과 은총을 강조하다 보니 수도원 중심으로 발전한 영성운동(Spiritual Movement)에는 매우 부정적인 입장을 견지했다. 또한 개신교 내의 주요 흐름으로 성장한 복음주의의 영향으로, 개신교적 경건은 개인주의적·내세적 특성을 강하게 내포하게 되었다. 하지만 이런 지배적 흐름을 비판적으로 성찰하며 한계를 극복하려는 다양한 시도가 개신교 내부에서 계속 출현했다. 특히 영성운동으로 분류할 수 있는 다양하고 새로운 실험들이 20세기에 역동적으로 전개되었다. 개인의 내면에 대한 영적 성찰에 집중하면서 성숙한 신앙공동체를 통해 진정한 교회를 추구하고, 영적·종교적 순결과 함께 사회적 실천도 적극적으로 추구하는 노력이 지속적으로 이어져 온 것이다.

 ## 영적 형성운동

초월적 존재인 하나님을 감각적으로 확인하고 싶은 열망은 그리스도인들의 오랜 꿈이다. 이런 체험을 통해 인간의 존재론적 변화와 성장이 가능하다는 믿음도 교회 안에 계속 존재했다. 하지만 종교개혁 이후 이런 믿음과 실천은 개신교 안에서 짙은 의혹의 대상이 되었다. 인간적 노력으로 구원을 추구하려는 시도 자체가 '가톨릭으로의 회귀'로 의심받고, 영적 체험과 변화를 추구하는 노력이 '위험한 신비주의로의 퇴행'으로 오해받았기 때문이다.

하지만 제2차 바티칸공의회 이후, 이 공의회의 이상에 적합한 방식으로 예비사제들을 교육하려는 노력이 시작되었다. 미국 신학교협의회(the Association of Theological Schools)도 이런 변화에 주목하게 되었고, 그 영향력이 1970-1980년대 그리스도교계 학교와 학계로 빠르게 확산되었다. 처음에는 관심이 학문적·목회적 차원에 한정되었으나, 모든 신자를 포함한 운동으로 빠르게 성장했다. 퀘이커 출신의 리처드 포스터가 1978년《영적 훈

영적 형성운동의 대표자 달라스 윌라드, 리처드 포스터, 유진 피터슨, 토마스 머튼

련과 성장》(*Celebration of Discipline*)을 출판하면서 '영적 형성'(spiritual forma-tion)으로 불리게 된 운동이 대중 차원에서 본격적으로 활성화되기 시작했다. 이 책은 신자들의 종교적 성숙과 영적 성장을 위해 기존 성경공부, 기도, 교회 출석의 수준을 넘어 일군의 영적 훈련 방법을 소개했다.

1988년 포스터는 철학자 달라스 윌라드와 함께 레노바레(Renovare, 갱신하다)운동을 시작했다. 기존 종교적 관행에 만족하지 못하던 사람들에게 그의 책과 영성운동은 깊은 공감을 불러일으켰고, 그 영향은 교회 안에서 빠르게 확산되었다. 그들의 노력에 동참하는 사람들이 늘면서 운동의 질과 양도 급성장했다. 이들 외에 목회자요 신학자인 유진 피터슨과 심리학자 래리 크랩(Larry Crabb, 1944-) 등이 이 운동의 발전에 크게 기여했다. 가톨릭 사제 토마스 머튼과 헨리 나우웬도 중요한 영향을 끼쳤다.

리처드 포스터(Richard James Foster, 1942-)

1942년 뉴멕시코에서 태어난 리처드 포스터는 남캘리포니아에서 성장하던 중 퀘이커 신자가 되었다. 10대에 부모님이 세상을 떠난 후, 교회의 도움으로 조지폭스대학과 풀러신학교에서 공부할 수 있었다. 신학교 졸업 후 퀘이커교회에서 목회를 시작했고, 그곳에서 평생 친구가 되는 철학자 달라스 윌라드와 근처에서 목회하던 루터교회 목사 빌 바스비히(Bill Vaswig)를 만났다. 이 세 사람의 우정은 일생 동안 지속되었다. 이 교회에서 목회적 위기를 맞았을 때, 포스터는 경건서적을 읽으며 영적 훈련 방법을 배웠다. 1974년 아내와 오리건 주로 이사하여, 뉴버그 퀘이커교회에서 목회하며 조지폭스대학에서 가르쳤다. 그는 영적 훈련을 실천하며 교인과 학생들을 교육하고, 1978년《영적 훈련과 성장》을 출판했다.[1]

이 책이 큰 성공을 거두면서 포스터는 1979년 캔자스 주 위치타에 있는 프렌즈대학 교수로 부임했고, 이후 자유롭게 여행하며 영적 생활에 대해 강연했다. 그런데 그때 만난 청중이《영적 훈련과 성장》을 읽은 다음, 무엇을 해야 할지를 질문했다. 결국 이런 요청에 대한 해법으로, 포스터는 1988년 오랜 벗 달라스 윌라드와 빌 바스비히, 제임스 스미스(James B. Smith) 등의 도움으로 레노바레운동을 시작했다. 이것은 사람들에게 "영적 훈련, 영적 은사, 봉사활동"에 헌신하도록 훈련하는 작은 교제 모임이다. 2-7명이 모여, "당신의 영혼은 어떤 상태인가?"라는 질문을 던지고, 제공된 순서지를 사용하여 6가지 레노바레 전통(관상, 사회정의, 성결, 복음, 은사, 성육신)에 따른 묵상을 하고 다른 실천사항을 행한다. 이후 기도제목을 나누고 주기도문을 암송하면서 모임을 마친다. 포스터는 "영적 형성, 혹은 그리스도의 성품과 본성을 취하는 것"이 함께 모이는 목적이며, 그런 비전으로부터 "행동주

의, 사회정의, 혹은 사회적 의”가 흘러나온다고 주장한다.[2] 그는《영적 훈련
과 성장》외에《돈, 섹스, 권력》,《기도》,《생수의 강》,《묵상기도》같은 영향
력 있는 책들을 계속 발표했다.

달라스 윌라드(Dallas Albert Willard, 1935-2013)

달라스 윌라드는 1935년 미주리 주 버팔로에서 태어났다. 윌리엄주
웰대학, 테네시템플대학, 베일러대학을 다녔으며, 위스콘신-메디슨대학에
서 철학전공으로 박사학위를 받았다. 이후 위스콘신대학에서 5년간 가르
친 후, 세상을 떠날 때까지 남가주주립대학 철학 교수로 일했다. 윌라드는
철학자로서 현상학 분야, 특히 에드문트 후설(Edmund Husserl)의 세계적 권
위자로 명성을 얻었으며, 퀘이커교도로서 그리스도교와 그리스도교적 삶
에 대한 강의와 저술로도 큰 족적을 남겼다. 《하나님의 모략》(The Divine
Conspiracy)은 1995년 〈크리스채너티투데이〉 ‘올해의 책’으로 선정되었고,
《마음의 혁신》(Renovation of the Heart)도 2003년 같은 잡지에서 영성분야
최고 도서로 뽑혔다.

윌라드는 인간이 영이신 하나님을 닮고, 삶이 하나님 나라(혹은 통치)
에 유효하게 통합되는 것을 영성이라고 정의한다.[3] 윌라드의 설명에 따르면,
하나님을 닮기 위해서는 하나님이 우리에게 주신 스승이신 예수 그리스도
를 모범으로 삼고 모든 면에서 그를 닮아야 한다. 이것이 곧 그리스도교 영
성훈련의 목적이다. 그런데 교회 안에 소극성이 만연하므로, 이것을 극복해
야 한다. 이 소극성의 극복을 위해 우리는 먼저 예수 그리스도의 제자가 되
기로 신중하게 선택해야 한다. 그럴 경우, 예수의 수련생(예수와 함께 있고 예수
처럼 되는 법을 배우는 사람)은 성령의 열매 안에서 성장하기 위해 유익한 활동
을 배우고 싶은 열망을 갖게 된다. 그런 활동에는 기도, 교제, 봉사, 공부, 단
순함, 선행, 고독, 금식 등이 있다. 이어서 윌라드는 체계적 훈련을 위해 VIM
을 제시한다. V(Vision, 비전)는 삶의 각 영역에서 하나님의 뜻이 이뤄진 모습
을 그리는 것이고, I(Intention, 의도)는 그러한 삶을 살기 위해 훈련하고 성취
하겠다고 결단하는 것이며, M(Method, 방법)은 가능한 모든 방법을 통해 끊

임없이 삶을 변화시키는 것이다.[4] 월라드는 위 책들 외에도《하나님의 음성》,《그리스도를 아는 지식》,《잊혀진 제자도》,《하나님의 임재》등을 썼다.

유진 피터슨(Eugene H. Peterson, 1932-2018)

"목회자들의 목회자"로 불린 유진 피터슨은 1932년 미국 워싱턴 주 이스트스탠우드에서 태어나 몬태나 주 캘리스펠에서 성장했다. 오순절교회에서 자란 피터슨은 시애틀퍼시픽대학에서 철학을 공부한 후 뉴욕신학교에서 신학을 전공했고, 존스홉킨스대학에서 셈어 연구로 석사학위를 받았다. 1958년 미국장로교회(PCUSA)에서 목사 안수를 받았으며, 1959년부터 뉴욕신학교에서 성경원어와 성경을 가르치고 뉴욕 시 '화이트플레인스장로교회'에서 협동목사로 사역했다. 이 시절, 목회자로서의 소명과 정체성을 발견한 피터슨은 1962년 교수직을 사임하고 메릴랜드 주 작은 마을 벨에어에서 '그리스도우리왕장로교회'(Christ Our King Presbyterian Church)를 개척하여 1991년 은퇴할 때까지 29년간 목회했다. 은퇴 후에는 2003년까지 캐나다 밴쿠버의 리젠트칼리지에서 영성신학을 강의했다. '그리스도우리왕장로교회'에서 목회할 당시 피터슨은, 교인들의 성경공부를 돕기 위해 갈라디아서를 번역했다. 이것이 계기가 되어 2002년《메시지성경》이 세상에 나왔다. 성경에 익숙하지 않은 사람들도 쉽게 이해하도록 현대적·일상적 용어들을 사용하여 성경을 새롭게 번역했는데, "피터슨 목사의 장점은 번역이 과학이 아니라 예술이라는 점을 사람들이 깨닫게 된 것"이라는 평가를 받았다.[5] 그는《메시지성경》외에《일상, 부활을 살다》,《한 길 가는 순례자》,《다윗, 현실에 뿌리박은 영성》등 30여 권의 저서를 남겼다.[6]

"주님에게 삶을 거는 것이야말로 인생에서 가장 멋지고 중요한 일입니다"라는 말에 신학자, 목회자, 영성가로서 피터슨의 핵심적 메시지가 담겨 있다. 그는 현재 그리스도인들이 하나님의 임재 경험 없이 상업주의적 그리스도교에 물들어 있다고 경고하면서, 하나님과의 개인적 만남과 교제를 회복해야 한다고 강조했다. 이런 문제의식하에 피터슨은 영성을 "하나님을 향한 깨어 있는 관심이며, 공동체 속에서 하나님을 향해 드리는 신실

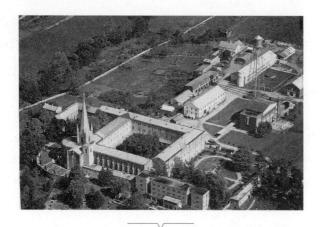

토마스 머튼이 머물던 겟세마네수도원

한 반응"이라고 정의한다.[7] 이를 위해 그리스도인들은 기도와 예배, 말씀에 집중해야 한다. 피터슨의 관점에서 기도와 예배, 말씀은 본질적으로 구별되지 않는다. 기도와 예배를 통해 하나님과 온전한 교제(communion)에 이르며, 말씀을 듣고 순종하는 것이 영성의 핵심이기 때문이다. 그래서 매순간 새로운 출발선상에서 하나님을 만난다면, 누구나 거룩한 영성가라고 피터슨은 선언했다. 영성신학자로서 가르치고 책을 저술하는 데 머물지 않고, 그는 40여 년 간 한결같이 매일 새벽 1시간 반 동안 성경을 묵상했으며, 월요일에는 아내와 함께 숲을 찾아 각자 성경을 묵상하며 하나님께 나아가는 '월요안식일'을 지켰다. 이 시간을 통해 피터슨은 우리 삶을 우리 자신이 아니라 하나님이 통제하신다는 사실을 온전히 깨달을 수 있었다.[8]

토마스 머튼(Thomas Merton, 1915-1968)

토마스 머튼은 1915년 프랑스 프라드에서 태어났으나, 다음 해 미국으로 건너와 롱아일랜드에서 살았다. 프랑스와 영국에서 소년시절을 보냈고, 콜롬비아대학에서 학부와 대학원 과정을 마쳤다. 그 시절, 공산주의 청년운동에 가담하면서 학교 신문에 글을 기고하기도 했다. 무어 신부(Father Moore)의 영향으로 1938년 가톨릭으로 개종한 후, 머튼은 영문학 교사라는 보장된 자리를 버리고 흑인 빈민가에 들어가 일했으며, 종종 켄터키 주 겟세마네수도원을 방문하기도 했다. 제1차 세계대전을 거치면서 평화에 대해 진지하게 고민하다가, 마침내 1942년 모든 것을 포기하고 겟세마네수도원에 들어가서 명상과 기도, 저술활동에 전념했다. 하지만 1948년 출판된 자서전 《칠층산》(The Seven Storey Mountain)이 대성공하자, 그의 사상과 활동 영역은 크게 확장되었다. 머튼은 1960년대에 여러 나라를 여행하며 달라이 라마(Dalai Lama, 1935-)와 선불교학자 스즈키(D. T. Suzuki, 1870-1966) 박사를 비롯한 여러 학자를 만났고, 그런 경험을 통해 불교와 선, 노장사상을 깊이 이해하게 되었다. 또한 미국 사회에서 인종 문제와 베트남전쟁으로 갈등이 고조되자, 머튼은 민감한 사회적 쟁점에 대해 자신의 소신을 적극적으로 밝히기 시작했다. 특히 1968년 12월 10일 태국 방콕에서 열린 '동서종교지도자회의'에서 "마르크스주의와 수도원주의"에 대해 강연했다. "수도자는 본질적으로 현실세계와 그 구체성에 대해 비판적 태도를 견지하는 사람을 뜻한다"라는 것이 강연의 핵심이었다. 하지만 강연 후 숙소로 돌아와 휴식하던 중 전기감전사고로 세상을 떠났다.[9]

머튼에 따르면, 인간은 하나님의 형상으로 창조되었기 때문에 본질적으로 하나님을 지향하고 하나님과 교통하는 삶을 살아야 하며, 그렇게 살 수 있다. 하지만 망상과 욕망의 덫에 걸려 기만적 행동주의, 열광주의, 신령주의에 함몰되고 비극적 소외를 경험한다. 결국 이런 억압과 위기에서 벗어나려면 관상기도를 통한 하나님과의 교제(communion)를 회복해야 한다. 이때 하나님은 지적 사유나 교리적 서술의 대상 혹은 도덕적 원리가 아니라, 인격적 체험과 사귐이 가능한 생명의 근원이다. 따라서 우리는 관상기도를 통해 철저한 고독에서 자신의 왜곡된 실체를 발견하고, 하나님께 절대적으로 굴복하는 경험에 이르러야 한다. 이런 경험을 통해 비로소 인간은 자기와 하나님, 세상에 대한 온전한 이해에 도달하며, 세상의 우상들에 대항하여 "비폭력적 진리의 힘"으로 저항할 힘을 얻는다.[10] 이런 맥락에서 수도자의 임무는 "현실에 대한 부정이 아니라 현실을 포장한 환상의 가면을 벗기는 것"이다.[11] 이렇게 관상기도 안에서 종교적 수행과 사회·정치적 행동이

헨리 나우웬이 사역했던 라르쉬 데이브레이크

통합된다. 동시에 머튼은 이런 영적 생활이 수사들의 독점물이 아니라 모든 인간이 추구해야 할 보편적 이상이라고 주장했다. 우리 일상생활, 자연의 변화와 법칙, 인간 내면의 신비와 인간관계의 희로애락을 통해 누구나 하나 님과의 일치에 이를 수 있다는 것이다. 머튼은《칠층산》외에《영적 일기》, 《새 명상의 씨》,《평화론》등의 저서를 남겼다.

헨리 나우웬(Henri J. M. Nouwen, 1932-1996)

헨리 나우웬은 1932년 네덜란드 네이케르크의 유복한 가톨릭 집안 에서 출생했다. 1957년 사제서품을 받았으며, 네이메겐대학 대학원에서 심 리학도 공부했다. 그는 남부 지역 림부르흐와 노터데임에서 노동자로 살기 도 했고, 네덜란드와 미국을 오가는 '가톨릭이민봉사'의 지도신부로도 사 역했다. 1964년 미국으로 건너와서 캔자스 주 토피카에 있는 메닝거임상연 구소에서 연구했으며, 이어 노터데임대학에서 교수 생활을 시작했다. 1971 년부터 1981년까지 예일대학 교수로 가르치면서《상처 입은 치유자》(*The Wounded Healer*)를 비롯한 12권의 책을 저술했고, 그 결과 영성저술가로서 국제적 명성을 얻었다. 그러나 1981년 돌연 예일대학 종신교수직을 사임하 고 페루 리마에서 메리놀회 선교사들과 동역했다. 1983년 봄 학기부터 다시 하버드대학에서 강의를 시작했지만, 정신적 고갈과 영적 죽음을 자각하고 1985년 봄 학기를 끝으로 영구히 대학 강단을 떠났다. 1986년부터 1996년 9월 21일 심장마비로 소천하기까지 캐나다의 발달장애인 공동체 '라르쉬 데이브레이크'(L'Arche Daybreak)에서 지도신부로 사역했다.[12] 그는 미사 집전과 상담 외에도 "장애인들과 한 집에 살면서 그들을 도우며, 청소하고 커피를 타고 토스트를 만들고 운전을 하는 등 일상적인 집안일을 다 해야만" 했다.[13] 나우웬은 《상처 입은 치유자》 외에 《제네시 일기》, 《탕자의 귀향》, 《아담》 등 여러 책을 남겼다.

인간은 기본적으로 악하고 절망적인 존재이며, 분주함과 두려움의 악순환이 인간과 하나님의 친밀한 관계를 방해한다는 것이 나우웬의 기본 생각이다.[14] 결국, 이런 불행의 고리를 끊기 위해서는 "중심에 그리스도와 함께 사는 삶"으로 우리 삶이 재구성되어야 하며, 기도를 중심으로 한 영성훈련이 필요하다[15]고 했다. 나우웬은 영성훈련이 "하나님께서 모든 것을 변화시키는 사랑으로 당신을 만질 수 있는 내적 공간을 만드는 방법"이라고 설명한다.[16] 우리가 영성훈련을 통해 외로움에서 고독으로, 적대감에서 환대로, 환상에서 기도로 나아갈 수 있고, 궁극적으로 단절된 관계들이 회복될 수 있다는 것이다.[17] 이런 맥락에서 볼 때 나우웬에게 공동체는 매우 중요했다. 그가 라르쉬 데이브레이크 공동체에서 비로소 영혼의 안식을 얻을 수 있었고, "일상적인 일들을 하며 하나님 앞에서 겸손하게 세상을 바라보며 살 수" 있었기 때문이다.[18] 나우웬은 공동체를 "성령의 선물"로 이해했다. 공동체의 기본은 "상호 돌봄"이며, "상호 용서, 부족함의 상호 고백, 성령이 이끄는 기독교 공동체에의 자발적 참여"를 통해 참된 공동체가 형성된다[19]고 설명했다. 나우웬의 영성과 사역에 대해 양병모는 다음과 같이 평가했다.

> 나우웬은 추상적이고 영적으로 이해하기 쉽지 않은 주제를 일반 기독교인이 쉽게 이해하고 공감하도록 해석해 냄으로 영성이 더 이상 일부 목회자나 사제들의 전유물이 아니라 관심을 지닌 사람이라면 누구나 쉽게 접하고 영적으로 도전받게 되었다.[20]

새로운 영성운동

이머징 교회(Emerging Church)

20세기 후반 미국과 영국, 호주와 뉴질랜드에서 젊은 복음주의자들의 주도로 새로운 형태의 실험적 교회들이 속속 출현했다. 먼저, 1986년 디터 잰더(Dieter Zander)가 미국 로스앤젤레스 인근 작은 도시 포모나에서 뉴송교회(NewSong Church)를 시작했다. 이 교회는 X세대(1961년부터 1984년 사이에 출생한 연령층)를 위한 음악 중심의 열정적 예배와 신자들 간의 친밀한 교제가 특징이다. 1990년대 댄 킴볼(Dan Kimball, 1960-), 카렌 워드(Karen Ward, 1966-), 브라이언 맥클라렌(Brian McClaren, 1956-) 등이 이 운동에 참여하면서, X세대 교회를 가리키는 용어로 '이머징'(Emerging)이란 말이 유행하기 시작했다. 영국에서는 1991년 브리스톨의 스윈던에서 지역교회 다섯 곳을 중심으로 십대들을 위한 'NGM'(New Generation Ministries)이 탄생했다. 그리고 데이브 톰린슨(Dave Tomlinson, 1948-)과 조니 베이커(Jonny Baker)에 의해 '포스트이반젤리컬'(postevangelical)이 이머징 교회를 표현하는 용어로 정착했다.

에디 깁스(Eddie Gibbs)와 라이언 볼저(Ryan Bolger)는 이머징 교회를 다음과 같이 정의했다. "이머징 교회는 포스트모던 문화 가운데 있는 교회를 말한다. …포스트모던 문화 안에서 일어난 선교적 공동체이며, 이들이 처해 있는 시간과 공간에서 신실한 믿음을 추구하는 예수의 제자들로 구성된 공동체이다."[21] 하지만 이머징 교회는 유동적이고 다양해서 한마디로 정의하기 어렵다. 그럼에도 에드 스테처(Ed Stezter, 1966-)의 분류는 이머징 교회의 다양성과 공통된 특징을 이해하는 데 도움이 된다. 스테처는 이머징 교회를 3가지로 분류한다. 첫째, '연결주의자'(Relevants)이다. 이들은 복음에 대한 전통적 해석을 유지하면서 포스트모던 사회에서 생존하기 위해 노력하는 보수주의자들이다. 팀 켈러(Tim Keller, 1950-)와 짐 벨처(Jim Belcher)가 대표적이다. 둘째, '재건주의자'(Reconstructionists)는 신약 교회를

브라이언 맥클라렌

모델로 선교적·유기적 교회를 추구하며 정통적인 교회의 재건을 꿈꾼다. 마이클 프로스트(Michael Frost, 1961-), 앨런 허쉬(Alan Hirsch, 1959-), 댄 킴볼(Dan Kimball) 등이 이 그룹을 대표한다. 셋째, '수정주의자'(Revisionist)가 있다. 이들은 포스트모던 사회에서는 교회의 생존을 위해 복음을 재해석하고 교회론을 수정해야 한다고 주장한다. 브라이언 맥클라렌, 더그 패짓(Doug Pagitt, 1966-), 토니 존스(Tony Jones, 1968-) 등이 이 그룹에 속한다.[22]

근본적으로 이머징 교회는 세계가 포스트모던 시대에 진입했다고 진단한다. 즉, 이성과 논리를 강조하고 권위주의, 개인주의, 교조주의적이던 근대주의는 막을 내렸으며 해체주의, 다원주의, 상대주의를 강조하는 포스트모더니즘이 대세가 되었다는 것이다. 이런 새로운 환경에서 이머징 교회는 전통적인 복음주의, 구도자 중심의 교회, 대형교회 모두에 저항하면서,[23] 새로운 형태의 교회와 선교를 실험한다. 이들은 건물과 제도 중심의 전통적 교회론을 비판하면서, 특정 장소를 예배 장소로 고집하지 않는다. 공동체성이 강한 가정교회를 지향하고 다양한 전통과 방식을 창조적으로 수용하며 하나님의 임재를 강력히 체험하는 예배를 중시한다. 그뿐만 아니라 이들은 기본적으로 하나님 나라의 성장을 추구하는 선교적 교회를 지향하기 때문에, 개인의 일상과 신앙이 통합된 영성을 추구하며 삶과 입으로 복음을 전한다. 하지만 타자에 대한 배려와 존중을 중시하고, 선포나 강요 대신 대화와 설득을 통해 선교적 삶을 실천한다. 지역사회와 세계적 차원의 다양한 사회적·정치적 이슈들에도 깊은 관심을 갖고 적극 참여한다. 다채로운 신앙 전통에서 영적 영감과 방법을 수용하고 현대 음악과 과학기술을 예배와 선교에 능동적으로 활용한다.[24]

신수도원운동(New Monasticism)

20세기가 시작되면서 개신교 내에서 수도원운동에 대한 관심이 새롭게 부상했다. 그것은 19세기 성공회에서 시작된 관심이 한층 다양하고 열정적으로 확대된 것이다. 미국의 '브루더호프'(1920), 프랑스의 '떼제 공동체'(1946), 한국의 '예수원'(1964) 등이 그런 흐름을 대표했다. 한편, 1980년대에 신학자 라이몬 파니카(Raimon Panikkar, 1918-2010)가 '신수사'(new monk) 개념을 소개했고, 명상적 여성신학자 비버리 란제타(Beverly Lanzetta, 1947-)는 초교파적 수도원공동체인 '신수도원적 방식의 공동체'(Community of the New Monastic Way)를 시작했다.

같은 맥락에서, 1998년 신학자 조너선 윌슨(Jonathan R. Wilson)이 디트리히 본회퍼와 알래스데어 매킨타이어의 사상에 영감을 받아 《파편화된 세상에서 신실하게 살기》(Living Faithfully in a Fragmented World: Lessons for the Church from MacIntyre's "After Virtue")를 출간했다.[25] 이 책에서 윌슨은 현대 그리스도교 선교에 기회와 위협을 모두 주는 당대 문화의 여러 측면을 서술하고, 이렇게 파편화된 문화에서 신실한 삶을 살기 위한 방편으로 신수도원운동을 제시했다. 이런 제안은 같은 해 '심플웨이 공동체'(Simple Way Community)와 '룻바하우스'(Rutba House) 설립으로 구체화되었다. 심플웨이 공동체는 쉐인 클레어본(Shane Claiborne, 1975-)과 친구들이 한 가톨릭교회에서 추방될 위기에 처한 노숙자들과 연대하기 위해 필라델피아에 설립한 공동체다. 한편, 룻바하우스는 노스캐롤라이나 주 더럼에서 조너선 윌슨-하트그로브(Jonathan Wilson-Hartgrove)와 그의 아내 리아(Leah)가 인생의 위기를 맞은 사람, 노숙자와 출옥한 사람, 그리고 단순히 호기심으로 방문하

조너선 윌슨-하트그로브

거나 그 공동체에 합류하기로 한 장기 거주자들과 자신들의 집을 공유하기 위해 설립했다.

2004년 이런 비전을 같이하는 다양한 그룹이 룻바하우스 초청으로 콘퍼런스를 개최하고 신수도원운동을 공식적으로 시작했다. 이 콘퍼런스에 심플웨이 공동체와 룻바하우스 외에 브루더호프, 가톨릭워커(Catholic Worker), 레바 플레이스 펠로우십(Reba Place Fellowship)이 참여해서 "신수도원운동의 12징표(12 marks)"라는 생활규칙을 제정했다. 그 내용은 다음과 같다.

(1) 제국의 버림받은 장소들로 이주 (2) 동료 공동체 회원들과 우리 안에 있는 가난한 자들과 경제적 자원들을 공유 (3) 이방인들에게 환대 (4) 교회와 공동체 내부에 존재하는 인종분열에 대한 탄식과 정의로운 화해의 적극적 추진 (5) 그리스도의 몸인 교회에 겸손히 순종 (6) 옛 수련방법에 따라서, 그리스도의 방식과 공동체의 규칙으로 의도적 형성 (7) 뜻을 함께하는 공동체 회원들 안에서 공동생활 육성 (8) 결혼한 부부와 자녀들과 함께 독신자들 지원 (9) 지리적으로 공동체 인근에 사는 회원들은 공통된 생활규칙을 공유 (10)

우리 지역 경제를 지원할 뿐 아니라 우리에게 주신 하나님의 땅을 돌봄 (11) 마태복음 18장에 따라, 공동체 내에서 발생한 폭력과 갈등해결의 와중에 평화성취 (12) 훈련된 관상적 삶에 헌신[26]

이 운동은 전통적 수도원과 달리 독신, 청빈, 순명 같은 서약을 하지 않으며 공동생활 대신 가까운 곳에 모여 사는 게 특징이다. 독신자뿐 아니라 결혼한 부부도 환영하고, 수도사 복장은 하지 않는다. 아울러 개인주의와 자본주의에 물든 현대사회에서 영성훈련과 공동체생활을 통해 전통적인 수도원의 이상을 실현하기 위해 노력한다.

신재세례파운동(Neo-Anabaptism)

급진적 종교개혁으로 알려진 아나뱁티즘(혹은 재세례파)은 1525년 1월 21일 스위스 취리히에서 조지 블라우록(George Blaurock, 1491-1529)이 콘라드 그레벨(Conrad Grebel, 1498-1526)에게 세례를 받으면서 역사에 모습을 드러냈다. 이들은 산상수훈을 문자적으로 해석하여, 맹세, 군사적 행동, 공직 참여를 거부했고 정교분리를 추구했다. 이 운동은 취리히 외곽, 즉 동쪽으로 상트 갈렌과 아펜첼, 서쪽으로 바젤과 베른, 북쪽으로 할라우, 샤프하우젠, 발츠후트, 그리고 스위스 경계를 넘어 독일, 오스트리아, 네덜란드로 빠르게 확장되었다. 이들은 가는 곳마다 혹독한 박해를 겪었다. 대부분의 지도자들은 순교당했고, 일반 교인들도 말할 수 없는 고통을 겪었다.[27]

이런 위기 상황에서 많은 재세례파들이 모라비아 등지로 피신했다. 18세기에 잠시 우크라이나와 러시아에 정착했지만 다시 아메리카 대륙으로 이주하여 마침내 신앙의 자유를 찾았다. 이 과정에서 메노 시몬스(Menno Simons, 1496-1561)를 중심으로 '메노나이트'(Mennonites)라는 평화주의적 재세례파운동이 출현했다. 그리고 1533년 야콥 후터(Jacob Hutter, 1500-1536)의 영향하에 '후터파'(Hutterites)로 알려진 공동체가 형성되었다. 스튜어트 머레이(Stuart Murray)의 정리에 따르면, 현재 세계적으로 아나뱁티즘은 다음과 같이 4가지 형태로 존재한다.

재세례파 소속 윤리학자 존 하워드 요더

첫 번째 그룹은 초기 아나뱁티스트들의 후예들인 메노나이트, 후터라이트, 그리고 아미시이다. 두 번째 그룹은, 이후에 시작된 다른 교단들이지만 아나뱁티즘에서 영감을 받은 이들로서 다양한 형제파 그룹들, 부르더호프운동, 그리고 일부 침례파이다. 세 번째 그룹은, 메노나이트와 형제파 선교사들의 활동으로 말미암아 많은 나라에서 새로 생겨난 아나뱁티스트 교회들이다. 그리고 마지막으로 네 번째 그룹은 새로운 아나뱁티스트들인데, 이들은 다른 기독교 전통들에 뿌리를 두고 있지만 자신들의 삶과 신앙의 형성 과정에 아나뱁티즘의 영향을 받았음을 인정한다.[28]

머레이의 분류에서 네 번째 항목에 해당하는 그룹을 지금의 '신재세례파'로 분류할 수 있다. 이들은 20세기 후반과 21세기 초반, 미국 복음주의 내부에서 출현했다. 재세례파 전통의 신학자들, 특히 메노나이트에 속한 존 하워드 요더(John Howard Yoder, 1927-1997)와 로널드 사이더의 영향을 크게 받았으나, 각자의 교회 전통에 머물면서 재세례파의 정신과 유산을 실천하고 있다. 무엇보다, 요더와 1972년 출판된 그의 저서 《예수의 정치학》

(*The Politics of Jesus*)이 이들의 행보에 결정적인 영향을 끼쳤다. 스탠리 하우어워스(Stanley Hauerwas, 1940-), 스캇 맥나이트(Scot McKnight, 1953-), 낸시 머피(Nancy Murphy, 1951-), 리처드 헤이스(Richard Hays, 1948-), 크레이그 카터(Craig A. Carter), 제임스 맥클렌던(James McClendon, 1923-2000), 마이클 카트라이트(Michael Cartwright) 등이 이 운동을 이끌어 왔다.[29]

이들은 제국주의적 정신에 대항하는 예언자적 입장을 고수하면서, 평화주의, 사회정의, 빈곤에 관심을 집중한다. 기본적으로 이들은 콘스탄티누스 황제가 313년 그리스도교를 공인한 결과, 신앙과 정치권력이 결합되고 교회의 본질이 훼손되었다고 판단한다. 이런 관점에서, 오늘날 미국 그리스도교는 그리스도와 함께 자유민주주의와 소비자본주의의 정치·경제학 모두에게 충성하고 있는데, 이는 명백한 우상숭배다.[30] 따라서 이런 세상에서 신자들은 개인적인 삶뿐 아니라, 대안공동체로서 이에 능동적으로 저항해야 한다. 동시에 그런 불복종 때문에 발생하는 세상의 공격과 비난 앞에서 교회는 그리스도의 모범을 따라 "방어하지 않고 보복하지 않고 그러나 적극적으로 용서하면서" 견뎌야 한다.[31] 이들에게 평화주의는 "기독교적 제자도의 근본적 징표이자 복음의 핵심적인 윤리적 가르침"이기 때문이다.[32]

 ## 영성공동체

후터라이트(Hutterites)

후터라이트는 메노나이트, 아미시와 더불어 현존하는 또 하나의 재세례파 그룹이다. 이들은 함께 농사 지으며 공동체를 이루어 살고 있다. 이 공동체는 '형제들이 더불어 사는 장소'라는 의미로 '부르더호프'(Bruderhof)라고 불린다.[33] 이들은 성인세례와 신자의 세례, 무저항과 평화주의, 단순한 생활방식 등의 재세례파 신앙을 공유하지만, 공동체생활과 재산공유 때문에 아미시 및 메노나이트와 구별된다.[34]

재세례파 그룹 중 하나인 후터라이트

　　박해를 피해 공동체생활을 시작했던 일군의 재세례파들이 1528년 아우스터리츠와 모라비아에서 첫 번째 부르더호프를 조직했고, 후에 야콥 후터가 이 그룹을 이끌었다. 후터가 화형당한 후에는 그의 이름을 따라 '후터라이트'로 불리게 되었다. 이들은 종교적 자유를 찾아 모라비아에서 슬로바키아, 헝가리, 루마니아, 러시아로 이주했다. 러시아에서 또다시 박해받자, 1,000여 명의 사람들이 1874년부터 1879년 사이 미국으로 이주했다. 이들 중 상당수가 남부 다코타에 세 개의 분리된 농업공동체, 슈미드로이트(Schmiedeleut), 다리우스로이트(Dariusleut), 레흐레로이트(Lehrerleut)를 건설했다. 제1차 세계대전 동안, 양심적 병역거부와 적국 언어인 독일어 사용, 전쟁채권 구매 거부 등의 이유로 또 한 차례 오해와 박해를 경험했다. 특히 두 젊은이가 군대 수용소에서 학대와 고문으로 사망하자, 다수의 후터라이트가 종교의 자유를 찾아 캐나다로 이주했고, 그 결과 현재 후터라이트의 3분의 2가 캐나다에 거주한다.

　　후터라이트 마을마다 공동체 중앙에 위치한 공동 식당을 중심으로 여러 집들이 있고, 이 집들에서 여러 가족이 독립된 생활을 한다. 다른 건물들은 유치원, 학교, 세탁소, 그리고 작업실과 산업시설로 사용된다. 후터라이트는 사유재산을 하나님의 뜻에 반하는 것으로 규정하고 1세기 교회처럼 물질을 공유한다. 자동차, 라디오, 텔레비전, 잡지를 개인적으로 소유할 수 없으며, 실용적 목적을 위해 트럭과 스테이션왜건을 이용한다. 이들의 삶은 매우 검소하다. 남자들은 검은 멜빵바지를 입고, 여자들은 물방울무늬 머릿수건을 두르고 다채로운 색깔의 긴치마를 입는다. 구성원은 전체의 선을 위해 일한다. 모든 필요는 공동의 가게에서 제공되므로 아무도 월급을 받지 않는다. 후터라이트들은 일요일 아침과 저녁, 그리고 매일 저녁 식사전 학교 건물에 모여 예배드린다. 예배는 오스트리아 억양의 독일어로 진행되며, 찬송으로 시작해 설교와 마침기도로 이어진다. 후터라이트들에게 독일어는 매우 중요하다. 한 공동체는 90-100명 정도로 구성되며, 120-130명에 이르면 다음 공동체를 위한 장소를 물색하고 자금을 저축하여 미래를 준비한다.[35]

　　후터라이트들은 자기 아이들이 공동생활을 할 수 있도록 준비하고 교육시키는 데 성공했다. 아이들 대부분은 8-9학년까지만 학교에 다니고, 여자는 19-20세 남자는 20-26세에 세례를 받는다. 소녀는 22세 정도에, 남자는 조금 더 나이 들어 결혼한다. 산아제한은 금기사항이고, 경제적 어려움이 없으므로 출산율이 매우 높은 편이다. 전통적으로 여인들은 9명 이상의 자녀를 낳았으나, 1950년대 이후 출산율이 계속 감소하여 2010년에는 5명 미만으로 줄었다. 이 공동체는 매우 가부장적이어서 여성들은 주요 직책이나 의사결정 과정에서 배제된다. 한편, 이혼한 사람들을 공동체 구성원으로 받아들이지 않기 때문에, 20세기에 북미에서 이혼한 후터라이트는 채 50명도 되지 않는다. 가족 및 친족 간 유대가 매우 긴밀하며, 정신병으로 고통받는 사람도 거의 없다. 그 결과, 살인 사건이 발생한 적도 없다. 존 A. 호스테틀러(John A. Hostetler)에 따르면, "후터라이트는 사회적으로 불안정한 세계 속에서 공동체로 살아가는 안정된 생활의 분명한 모델을 보여준다."[36]

떼제 공동체(Taizé Community)

떼제 공동체는 1940년 프랑스 남부 부르고뉴 지방의 작은 마을 떼제에서 25세 청년 로제 쉬츠(Roger Schütz, 1915-2005)에 의해 시작되었다. 스위스에서 개신교 목사의 아들로 태어난 로제는 1937년부터 1940년까지 스트라스부르와 로잔에서 개혁신학을 공부했고, 그때 스위스 기독학생운동의 지도자로 활동했다. 하지만 여러 해 동안 결핵으로 요양하면서 공동체 설립을 꿈꾸기 시작했다. 제2차 세계대전이 발발하자, 로제는 전쟁으로 고통받는 사람들을 돕기 위해 어머니의 고향 프랑스로 떠났다. 제네바에서 떼제까지 거의 390킬로미터를 자전거로 이동한 것이다. 그가 그런 생각을 품고 실천한 것은 제1차 세계대전 동안 위기에 처한 이웃을 보살폈던 외할머니의 영향 때문이다. 그는 프랑스 동부의 작은 마을 떼제에서 빈집을 한 채 구입한 후, 첫 2년 동안 누나 주느비에브(Geneviève)와 함께 그리스도인과 유대인이 뒤섞인 전쟁난민을 돌보고 기도하며 지냈다. 비록 게슈타포의 압력으로 잠시 떼제를 떠나야 했지만, 그들은 1944년 다시 돌아와서 떼제 공동체를 재건했다.

이 공동체는 모든 그리스도인에게 개방되어 있으며, 가난과 순종을 실천하는 준(準)수도원 공동체였다. 1949년 부활절에 7명의 형제들이 독신으로 살며 소박한 공동생활을 실천하기로 서약했고, 이들 스스로 '떼제의 형제들'이라고 불렀다. 형제들은 하루 세 번 기도하고 그 사이에 노동하며 손님들을 맞아 모임을 진행했다. 이후 떼제 공동체는 가난한 자들과 고통받는 자들의 안식처요 기도처로 세계적인 명성을 얻었다. 전쟁 중 가족과 헤어진 아이들을 보살폈고, 스페인과 포르투갈 출신 이주 노동자들도 환대했다. 그뿐만 아니라, 베트남 '보트 피플' 중 이곳에 정착한 사람들도 있었다.[37] 형제들 대부분은 떼제에 살지만, 어떤 형제들은 가난과 고통의 현장에 동참하기 위해 세계 여러 나라에서 떼제 모임을 인도하며 머물고 있다. 특히 로제 수사는 일 년에 한 차례씩 아이티, 에티오피아 등지의 빈민촌을 방문하여 빈민들과 생활했다. 브라질, 케냐, 방글라데시, 미국, 이탈리아, 한국에도 형제들의 모임이 있다.[38]

처음 몇 년 동안은 이곳을 찾는 이들이 많지 않았다. 하지만 1960년부터 방문객이 급증하자 작은 교회를 하나 세웠다. 전쟁의 상처를 치유할

떼제 공동체

떼제 공동체 예배 모습

목적으로 '화해의 교회'라는 이름이 붙었다. 매주 수백 혹은 수천, 매년 10만여 명이 이곳을 다녀간다. 특히 여름에는 수천 명이 배낭을 메고 이곳을 방문하는데, 대부분 10-20대 청년들이다. 일주일 단위로 방문할 수 있으며, 방문 비용은 각국 경제 사정에 따라 다르게 적용된다. 일정에 따라 방문객은 식사와 기도, 성경공부 및 나라별 모임에 참석할 수 있고, 청소, 설거지, 음식 준비 등을 도울 수 있다. 특히 떼제 공동체는 떼제 찬송과 기도로 진행되는 예배가 유명하다. 주황색 천과 촛불로 장식된 예배당 안에 사람들이 모이면 형제들과 어린이들이 중앙에 앉고 인도자 없는 예배가 시작된다. 함께 반복해서 부르는 떼제 찬송과 기도가 끝나면, 다음 날 아침까지 침묵의 시간이 이어진다. 이 예배에는 설교가 없으며, 침묵 속에 하나님의 음성을 듣는 일에 집중한다. 로제 수사는 평생 "오직 하나님은 사랑이시다"라는 메시지를 전했으며, 화해의 교회 앞 표지판에는 "여기 오는 자는 누구나 서로 화해할지라"라고 적혀 있다.[39]

　　1980년 후반부터 떼제 공동체는 유럽 대도시에서 '신뢰의 순례'(Pilgrimage of Trust on Earth)라는 특별한 모임을 마련하고 있다. 1988년 10월, 인도 마드라스에서 두 번째 모임이 열렸는데, 다른 지역, 나라, 교파 출신 청년 만 명이 참석했다. 1989년 1월에는 전 유럽을 대상으로 파리에서 모임을 가졌고, 유럽 각지에서 3만 5,000명이 참석했다. 한국에도 1979년 김수환 추기경의 요청으로 떼제 수사들이 왔다. 그때 김수환 추기경이 내준 서울 화곡동의 수도원 건물에서 수사들이 생활하면서 매주 금요일 저녁 기도회를 인도했다. 일반인도 참석할 수 있지만 지금은 부정기적으로 모이고 있다.[40]

예수원(Jesus Abbey)

　　예수원은 1965년 강원도 태백의 산골짜기에 성공회 소속 대천덕(Reuben Archer Torrey Ⅲ, 1918-2002) 신부와 성미가엘신학원 학생들에 의해 설립되었다. 베네딕트수도원에 토대를 둔 예수원은 교파의 차이나 종교 유무, 독신과 기혼의 구별 없이 모든 사람이 공동체 안에서 기도와 노동으로

대천덕 신부와 현재인 사모

태백에 세워진 예수원

예수를 따르는 개방적 수도원공동체다.

예수원을 설립한 대천덕 신부는 중국 산둥 성 지난(齊南)에서 미국 장로교 선교사의 아들로 태어나 중국과 평양에서 어린 시절을 보냈다. 그의 조부는 무디성서학원 초대 원장을 지낸 르우벤 A. 토리(Reuben Archer Torrey, 1856-1928) 목사다. 대학교 3학년 때 회심한 대천덕은 졸업 후 프린스턴 신학교에 입학했다. 제2차 세계대전이 한창이던 시절, 대천덕은 양심적 병역거부를 실천하여 상선 선원으로 전쟁 중인 아시아, 지중해, 북아프리카까지 항해했다. "일과 기도는 따로 떨어져 있는 것이 아니라 일하는 것이 곧 육체를 통한 기도임을 그 생활을 하며 비로소 깨닫게" 되었다.[41] 그 후에는 밑바닥 생활을 경험하며 "흑인과 노동자들의 억눌림에 대해서도" 알게 되었다.[42] 선교에 대한 의견 차이로 교단을 장로교에서 성공회로 옮긴 후, 대천덕은 1949년 사제서품을 받았다. 전쟁으로 무너진 '천신신학원'(성 미카엘 신학원, 현 성공회대학교)을 재건하기 위해 1957년 가족과 함께 한국에 왔으며, 신학원을 재건하여 첫 졸업생을 배출한 후 일부 학생들과 함께 예수원을 시작했다.

대천덕은 예수원을 설립하기 위해 지역을 물색할 때, 공동생활을 할 만큼 수량(水量)이 풍부하고 농사지을 만한 땅이 있으며 아름다운 자연경관을 훼손하지 않도록 주위에 국유림이 있고, 교회가 한 번도 개척되지 않은 무교회 지역 등을 조건으로 삼았다.[43] 그렇게 해서 찾아낸 곳이 현재 예수원이 위치한 강원도 태백시의 외나무골이다. 이곳은 당시 "한국에서도 가장 가난하고 소외된 지역 중 하나였고 탄광과 화전농으로 에워싸여 개발될 전망이 거의 없어 보이는 불모의 땅이었다."[44] 예수원을 설립하면서 대천덕 신부가 품었던 꿈은 (1) 한국 교회와 국내외 사역자들, 그리고 세계 선교와 세계 평화를 위해 지속적으로 기도하는 중보의 집을 세우고, (2) 성령론, 코이노니아, 성경적 토지정의, 창조론, 화해 등을 연구하고, 이런 원리를 공동체 내에서 실험·실천하는 '신학의 실험실'을 세우며, (3) 성서에 입각하여 토착화 이슈들(찬양, 예배, 예복, 건축양식 등)을 실험하는 것이었다.[45] 따라서 대천덕 신부가 소천한 후에도 예수원은 '중보기도하는 수도공동체'로서 기도사역을 가장 철저하게 하고 있으며, 기도와 노동을 동일시하여 토지와 노동의 가치를 교육하고 실천하는 데 힘을 쏟고 있다. 최근에는 북한 개방을 준비하며 통일세대를 교육할 목적으로 '생명의강학교'를 운영 중이다.[46]

　　예수원의 가족이 되기 위해서는 3개월의 지원 기간과 2년의 수련 기간을 거쳐야 한다. 이들은 새벽 5시 30분에 기상하여 6시와 정오에 아침기도(조도)와 점심기도(대도)를 드린다. 모두가 함께 식사하고 주어진 노동을 한다. 저녁식사 후에는 1주일 단위로 구성된 프로그램을 진행한다. 밤 9시부터 다음 날 아침까지 침묵시간이다.[47] 주일에는 감사성찬례(성공회미사)를 드린다. 일반 방문자도 주말을 제외하고 2박 3일간 이곳에 머물 수 있으며, 하루 세 차례 기도회에 의무적으로 참석해야 한다. 노동은 선택사항이다. 예수원은 강원도 깊은 산골짜기에 있지만, 매년 수천 명의 사람들이, 특히 많은 청년과 대학생들이 이곳을 찾고 있다.

평가와 전망

개신교 영성운동은 종교개혁의 신학적 유산을 충실히 계승하고 수도원 전통을 창조적으로 수용하며 신학적·영성적 실험을 지속해 왔다. 감정적·육체적 체험, 개인 전도와 대중적 회심, 내세적·초월적 구원을 추구하던 복음주의적 특성을 견지하면서, 묵상기도와 공동체생활, 사회적 실천도 중시한다. 이로써 개신교는 오랫동안 단절되었던 고전적 그리스도교 영성을 회복할 수 있었고, '돈과 성과 권력'의 홍수 속에 침몰하는 현대인에게 영적·신앙적 치유의 기회를 제공하는 또 하나의 길을 찾았다. 비록 참여자가 적고 기존 교회와의 관계 면에서, 그리고 이 운동에 대한 이해의 깊이와 참여 면에서 아직까지 한계가 분명하지만, 이 운동에 대한 관심과 참여가 꾸준히 확장되고 있음은 부인할 수 없다.

　　그렇다면 장차 개신교 영성운동은 어떤 모습으로 전개될까? 분명한 것은 영성의 모양과 양상이 매우 다양해지리라는 점이다. 중앙의 독점적 권

4장_영성: 개인 신앙과 사회적 실천

력이 부재한 것이 개신교의 구조적 특징이다. 포스트모던적 경향이 더욱 심화될 것도 자명하다. 따라서 각자의 목소리가 일정 부분 권위를 확보하고, 각자의 개성이 더욱 존중되는 시대가 올 것이다. 이런 상황에서 개인의 관심과 취향에 따라 많은 영적 실험이 개신교 안에 시도될 것이며, 이것은 지속적으로 새로운 형태의 운동과 영적 대안을 창출할 것이다. 아울러 전통을 더욱 고수하는 보수적 그룹과 새로운 대안을 찾아 끊임없이 도전하는 그룹으로 양분될 것이다. 또한 한 가지 방법에 몰두하는 그룹과 다양한 요소의 창조적 융합을 추구하는 그룹으로 계속 분화될 것이다. 이런 대립적인 형태들 간에 긴장과 갈등도 발생하겠지만, 상호 간에 긍정적 영향을 주고받음으로써 좀 더 성숙한 모습으로 발전하고 공존할 가능성도 충분하다.

그뿐만 아니라, 더 깊이 있고 강렬한 영적 체험을 추구하는 노력은 더욱 심화될 것이다. 신학적 사색 및 예전적 실천, 혹은 사회적 행동 모두 심오한 영적 체험을 토대로 전개될 것이다. 반면, 강력한 영적 체험에 실용적 도움을 주지 못하는 신학, 예전, 실천은 쉽게 도태되고 망각될 것이다. 승자독식의 정글법칙이 지배하는 물질만능의 비인간적 사회에서, 인간 영혼은 더욱 굶주림에 시달릴 수밖에 없다. 이런 영적 기근은 결코 물질적 풍요, 지식의 확대, 권력의 상승으로 해결될 수 없다. 사회가 물화·세속화될수록, 깊은 영적 체험에 대한 갈증은 더욱 강렬해질 것이 분명하다. 때문에 이런 욕구를 충족시키지 못하는 종교와 영성은 적자생존의 법칙에 따라 멸종될 것이다. 따라서 더욱 강력하고 심오한 영적 체험을 위한 다양한 실험이 지속적으로, 열정적으로 시도될 것임에 틀림없다.

하지만 이런 경쟁과 갈등, 실험과 도전은 전통과 미래의 갈림길에서 쉽지 않은 과제를 개신교에 안겨 준다. 종교개혁 이후, 개신교의 영성적 토대가 되었던 성경의 권위와 역할, 이신칭의를 중심으로 한 전통적 교리, 남성 및 성직자 중심의 교권구조, 그리고 국가와 교회의 관계에 대한 크리스텐덤의 유산은 시대적 변화 속에서도 개신교가 쉽게 간과할 수 없는 역사적 무게를 지닌다. 동시에 기존의 종교적 권위가 삶의 제반 영역에서 빠르게 약화되는 세속화 현상과 세상의 다양한 종교·문화들이 빈번하게 접촉·교류하는 세계화 경향, 그리고 개인과 소수자의 선택과 개성이 존중되는 다원화 시대에 개신교회는 전통의 충실한 계승과 시대의 기민한 적응 사이에서 쉽지 않은 줄타기를 해야 한다. 과연 이 줄타기를 어떤 식으로 언제까지 성공적으로 할 수 있을까? 이것이 21세기 개신교에게 주어진 쉽지 않은 영성적 과제가 될 것이다.

주

1 —— https://renovare.org/people/richard-foster/bio (2019. 4. 23. 접속)

2 —— https://en.wikipedia.org/wiki/Dallas_Willard (2019. 4. 30. 접속)

3 —— 달라스 윌라드, 《잊혀진 제자도》(서울: 복있는사람, 2007), 81.

4 —— 김성원, "달라스 윌라드가 살아온 '제자의 길' '제자도의 복음'", 〈기독교사상〉(2011. 9.), 208.

5 —— 해더 한, "성경을 우리 곁으로 친근하게 이끈 유진 피터슨 목사 타계", 〈연합감리교회뉴스〉(2018. 10. 22.) https://www.umnews.org/ko/news/eugene-peterson-bible-popularizer-dies (2019. 6. 25. 접속)

6 —— 피터슨의 생애에 대해서는 《유진 피터슨》(서울: IVP, 2015) 참조.

7 —— 이태형, "故 유진 피터슨 목사가 그리스도인들에게 전하고 싶어 했던 말들", 〈크리스천투데이〉(2018. 10. 25.) http://kr.christianitydaily.com/articles/98042/20181025/故-유진-피터슨-목사가-그리스도인들에게-전하고-싶어했던-말들.htm. (2019. 6. 25. 접속)

8 —— "목회자들의 목회자 유진 피터슨", 〈교회정보넷〉(2018. 2. 10.)

9 —— 그의 죽음에 대해 김경재는 다음과 같은 말을 남겼다. "현대와 같은 시대에 인간의 영성이 메말라 버린 이때, 새로운 참신한 영성의 회복을 위해 크게 일했던 시대의 증언자 토마스 머튼, 폭력적 혁명과 개인 종교의 회심 사이에서 갈등하는 현대 젊은이를 이해하고 도왔던 종교계의 증언자 토마스 머튼, 동서 영성신학의 체험과 이론을 동시에 깊이 이해하는 사람으로서 그의 서거는 기독교계뿐 아니라 세계의 큰 손실이다." 김경재, "토마스 머튼의 영성신학", 〈기독교사상〉(1986. 7.), 133.

10 —— 김경재, "토마스 머튼의 영성신학", 135.

11 —— 한상봉, "토마스 머튼", 〈맘울림〉 제27호(2010), 114.

12 —— 라르쉬 공동체는 캐나다 가톨릭 철학자이고 신학자이자 인도주의자인 장 바니에(Jean Vanier) 신부가 1964년 프랑스 트로즈리-브로이에 있는 집에 장애인 두 명을 초대하면서 시작된 국제적인 연합 공동체다. 현재 세계 40여 개국에 150여 개의 라르쉬 공동체가 있으며, 라르쉬 데이브레이크 공동체는 1969년 캐나다 토론토 인근 리치몬드힐에 세워졌다. 북미에 세워진 최초의 라르쉬 공동체이며 라르쉬는 '노아의 방주'라는 뜻이다.

13 —— 김현선, "헨리 나우웬의 라르쉬 데이브레이크 공동체", 〈교육교회〉(2014. 5.), 56.

14 —— Henri J. Nouwen, *Lifesigns*(New York: Image Books, 1990), 15.

15 —— Henri J. M. Nouwen, *Letters to Marc About Jesus*(New York: Harper SanFrancisco, 1988), 27.

16 —— Henri J. M. Nouwen, *Letters to Marc About Jesus*, 75.

17 —— 양병모, "헨리 나우웬 영성이 현대 기독교 영성에 미친 영향", 〈복음과실천신학〉 (2012. 가을호), 88.

18 —— 김현선, "헨리 나우웬의 라르쉬 데이브레이크 공동체", 56.

19 —— 양병모, "헨리 나우웬 영성이 현대 기독교 영성에 미친 영향", 86.

20 —— 양병모, "헨리 나우웬 영성이 현대 기독교 영성에 미친 영향", 99.

21 —— Eddie Gibbs and Ryan Bolger, *Emerging Churches*(Grand Rapids: Baker Academic, 2005), 28.

22 —— 양현표, "한국 교회 개혁을 위한 대안: 이머징(Emerging) 교회 운동", 〈성경과신학〉 83 (2017), 135-138.

23 —— 양현표, "한국 교회 개혁을 위한 대안: 이머징(Emerging) 교회 운동", 126.

24 —— 이머징 교회의 특징에 대해서는 윤동철, "이머징 교회(Emerging Church)의 출현과 신학", 〈한국개혁신학〉(2007. 4.), 88; 최동규, "이머징 처치와 기독교대한성결교회의 미래", 〈활천〉(2007. 4.) 참조.

25 —— 본회퍼는 1935년 이렇게 말했다. "교회의 회복은 오직 옛 수도원운동과 아무런 공통 점도 없지만, 산상수훈에 따른 그리스도의 제자도를 일체의 타협 없이 삶에서 실천하 는 새로운 유형의 수도원운동을 통해 이루어질 것이다." 또한 매킨타이어는 그의 책 《덕의 상실》(*After Virtue*)에서 도덕적 삶을 유지하던 지역 공동체의 쇠퇴를 다루면 서 또 다른 성 베네딕트를 갈망한다고 말했다.

26 —— 이국헌, "신수도원주의의 기독교 영성에 대한 평가와 전망", 〈한국교회사학회지〉 제 29권 (2011), 193.

27 —— 재세례파의 역사에 대해서는 코넬리우스 딕, 《아나뱁티스트 역사》(대전: 대장간, 2013) 참조.

28 —— 스튜어트 머레이, 《이것이 아나뱁티스트다》(대전: 대장간, 2011), 221.

29 —— 제임스 D. 헌터, 《기독교는 어떻게 세상을 변화시키는가?》(서울: 새물결플러스, 2014), 231.

30 —— 제임스 D. 헌터, 《기독교는 어떻게 세상을 변화시키는가?》, 236.

31 —— 제임스 D. 헌터, 《기독교는 어떻게 세상을 변화시키는가?》, 241.

32 —— 제임스 D. 헌터, 《기독교는 어떻게 세상을 변화시키는가?》, 241.

33 —— 존 A. 호스테들러, 《후터라이트 사람들, 그 삶의 이야기》(춘천: KAP, 2007), 11.

34 —— 존 A. 호스테들러, 《후터라이트 사람들, 그 삶의 이야기》, 30.

35 —— 존 A. 호스테들러, 《후터라이트 사람들, 그 삶의 이야기》, 39.

36 —— 존 A. 호스테들러, 《후터라이트 사람들, 그 삶의 이야기》, 89.

37 —— 안토니 형제, "떼제 공동체―화해와 나눔의 도리 펼치는 모임", 〈기독교사상〉(1989.

5.), 48.

38 —— 안토니 형제, "떼제 공동체―화해와 나눔의 도리 펼치는 모임", 48.

39 —— 안토니 형제, "떼제 공동체―화해와 나눔의 도리 펼치는 모임", 53.

40 —— http://www.taize.fr/ko (2019. 5. 23. 접속)

41 —— 이영희, "산골짜기의 여명", 〈월간 샘터〉(1992. 11.), 56.

42 —— 이영희, "산골짜기의 여명", 56.

43 —— 권요섭, "예수원은 왜 강원도 깊은 산골짜기에 세워졌을까?", 〈기독교사상〉(2014. 12.), 30.

44 —— 권요섭, "예수원은 왜 강원도 깊은 산골짜기에 세워졌을까?", 30.

45 —— 권요섭, "예수원은 왜 강원도 깊은 산골짜기에 세워졌을까?", 31.

46 —— www.threeseas.co.kr/life/life01.html (2019. 4. 25. 접속)

47 —— 배덕만, "한국개신교회와 수도원운동", 〈기독교사상〉(2015. 10.), 54-55.

신학:
격변의 시대

5

교회사에서 20세기는 '신학적 격변의 시대'로 기억될 것이다. 20세기를 상징하는 두 차례 세계대전과 이념적 갈등, 그리고 과학(자연 및 인문)의 발전은 인류의 삶 자체에 근본적인 변화를 초래했다. 이런 역사와 문화의 변동은 신앙과 신학에도 극적인 영향을 끼쳤다. 오랫동안 교회가 보존해 온 전통 신학의 권위와 영향력이 심각한 위기에 처한 것이다. 전쟁을 통해 드러난 인간의 부패한 본성, 경제적·정치적 격변 속에 고조된 이념적 갈등, 과학기술의 발전으로 형성된 새로운 인간관 앞에서 신학자들은 옛 전통을 보존하며 새 전통을 세워야 하는 난제에 직면했다. 이런 상황에서 20세기 동안 다양하고 실험적인 신학들이 세계 도처에서 계속 출현했다. 그 결과, 불변하는 초월적 진리에 대한 형이상학적 탐구로 일관했던 신학이 낯설고 급변하는 시대적·문화적 도전에 적극적으로 응전하기 시작했다.

 ## 신정통주의 신학

제1차 세계대전은 서구 신학자들에게 충격을 주었다. 19세기 후반 유럽에서는 계몽주의와 과학의 발전이 절정에 달했고, 영국으로 대표되는 서유럽의 제국들은 새로운 시장과 자원을 찾아 경쟁적으로 식민지를 개척했다. 이런 경제적·정치적 현실은 헤겔(Georg Wilhelm Friedrich Hegel, 1770-1831) 같은 철학자들의 변증법적 역사관에서 지적 근거를 발견했고, 하르낙(Adolf Karl Gustav von Harnack, 1851-1930) 같은 자유주의 신학자들에 의해 종교적으로 정당화되었다. 특히 자유주의 신학자들은 하나님의 내재성을 강조하며 긍정적 인간론과 낙관적 역사관을 설파했다. 하지만 20세기의 시작과 함께, 통제되지 않은 제국들의 극단적 욕망은 역사상 최대 최악의 전쟁을 촉발하여 전대미문의 인명 살상을 초래했다. 이런 비극적 현실을 목격하면서, 일군의 신학자들이 하나님과 인류, 역사에 대해 뼈아픈 반성과 신학의 재구성을 모색했다. 그 결과, 신정통주의(Neo Orthodoxy)가 탄생했다.

　이런 환멸과 반성 속에 새로운 신학적 탐색을 선도한 인물은 스위스

신학자 카를 바르트(Karl Barth, 1886-1968)였다. 스위스에서 태어난 바르트는 독일에서 하르낙과 빌헬름 헤르만(Wilhelm Hermann, 1844-1922) 같은 대표적인 자유주의 신학자들 밑에서 공부했다. 하지만 졸업 후 스위스 자펜빌에서 12년간 목회하면서, 스승들이 제1차 세계대전을 지지하는 모습을 목격하고 자유주의 신학에 깊은 실망과 환멸을 경험했다. 이후 성경연구에 매진하여 1919년 《로마서 주석》(Der Romerbrief)을 출판했다. 바르트는 성경의 일차적 관심이 인간이 아니라 하나님께 있음을 발견했다. 그에 의하면, 성경을 통해 인간은 '철저한 죄인'이며 하나님은 '절대적 타자'라는 사실이 드러나므로, 인간은 결코 자신의 힘으로 하나님을 알 수 없고 하나님이 인간에게 하신 말씀을 통해서만 하나님 인식에 이를 수 있다고 한다. 하지만 인간이 하나님 말씀을 들을 때, 인간은 하나님을 선택하거나 거부해야 하는 절체절명의 위기 상황에 놓인다. 동시에 절대적 타자로서 하나님은 인간과 분리되고 죄인인 인간을 부정할 수밖에 없음에도, 그리스도 안에서 인간과 세계를 긍정하신다. 또한 하나님이면서 인간인 예수 그리스도는 하나님을 계시함과 동시에 인간이 어떤 존재가 되어야 하는지에 대한 해답도 제공한다. 결국 인간은 신앙으로 하나님 말씀에 반응하면서, 예수 그리스도의 말씀과 삶을 통해 드러난 겸손과 헌신의 삶을 자신의 모든 영역에서 실천해야 한다는 것이 바르트의 주장이다. 이런 신학적 주장과 방법론 때문에, 바르트의 신학은 '말씀의 신학', '위기의 신학', '변증법적 신학'이라고 명명되었다. 생전에 완성하지 못한 채 13권까지만 출간된 그의 《교회교의학》(Church Dogmatics)은 20세기 그리스도교 신학의 기념비적 업적으로 평가된다.[1]

바르트와 함께 신정통주의 신학을 주도한 인물은 에밀 브룬너(Emil Brunner, 1889-1966)이다. 브룬너도 바르트처럼 스위스에서 출생했으며, 독일과 미국, 스위스에서 신학을 공부했다. 스위스 농촌에서 잠시 목회한 후, 1924년부터 40여 년 간 취리히대학에서 가르쳤다. 그에게도 제1차 세계대전은 신학적 방향전환의 결정적인 계기가 되었다. 브룬너는 인간의 경험에 근거한 일체의 신학 작업을 거부하면서, '자유주의 신학의 아버지'로 불리

신정통주의 신학의 대표자 카를 바르트(오른쪽)와 에밀 브룬너

는 프리드리히 슐라이어마허(Friedrich Daniel Ernst Schleiermacher, 1768-1834)
를 비판하는 《신비주의와 말씀》(Mysticism and the Word, 1924)을 저술했다. 그
의 관점에서 볼 때 인류는 오직 계시를 통해서만 하나님을 인식할 수 있고,
그 계시가 바로 예수 그리스도이시다. 그리스도는 하나님과 인류의 중보자
이며, 하나님과 인간이 만나는 장소이다. 이런 신학적 전제에 근거해 브룬너
는 바르트, 불트만, 고가르텐(Friedrich Gorgarten, 1887-1967), 틸리히 등과 함
께 〈시간들 사이에서〉(Zwischen den Zeiten)를 창간(1922)하여 신전통주의 신
학을 본격적으로 전개했다. 그리고 1920년대부터 꾸준히 자연신학에 관심
을 가지고 연구해 1934년 《자연과 은총》(Nature and Grace)을 출판했다. 그
는 이 책을 통해 그리스도의 중심적 위치를 인정하지만, 바르트의 절대적
그리스도론은 거부했다. 바르트도 브룬너의 입장에 단호히 반대함으로써
두 사람의 우정에 금이 갔다. 이후 신정통주의 신학자들은 각자의 길을 모
색했다.[2]
　　바르트와 브룬너가 조직신학자였다면, 루돌프 불트만(Rudolf Karl Bult-
mann, 1884-1976)은 철학자 마르틴 하이데거(Martin Heideger, 1889-1976)의 실
존주의 방법을 성서연구에 적용한 신약학자다. 그는 베를린과 마르부르크

에서 공부한 후, 1951년 은퇴할 때까지 마르부르크대학에서 신약성서를 강의했다. 불트만이 일생 동안 씨름했던 신학적 과제는 '어떻게 성경을 20세기 인간들에게 이해 가능하도록 만들 것인가?' 하는 것이었고, 이를 위해 선택한 방법이 '비신화화'(demythologization)였다. 먼저, 불트만은 '케리그마'(kerygma)와 '신화'(myth)를 구분했다. 케리그마는 하나님이 인간에게 하신 말씀이며, 신화는 당시 사람들에게 메시지를 전달하기 위해 사용한 사유 방식(세계관)이었다. 따라서 현대인들에게 성경이 의미 있는 말씀으로 전달되기 위해서는 성경 본문에서 케리그마와 신화를 분리하고, 현대인들이 이해하도록 케리그마를 20세기적 사유 방식에 따라 번역해야 했다. 이것이 그가 '비신화화'라고 명명한 작업이다. 이 과정에서 불트만은 하이데거의 도움으로 현대인에 대한 실존적 탐구를 시도했다. 즉, 인간은 '본래적 실존'과 '비본래적 실존'으로 구분되는데, 본래적 실존은 자신의 무한한 발전과 자유를 위해 주체적인 선택을 추구하지만 비본래적 실존은 타자의 영향하에 피동적으로 살 뿐이다. 이런 상황에서, 인간은 성경에서 예수를 통해 드러난 하나님 말씀을 발견함으로써, 유한한 존재인 자신의 실체를 깨닫고 본래적 실존을 성취할 수 있다. 불트만은 본래적 실존을 '종말론적 실존'이라고도 명명했는데, 예수를 통해 자신의 본질, 은총에 근거한 새로운 삶, 그리고 자신의 책임적 행동에 대한 새로운 이해에 도달한 인간을 지칭한다. 이런 주장은 그의 저서 《공관복음서 전승사》(Die Geschichte der synoptischen Tradition)와 《신약성서와 신화》(Neues Testament und Mythologie)를 통해 정교하게 전개되었다.[3]

한편 폴 틸리히(Paul Tillich, 1886-1965)는 철학과 신학을 전공하여 "지성인들을 위한 사도"로 불렸다.[4] 그는 독일 프랑크푸르트대학 교수로 명성을 쌓았으나 나치의 등장과 함께 미국으로 이주하여 유니온신학교, 하버드대학, 시카고대학에서 가르쳤다. 그는 제1차 세계대전 동안 군목으로 전쟁에 참여하여 인간의 어두운 면을 처절하게 목도했으며, 불트만의 '비신화화'에도 깊은 영향을 받았다. 이런 체험과 학문적 영향 가운데 틸리히는 평생 '한계상황'(boundary situation), 즉 철학과 신학, 종교와 문화의 경계선상에서 양자의 상관관계 및 상호침투를 위해 씨름했다. 기본적으로 틸리히의 신학방법은 '상관관계의 방법'(the method of correlation)으로 알려졌다. 이것은 "그리스도교 신앙의 내용을 서로 의존하는 실존적 물음과 신학적 대답을 통해 설명한다."[5] 틸리히에 따르면, 인간은 매순간 비존재의 위협 앞에서 존재의 근거이며 궁극적 실재인 하나님 대신 자기 자신을 선택함으로써 '소외' 상태에 이른다. 그 결과, 절망, 공허, 냉소주의, 허무주의에 시달린다. 반면, 신약성서는 궁극적 실재와 온전한 연합 속에 살았던 완전한 인간 예수를 보여 준다. 따라서 하나님이 예수 그리스도 안에서 '새로운 존재'(New Being)를 허락하셨다는 사실을 신뢰할 때, 인간은 '존재의 용기'(Courage to Be)를 얻고 새로운 존재에 참여할 수 있다고 그는 주장한다. 또한 "문화의 실체가 종교이듯이 종교의 형식은 문화이다"[6]라고 확신한 틸리히는 문화를 구성하는 다양한 요소들, 즉 연극, 정치, 역사, 사회, 과학, 철학 등을 통해 인간 상황을 분석하려고 했다. 종교와 문화의 관계를 중심으로, 인류 역사를 신율(theonomy, 중세 초기와 종교개혁 초기) → 타율(heteronomy, 중세 후기와 개신교 정통주의) → 자율(autonomy, 르네상스, 18세기 합리주의, 현대사회)로 구분하고, 인간이 궁극적 관심의 대상이 된 현대를 자율적 문화로 규정하면서, 인간과 문화가 존재의 근원이신 하나님과 적절한 관계를 회복하는 신율적 문화로 복귀하길 소망했다.[7] 1951년부터 1963년까지 총 3권으로 출판된《조직신학》(Systematic Theology)을 비롯하여《존재의 용기》(Courage to Be), 설교 모음집《흔들리는 터전》(The Shaking of the Foundations),《영원한 현재》(The Eternal Now) 같은 저작들이 당대와 후대에 큰 영향을 끼쳤다.

독일계 이민자의 후예로 미국에서 활동한 라인홀드 니버도 간과할 수 없다. 니버는 예일대학에서 공부한 후 디트로이트 벧엘교회에서 13년간 목회하며 노동문제에 관심을 두었다. 이후 뉴욕 유니온신학교에서 윤리학자, 언론인, 정치가로서 큰 명성을 얻었다. 그가 저술한《도덕적 인간과 비도덕적 사회》(Moral Man and Immoral Society)와《인간의 본성과 운명》(The Nature and Destiny of Man)은 그에게 신정통주의자로서 국제적인 명성을 안겨 주었다. 이런 활동과 저서를 통해 니버는 인간을 개인과 사회적 차원에서 온전히 이해하고, 그리스도교 신앙이 인간의 삶에 던져 주는 빛을 탐구했다.[8] 특히 루터파 목사였던 니버는 인간을 "의인인 동시에 죄인"(simul justus et peccator)으로 이해하면서 인간의 자유, 존엄, 가치를 인정하되, 인간의 도덕적 모호성, 불행, 위엄의 불안한 특성도 함께 지적했다. 또한 인간이 물리적으로 자연법에 종속되므로 변화, 인과법칙, 충동, 수명의 한계 등에 지배되지만, 정신적으로는 자연, 이성, 초월의 능력을 지닌다고 주장했다.[9] 이런 인간 이해는 죄에 대한 분석으로 이어졌다. 니버에 따르면, 인간은 자연과 영의 변증법적 대립 속에서 근심하며 죄를 범한다. 이때 인간이 자유와 책임을 부인하고 동물적 본성으로 퇴각하는 죄가 '관능'(sensuality)이며, 자신의 한계를 부인하고 독립을 추구하는 죄가 '자만'(pride)이다. 결국, 인간의 삶과 역사에는 궁극적 의미가 존재하지 않고, 하나님이신 예수 그리스도 안에서만 그것을 발견할 수 있다. 이 진리는 십자가를 통해 명백히 드러났다. 궁극적으로, 역사가 완성되는 종말까지 인간의 이런 역설적 상황은 지속되겠지만, 인간은 개인적 차원에서는 사랑을, 집단적 차원에서는 정의를 추구해야 한다. 결국 니버의 신학은 "불가능한 가능성"(impossible possibility)에 대한 고집스러운 탐구였다.[10]

과정신학

과정신학(Process Theology)은 1930년대 초 미국 시카고대학 신학부 교수들을 중심으로 출현했다. 하버드대학 철학 교수 알프레드 화이트헤드(Alfred North Whitehead, 1861-1947)의 과정철학 개념을 활용하여 그리스도교 신학을 재구성한 것이다. 화이트헤드 철학의 두 요소, 즉 합리적 요소와 경험적 요소 중 어떤 것을 중시하는가에 따라 과정신학은 세 가지 흐름으로 분화되었다. (1) 합리주의적 전통 (2) 경험주의적 전통 (3) 화이트헤드의 사상체계를 그리스도교 신학적 방향에서 취급하려는 경향. 또한 과정신학은 시기적으로 1세대와 2세대로 구분되는데, 1세대 과정신학자들은 시카고대학 교

과정철학자 알프레드 화이트헤드

수였던 찰스 하트숀(Charles Hartshorne), 헨리 위맨(Henry N. Wieman), 대니
얼 윌리엄즈(Daniel D. Williams), 버나드 루머(Bernard Loomer), 버나드 밀랜드
(Bernard Meland)였다. 후에 이들이 다른 대학으로 직장을 옮기면서 과정신
학이 미국 전역으로 확산되었다. 한편 제2세대 과정신학자로는 슈버트 오
그덴(Schubert M. Ogden), 존 캅(John B. Cobb Jr.), 노먼 피텐저(W. Norman Pit-
tenger)가 있다.[11]

과정신학의 사상적 원천인 화이트헤드는 영국 출신 수학자이자 철학
자다. 그는 1924년부터 하버드대학 철학과 교수로 재직하면서 《과학과 세
계》(Science and the Modern World), 《과정과 실재》(Process and Reality)를 집필
하여 자신의 과정철학을 발전시켰다. 기본적으로 화이트헤드는 인간을 포
함한 우주의 모든 사물이 성장과 소멸의 과정을 거친다고 믿었다. 그에 따
르면, '생성'은 자아와 개체의 형성 과정이며, '존재'는 한 개체에서 새로운
개체로 전이되는 연속성을 의미했다. 또한 우주는 무수한 사건과 계기로
구성된 유기체로 보았다. 우주의 기본적 구성 요소인 '현실적 존재'(actual
entity)는 양극성, 즉 물극(physical pole)과 심극(mental pole)을 지니며, 시공
간의 모든 영역에 편재하면서 내적으로 서로 연결되어 있다.[12] 한편, 궁극적

실재로서 신은 창조력의 무한한 동인이며, 세계와 상호연관성을 통해 우주의 생성과 존재의 드라마를 연출한다.[13] 다른 존재들처럼 신도 양극성, 즉 원초적 본성(primordial nature)과 결과적 본성(consequent nature)을 지닌다. 원초적 본성(신의 심극)으로서 신은 초월적 존재이며 세계에 영향을 끼치나 자신은 세계로부터 영향을 받지 않는다. 반면, 결과적 본성(신의 물극)으로서 신은 세계와 직접적인 관계를 가지며 이로 인해 신 자신도 계속 변한다.[14]

화이트헤드의 과정철학을 기반으로 과정신학을 탄생시킨 핵심적 인물은 단연 찰스 하트숀이다. 화이트헤드의 영향하에 하트숀도 신의 두 본성을 인정하지만, 그것을 "완전하면서도 상대적"이라는 개념으로 설명했다. 즉, 신은 개체들이 추구하는 최고 가치들을 자신 안에 모두 포용한다는 면에서 모든 피조물을 능가하며 완전하다. 동시에 그런 가치들을 포용하여 자신의 경험이 더욱 풍요롭게 되고, 그 결과 스스로 자신을 능가하므로 상대적이다.[15] 한편, 피조물보다 월등하지만 피조물의 기도와 소원에 의해 자신의 마음을 바꿀 수 있으므로, 신만이 경배와 찬양을 받을 수 있다. 이처럼 신과 세계는 서로를 필요로 하고 영향을 주고받는 동적인 관계에 있다. 결국 하트숀은 하나님이 세계 안에 그리고 세계는 하나님 안에 존재한다고 믿었고, 이것을 '만유재신론'(panentheism)이라 명명했다.[16]

한편, 2세대 과정신학을 대표하는 슈버트 오그덴은 화이트헤드, 하트숀, 하이데거, 불트만 등으로부터 많은 영향을 받았다. 그는 인간의 경험과 관계성에 주목하면서, 하나님의 본성 및 하나님과 세계의 관계를 해명하려 했다. 자아의 기본 범주를 '과정'이나 '창조적 생성'(creative being)으로 규정한 오그덴은 존재의 유비를 통해 하나님을 창조적 생성의 완전한 예, 사회적·시간적 실재로 이해했다. 또한 인간이 자신의 몸과 관계하듯 하나님은 자신의 몸인 세계와 관계하기 때문에 하나님은 불변적인 존재가 아니라 지속적인 자기 창조 과정에 있는, 살아 있는 하나님, 성장하는 하나님[17]으로 보았다.

희망의 신학

1960년대 동안 유럽과 미국은 반전 및 평화운동, 개인의 자유와 사회적 책임에 대한 열망으로 격변의 시간을 보냈다. 이런 상황에서, 신정통주의를 주도했던 거장들이 세상을 떠났고, 젊은 신학자들은 이들을 대체 혹은 극복하기 위한 다양한 신학적 실험들을 대담하고 경쟁적으로 시도했다. 그중 하나가 '희망의 신학'(Theology of Hope)이다. 1965년, 독일 튀빙겐대학의 젊은 조직신학 교수 위르겐 몰트만(Jürgen Moltmann, 1926-)이 《희망의 신학》(Theology of Hope)을 출판하면서 이 새로운 신학의 문을 열었다. 이후 볼프하르트 판넨베르크(Wolfhard Pannerberg, 1928-2014), 독일의 가톨릭 신학자 요하네스 메츠(Johannes Metz, 1928-), 미국 루터교 신학자 칼 브라텐(Carl Braaten, 1929-) 등이 이 운동에 동참하면서, 20세기 주요 신학의 하나로 입지를 굳혔다. 브라텐에 따르면, 희망의 신학은 임마누엘 칸트가 《순수이성비판》에서 제기한 세 가지 질문, 즉 '나는 무엇을 알 수 있는가? 나는 무엇을 해야 하는가? 그리고 나는 무엇을 희망할 수 있는가?'에서 세 번째 질문에 대한 신학적 반응이었다.[18]

이 운동을 주도한 몰트만은 제2차 세계대전에 독일 병사로 참전했다가 포로가 되었다. 그는 포로수용소에서 희망이 삶과 죽음의 분수령으로 기능하는 것을 체험했다. 이후 성서연구를 통해 성서가 하나님의 약속과 인간의 희망으로 구성되어 있음을 발견했고, 튀빙겐에서 함께 가르친 에른스트 블로흐(Ernst Bloch, 1885-1977)의 '희망의 철학'을 도입하여 자신의 신학을 형성했다. 몰트만은 신학의 변방으로 간주되었던 종말론을 신학의 중심으로 초대하여 그리스도교 신학을 재구성했다. "기독교는 하나의 부록이 아니라, 전적으로 종말론이며 희망이고 앞을 향한 전망과 성취이다. 그렇기 때문에 그것은 또한 현재의 혁신과 변화이다."[19] 따라서 신학의 중심은 다가오는 하나님의 '영광의 나라'에 대한 희망이며, 바로 이 희망 때문에 신자는 현재의 십자가를 지며 행복을 누릴 수 있다. 동시에 신학의 과제

'희망의 신학'자 위르겐 몰트만

는 하나님에 의한 세계의 궁극적 변혁을 희망하며 세계를 변혁하는 것이다. 이런 맥락에서 볼 때 하나님은 '미래의 힘' 혹은 절대적 미래에서 역사로 '오시는 하나님'이며, 계시는 사실의 전달보다 믿음과 희망을 불러일으킨다. 이때 믿음은 하나님이 그리스도 안에서 하신 약속에 대한 기대 혹은 희망을 의미하고, 성경은 하나님의 약속의 역사에 대한 증언이며 그 약속에 대한 인간의 반응이다.[20] 이처럼 몰트만은 희망이라는 관점에서 그리스도교 신학의 재구성을 시도했다.

독일 동북지방에서 출생하여 베를린대학과 하이델베르크대학에서 신학을 공부한 판넨베르크는 니체 철학에 심취하였다. 또한 히틀러의 나치 정권과 스탈린의 공산주의를 경험하면서 인간에 의한 어떤 정치 체계도 장차 하나님의 선물로 우리에게 주어질 완전한 인간사회의 구조를 제대로 반영할 수 없다는 결론에 도달했다.[21] 몰트만처럼 판넨베르크의 신학도 철저하게 종말에 관심을 집중했고, 종말에 실현될 하나님 나라가 그의 신학의 토대를 구성했다. 그에 따르면, 하나님 나라가 묵시문학과 예수의 가르침에 이미 나타났으며, 하나님 나라에 대한 성경적 메시지는 시종일관 종말론적 지향성을 지닌다. 즉, 예수의 죽음과 부활을 통해 미래의 종말적 사건들이 예기되고 선취되었으므로, 그리스도교 공동체는 예수의 초림(初臨)에서 시작된 하나님의 다스림이 완성될 그날을 희망하며 살아야 한다. 이런 맥락에서 판넨베르크는 역사를 계시로 이해했고, 하나님 나라의 종말론적 완성을 기대하는 희망의 백성으로서 그리스도교 공동체는 본질적으로 역사적이고 종말론적인 '진리'를 비판적 기준에 따라 합리적으로 탐구해야 한다고 주장했다. 그에게 신학은 "공공의 작업이며 합리적인 노력"이었다.[22]

세속화신학

제1차 세계대전이 신정통주의 신학의 탄생 배경이 되었다면, 세속화신학(Secular Theology)은 제2차 세계대전 이후 변화된 환경에 대한 신학적 성찰의 결과로 탄생했다. 제2차 세계대전 이후, 서구사회에서는 세상에 대한 관심이 급증했다. 냉전체제 속에 민주주의와 자본주의가 빠르게 확산되면서 자율, 자유, 책임의 중요성이 강조되었다. 이런 상황에서, 타율과 권위, 종속과 내세를 강조하는 전통 신학에 대한 근본적인 회의와 질문이 제기되었다. 특히, 젊은 신학자들은 기존 신학이 전쟁을 막지 못했으며, 전후 시대의 복잡한 사회·정치적 문제들에 적절한 해답도 제공하지 못했다고 비판했다.

이런 상황에서, 히틀러 정권에 도전했다가 처형된 디트리히 본회퍼(Dietrich Bonhoeffer, 1906-1945)의 《옥중서신》(Widerstand und Ergebung)이 독일어와 영어로 연이어 출판되었다. 이 책에서 본회퍼는 "무종교시대"와 "무종교적 그리스도교"라는 혁명적 개념을 제시했다. 이것은 '성인 된 세계'와 '성서적 개념의 비종교적 해석'이라고도 불린다. 즉, 본회퍼는 인간이 더 이상 하나님이나 종교에 의지하지 않고 스스로 문제를 해결하는 성인된 세계에 도달했다고 선언했다. 이어서 인간의 몸을 입은 하나님이자 타자를 위해 존재하는 인간 예수 그리스도로 모든 것을 해석하는 '비종교적 해석'을 제안하면서, 진정한 그리스도인은 그리스도를 따라 이 세상에서 하나님의 고난에 동참해야 한다고 주장했다.[23] 본회퍼 외에도, 성경의 비신화화를 추구한 불트만과 전통적 신학 개념의 재번역을 요청한 틸리히도 세속화신학의

세속화신학자 존 로빈슨과 하비 콕스

탄생에 결정적인 영향을 끼쳤다.[24]

　　이처럼 세속화신학은 1950년대 초반부터 모습을 드러냈지만, 학계에서 본격적으로 논의되기 시작한 것은 1960년대부터이다. 선구자는 영국의 신약학자이며 울위치 성공회 감독인 존 로빈슨(John A. T. Robinson, 1919-1983)이다. 로빈슨은 1963년 《신에게 솔직히》(Honest to God)를 출판했다. 이 책에서 그는 자신이 틸리히, 불트만, 본회퍼에게 큰 영향을 받았다고 고백하면서 전통적 교리를 현대적 언어로 재진술하려고 했다. 로빈슨은 세상을 거룩한 곳으로 이해하고, 교회와 세상, 성과 속, 종교와 일상생활에 대한 모든 이분법을 거부했다. 동시에 틸리히의 영향으로, 하나님을 "모든 존재의 무한한 깊이" 혹은 "궁극적 관심"으로 이해했고, 예수를 "남을 위한 존재, 사랑에 완전히 사로잡힌 사람"으로, 예배를 "세속적인 것 속에서 그리스도를 만날 수 있도록 자신을 열어 놓는 것"으로, 그리고 기도를 "이 세상을 통해 하나님에게 향하는 것"으로 각각 정의했다.[25]

　　로빈슨의 《신에게 솔직히》에 이어, 하버드대학의 하비 콕스(Harvey Cox, 1929-)가 1965년 《세속도시》(The Secular City)를 출판했다. 콕스는 인류 역사를 세속화 과정으로 이해하면서, 그 진행 과정을 '씨족문화 → 소도시문화 → 기술도시문화'로 구분했다. 현대가 바로 기술도시문화 시대이며, 여기서 세속도시가 탄생했다. "세속화는 한 사회의 모든 부문에서 어린아이 같은 의존을 제거함을 뜻한다. 도시화란 인간의 상호성이라는 새로운 패턴을 형성함을 뜻한다."[26] 이 시대에는 신과 인간이 수평적·평면적 관계를 맺으며, 인간은 세상적인 것에만 관심을 집중한다. 한편, 콕스는 성서적 신앙이 역사에 영향을 끼쳤다고 확신하면서, 세속화의 중요한 세 흐름, 즉 마력에서 해방, 정치의 비신성화, 가치의 상대화가 성서에서 기인했다고 주장했다. 그러므로 그리스도인은 세속화에 반대하는 대신, 오히려 세속화의 적극적 육성에 기여해야 한다고 보았다. 교회는 세상에서 하나님의 활동을 분별하고 동참해야 하며, 신학은 본질적으로 사회변혁적이어야 한다. 이것이 바로 그리스도교의 세속화이다.[27]

사신신학

본회퍼가 제시한 무종교의 시대, 성인된 세계, 성서적 개념의 비종교적 해석의 개념은 1960년대 미국의 젊은 신학자들에 의한 '사신(死神)신학'(the Death of God theology)의 출현에도 결정적인 동인이 되었다. 특히 1961년이 결정적인 해였다. 윌리엄 해밀턴(William Hamilton, 1924-2012)이 1961년 《기독교의 새로운 본질》(The New Essence of Christianity)을 출판했는데, 이 책에서 니체, 카뮈, 틸리히 등의 사상에 근거하여 '신의 죽음'이라는 개념을 소개했다. 폴 반 뷰렌(Paul Matthews van Buren, 1924-1998)도 같은 해 《복음의 세속적 의미》(The Secular Meaning of the Gospel)를 출판했고, 하나님을 죽은 언어로 규정하고 휴머니즘적 형태의 그리스도교 신학을 추구했다. 그뿐만 아니라, 가브리엘 바하니안(Gabriel Vahanian, 1927-2012)도 1961년 출간한 《신의 죽음》(The Death of God)에서 현대를 "종교적·문화적으로 그리스도교가 사멸한 기독교 이후 시대"라고 규정하고 그리스도교를 과학과 기술로 대체하려 했다.[28]

이런 충격적 발언들은 곧 언론의 주목을 받았다. 〈타임〉이 1965년 10

월과 1966년 4월 연속으로 "하나님은 죽었는가?"(Is God Dead?)라는 제목으로 이 새로운 신학 현상을 집중 보도했다.[29] 이어서 1966년 해밀턴과 토마스 알타이저(Thomas J. J. Altizer, 1927–2018)가 함께 쓴 《급진 신학과 신의 죽음》(Radical Theology and the Death of God), 그리고 알타이저의 《기독교적 무신론의 복음》(The Gospel of Christian Atheism)이 잇따라 세상에 나오면서 사신신학은 학계의 뜨거운 감자로 급부상했다. 이 신학을 해밀턴과 알타이저가 주도했기 때문에 "이 운동은 그저 윌리엄 해밀턴과 토마스 알타이저로 구성된 2인 쇼"라는 평가를 받았다.[30]

콜게이트로체스터신학교에서 가르쳤던 해밀턴은 하나님의 죽음을 과거 200년간 유럽과 미국에서 발생한 역사적·문화적 사건으로 해석했다. 성인이 된 인간에게는 자신의 절망과 불안을 극복하기 위해 하나님이 더 이상 필요치 않다고 확신한 해밀턴은 "당신의 형제, 자매들을 돕기 위하여 당신이 할 수 있는 일이 있다면 그것은 그들에게서 신들을 제거함으로써 그들이 가진 무기가 유일신론과 함께 있을 때보다 더 예리하도록 만드는 것"이라고 주장했다.[31] 이 같은 초월적 하나님의 부재 상태에서, 인간은 '윤리적 이상이며 타자를 위한 인간'인 예수 그리스도를 따라야 한다는 것이 해밀턴의 제안이다.

한편, 에모리대학 교수였던 알타이저는 해밀턴보다 더 급진적인 입장을 견지했다. 그는 현대를 "하나님이 죽은 시대, 즉 기독교가 지나간 시대"로 진단했는데,[32] 바울의 '케노시스'(kenosis) 개념을 토대로 자신의 주장을 전개했다. 즉, 알타이저는 예수의 성육신과 십자가 사건에서 하나님의 죽음이 발생했다고 선언했다. 신의 죽음을 문화적 사건으로 본 해밀턴과 달리, 알타이저에게 신의 죽음은 역사적 사건이었다. 하지만 성육신을 '신의 자기 소멸'(self-annihilation)이라고 명명하면서, 알타이저는 초월자로서 하나님은 죽었지만 내재자로서 하나님은 그리스도의 성육신 사건 속에서 다시 태어났다고 주장했다.

이 세상과 역사 안에서 행동하는 하나님은 점진적이지만 결정적으로 자기 자신의 본래적인 총체성을 소멸하심으로써 자기를 부인하는 하나님이다. 하나님은 '아래로 떨어지는' 혹은 '하강하는' 총체성인데, 그 하강을 통해 그의 본래적 정체의 정반대 국면으로 점점 완전히 옮겨 간다. 하나님 혹은 이 신은 그의 본래적 모습으로부터 거슬러 감으로써 그리스도 안에 나타난 하나님이다. 이러므로 성령이 육신이 되듯 초월성이 내재성이 되는 것이다.[33]

해방신학

15세기 스페인과 포르투갈의 식민지로 전락한 이후, 라틴아메리카는 정치·경제·종교적으로 수탈과 억압의 세월을 보냈다. 특히 20세기에 라틴아메리카의 각국 정부들이 군부독재하에서 근대화를 추진하면서 정치적 억압과 경제적 빈곤이 심화되었다. 이런 환경에서 로마 가톨릭교회는 부패한 정부와 유착관계를 유지하며 불의한 체계를 옹호하고 막대한 특권을 향유했다. 이때 제2차 바티칸공의회가 개최되어 로마 가톨릭교회 내부에서 새로운 바람이 불기 시작했다. 유럽에서는 요하네스 메츠와 위르겐 몰트만의 정치신학이 큰 영향을 끼치기 시작했고, 마르크스주의도 냉전체제에서 새롭게 주목받았다. 마침내 1968년 콜롬비아 메데인에서 열린 제2차 라틴아메리카 주교회의에서 비참한 라틴아메리카 상황을 직시하고 교회의 시대적 책임을 촉구하는 문서가 채택되었다. 이 문서는 해방신학의 토대가 되었으며, 페루의 사제이자 신학자 구스타보 구티에레스(Gustavo Gutiérrez, 1927-)가 1971년 《해방신학》(A Theology of Liberation)을 출판하면서 해방신학(Liberation Theology)의 막이 올랐다.[34]

이처럼 해방신학은 "라틴아메리카와 제3세계 나라들에서 발생한 운동으로, 가난한 사람들의 경험과 그들의 해방을 위한 투쟁을 준거점으로 삼는 신학운동이다."[35] 구티에레스 외에, 브라질의 레오나르도 보프(Leonardo Boff), 우루과이의 후안 세군도(Juan Luis Segundo), 엘살바도르의 혼 소브리노(Jon Sobrino)는 로마 가톨릭교회에서, 브라질의 루벰 알베스(Rubem

해방신학자 구스타보 구티에레스

Alves), 아르헨티나의 호세 보니노(Jose Miguez Bonino), 미국의 밀라드 숄 (Millard Richard Shaull)은 개신교회에서 해방신학을 주도했다.

페루의 가난한 가정에서 태어난 구티에레스는 프랑스 리옹대학에 서 신학 박사학위를 취득했다. 페루의 빈민들 사이에서 교구 목회를 하면 서, 전국가톨릭학생연합 담임신부로도 사역했으며 체 게바라(Che Guevara, 1928-1967)와 카밀로 토레스(Camilo Torres, 1929-1966) 같은 혁명가들과 친분 을 쌓았다. 이런 환경에서 그의 해방신학이 구성되고 발전하다 보니 자연스 럽게 구티에레스는 라틴아메리카가 처한 상황에서 제기된 문제들을 신학 의 대상과 주제로 삼게 되었다. 그리고 그 상황에서 가장 중요한 문제는 '빈 곤'이었다. 그러므로 빈곤의 원인을 규명하고 해법을 탐구하는 것이 해방신 학의 중심 과제였다. "우리가 직면한 상황은 인간의 존엄이나 그들의 최소 한의 필요에 대해서는 전혀 고려하지 않기 때문에, 그들의 생물학적 생존이 나 기본적인 자유 내지는 자율의 권리를 도모하지 않고 있다."[36] 따라서 해 방신학이 추구하는 신학과 선교는 '가난한 사람들에 대한 우선적 선택'에 서 시작한다. "가난한 자들이 선취권을 갖는 것이 마땅한 것은 그들이 도덕 적으로나 종교적으로 다른 이들보다 더 낫기 때문이 아니라, 하나님의 눈에 '나중 된 자가 먼저 된 자'로 보이기 때문이다."[37] 신학은 가난한 자들의 해방을 위한 헌신에서 비롯된다고 믿으면서, 구티에레스는 신학적 성찰과 신학적 실천(praxis)이 분리될 수 없다고 강조하고, 이런 현실 분석과 변혁의 도구로 마르크스주의를 활용했다. "현 체제를 와해시키고 새로운 사회주의 사회를 건설하는 것이 그의 이름으로 냉수 한 그릇이라도 주라는 예수의 명령을 성취하는 최선의 길"이라고 믿기 때문이다.[38] 이런 문제의식과 실천을 통해, 그는 인간 실존의 모든 측면을 포괄하는 '총체적 해방'을 추구했다. 이것은 곧 "사람들을 억압하고 착취하며 소외시키는 불의한 사회체제를 폐지하는 것"이다.[39]

여성신학

여성신학(Feminist Theology) 역시 1960년대 미국에서 시작되었다. 19세기 후반부터 활발히 전개된 여성운동은 여성의 참정권을 헌법으로 보장한 미국수정헌법 제19조가 1920년에 통과되면서 절정에 달했다. 1963년 베티 프리댄(Betty Friedan, 1921-2006)이 《여성의 신비》(The Feminine Mystique)를 출판하면서 미국의 여성운동은 더욱 고조되었다. 동시에 미국 사회를 흔들고 있던 흑인운동과 라틴아메리카에서 유입된 해방신학도 여성신학자들에게 자극과 영감을 주었다. 그 결과, 전통 신학과 교회 제도, 그리고 성경 본문 자체에 존재하는 성차별적·여성 억압적 요소들을 지적하고, 여성의 관점에서 이런 문제들을 성찰하고 대안을 제시하는 노력들이 이어졌다. 파멜라 영(Pamela Dickey Young)의 정의처럼, "억압받는 집단으로서 여성의 입장에서 기독교 신앙을 적절하게 명시하려는 시도"로 여성신학이 탄생한 것이다.[40]

여성신학의 기원이 되는 논문은 1960년 발표된 발레리 세이빙(Valerie Saving, 1921-1992)의 "인간의 상황: 여성적 관점"(The Human Situation: A Feminine View)이다. 이 논문에서 세이빙은 당대 신학의 여성 차별적 특성을 심리학적 관점에서 비판했다. 이 논문은 여성신학을 본격적으로 전개한 메리

데일리(Mary Daly, 1928-2010)에게 영향을 끼쳤다. 데일리는 제2차 바티칸공의회에 참석한 후, 로마 가톨릭교회에 만연한 여성 차별을 비판하는《교회와 제2의 성》(The Church and the Second Sex, 1968)을 출간하여 기성 교회와 학계에 큰 파장을 일으켰다. 그녀의 뒤를 이어 로즈마리 류터(Rosemary R. Reuther, 1936-), 레티 러셀(Letty M. Russell, 1929-2007), 엘리자베스 피오렌자(Elisabeth Schüssler Fiorenza, 1938-) 등에 의해 여성신학은 미국뿐 아니라 세계적으로 주목을 받았다.

한국염에 따르면, 일반적으로 "여성신학은 성경과 기독교 전통에 대한 입장, 하나님과 예수의 상징을 어떻게 인식하느냐에 따라" 성경적(biblical), 개혁적(reformist), 급진적(radical) 입장으로 구분된다.[41] '성경적 입장'은 성경이 가부장문화의 산물이지만 본질적으로 성차별적 전통이 아니라 해방 전통이라고 주장한다. 이 입장을 대표하는 레티 러셀과 필리스 트리블(Phyllis Trible, 1932-)은 가부장적 언어로 포장되어 있는 성경적 메시지를 중성적 언어로 바꾸자고 제안하고,[42] 구약성서에서 발견되는 하나님의 여성적 상징(출산하는 하나님, 젖을 먹이시는 하나님 등)을 소개하며 성을 초월한 존재로서 하나님을 입증하려고 노력했다.[43]

한편, '개혁적 입장'은 그리스도교의 모든 상징을 페미니즘적 관점에서 재구성하는 데 관심을 집중한다. 이 진영에는 로즈마리 류터와 엘리자베스 피오렌자가 속한다. 류터는 예수의 성육신 사건을 인간과 자연을 포함한 총체적 해방 사건으로 이해하고, 교권적 계급주의와 이원론에 물든 전통 신학을 비판했다.[44] 피오렌자는 초기 그리스도교가 완전한 평등 공동체였다고 주장하면서, 그리스도교 전통에서 영웅적으로 활동했던 여성들을 발굴하는 데 힘을 쏟았다.[45]

끝으로, '급진주의적 입장'은 성경과 그리스도교 전통이 근본적으로 여성 차별적이므로 여성해방을 위해서는 그리스도교 전통과 완전히 결별해야 한다고 주장한다. 이들은 하나님을 가부장적 남성 신으로 해석하여 거부한다. 그 대신, 궁극적 실재를 '여신'(Goddess)이라고 명명하며 여성의 인식 능력이나 방법이 남성의 것보다 우월하다고 주장한다. 메리 데일리와

여성신학을 본격적으로 전개한 메리 데일리

캐럴 크라이스트(Carol Christ, 1945-), 메를린 스톤(Merlin Stone, 1931-2011) 등
이 이런 입장을 대변했다.[46]

 흑인신학

흑인신학(Black Theology)은 1960년대 마틴 루터 킹 2세 목사의 주도하에 진
행되던 민권운동에 대한 신학적 반응으로 출현했다. 하지만 그 기원은 좀
더 오래되었고, 다양한 신학적 영향하에 형성되었다. 즉, 흑인들이 서아프리
카에서 노예로 미국에 끌려온 후, 이들의 사회·경제적 고난의 경험은 '흑인
영가'(negro spiritual)를 통해 종교·문화적으로 승화되어 흑인들의 삶에 내재
되고 후세대로 전달되었다. 이런 상황에서, 1960년대 민권운동이 절정에 달
하고 본회퍼의 신학과 해방신학이 미국 신학계를 강타했다. 결국, 일군의 목
회자와 신학자들이 흑인들의 경험과 현실을 직시하고 성경과 하나님, 구원
의 의미를 재구성하면서 독립된 신학으로서 흑인신학이 탄생한 것이다. 이
신학은 여러 면에서 남미 해방신학과 유사하지만 중요한 차이점도 있다. 남

흑인인권운동가 마틴 루터 킹 2세

미 해방신학이 가톨릭 신학의 한 형태이며 유럽 사상의 영향을 깊이 받은 반면, 흑인신학은 시종일관 미국 개신교 내에서 발생한 신학 현상이다. 일군의 흑인 교회 지도자들이 1969년 발표한 다음 글에 이런 흑인신학의 특징이 명료하게 드러난다.

> 흑인신학은 흑인의 해방신학이다. 그것은 예수 그리스도 안에 나타난 하나님의 계시의 빛 안에서 흑인의 상황을 측정함으로 흑인사회로 하여금 복음은 흑인이 성취하고자 하는 것과 일치함을 보도록 하려는 것이다. 흑인신학은 '흑인성'(blackness)의 신학이다. 그것은 흑인을 백인의 인종 차별주의로부터 해방시킴으로써 백인과 흑인 모두에게 진정한 자유를 제공하려는 흑인들의 선언이다. 그것은 백인의 억압에 의한 침해에 대하여 '아니요'라고 말함으로써 백인의 인간성을 긍정한다.[47]

초창기에 주목할 만한 논문은 1964년 조셉 워싱턴(Joseph R. Washington)이 발표한 "흑인 종교: 미국의 흑인과 그리스도교"(Black Religion: The Negro and Christianity in the United States)이다. 그는 흑인 그리스도인들이 인

'흑인신학'자 제임스 콘

종분리적 예배를 포기하고 백인 교회와 연합할 때 흑인들의 물질적 소득과 영적 성장을 함께 성취할 수 있다고 주장했다. 하지만 1960년대 후반에는 이런 식의 통합 논의보다 백인 교회에 대한 호전적 태도가 강화되기 시작했다. 이런 변화를 대표하는 저서가 1968년 출판된 앨버트 클리지(Albert B. Cleage, 1911-2000)의 설교집이다. 클리지는 모든 흑인에게 백인의 노예라는 정체성을 극복하고 흑인 국가를 위해 헌신하라고 촉구했다. 백인 교회를 향한 이런 공격이 1970년대에도 지속되었지만 영향력은 빠르게 약화되었다. 그 대신, 미국 교회의 보수화 경향이 강화되고 흑인 내부 분열이 가속화되면서, 흑인신학자들은 다른 지역에서 전개되던 해방신학들과 교류하기 시작했다.

이런 흑인신학의 발전 과정에서 가장 중요한 신학자는 단연 유니온신학교 조직신학 교수 제임스 콘(James H. Cone, 1936-2018)이다. 그는 남부에서 성장하며 억압받는 흑인의 삶을 직접 체험했고 노스웨스턴대학에서 박사학위도 취득했다. 따라서 흑인들의 비극적 경험을 온전한 감정이입 속에 신학화할 자격과 능력을 갖추었다. 그는 1969년《흑인신학과 블랙파워》(*Black*

Theology and Black Power)를 발표하여 백인이 지배하던 미국 신학계에 큰 충격을 주었다. 콘은 모든 수단을 동원하여 흑인을 백인의 압제에서 해방하고 흑인의 존엄성을 확립하기 위해 예수 안에 나타난 하나님의 계시의 빛 안에서 행하는 흑인 상황 분석을 흑인신학으로 이해했다. 그는 백인의 인종차별을 죄의 근원적 형태로 간주했으며, 그리스도가 흑인이므로 교회도 흑인과 자신을 동일시하여 흑인이 되어야 한다고 주장했다. 콘은 다음 해《흑인해방신학》(*A Black Theology of Liberation*)을 출판하여 이전의 생각을 한층 심화시켰다. 즉, 인간이 억압받는 모든 상황 가운데 함께하시는 하나님은 흑인적이며, 신약성서에서 '억압받는 사람들의 대표자'(Oppressed One)로 제시되는 예수도 하나님의 계시이며 흑인 메시아라고 선언했다. 그의 관점에서 흑인 혁명은 "하나님 나라가 미국의 한 현실이 되는 것"이었다.[48]

민중신학

한국 사회는 1970년대 박정희 정권의 유신체제하에서 경제적 고속성장과 민주주의의 억압을 함께 경험하며 극단적인 변화와 혼란의 터널을 통과했다. 이런 모순과 억압에 대한 저항이 학생과 노동자, 정치가와 종교인들을 중심으로 줄기차게 터져 나왔다. 1970년 평화시장 앞에서 분신한 노동자 전태일(1948-1970)의 죽음은 이 시대의 비극적 상징이다. 이런 상황은 민중에 대한 학계의 관심을 촉발했다. 즉, 군사정권에 저항한 함석헌의 '씨올 사상', 김지하의 담시(譚詩) "장일담"으로 대변되는 민중문학, 탈춤과 판소리 같은 민중예술, 무속·동학·미륵신앙 등의 민중종교에 대한 관심이 학계에서 고조된 것이다. 이런 사회·사상적 상황을 배경으로 서남동, 안병무, 현영학, 김용복, 서광선 등의 주도하에 민중신학(Minjung Theology)이 탄생했다.[49]

    당시 민중신학자들 대부분은 유신체제에 저항하여 해직·투옥된 진보적인 신학자들이었다. 이들은 민중을, 넓은 의미로는 "정치적 억압과 사회·문화적인 소외, 경제적 수탈을 당하는 인간 집단"으로, 좁은 의미로는 "노동자와 농민, 도시 빈민"으로 정의했다.[50] 이후 민중신학자들은 민중을 주제로 다양하고 역동적인 신학 작업을 추진했다. 마침내 1979년 한국기독교교회협의회가 주최한 국제신학심포지엄의 준비 과정에서 이 새로운 신학을 '민중신학'으로 명명했고, 이 심포지엄에서 발표된 논문들이 1982년 《민중과 한국 신학》이라는 단행본으로 출판되어 영어로도 번역되었다. 이로써 민중신학이 세계 신학계에 본격적으로 소개되기 시작했다.

민중신학의 서막을 연 사람은 서남동(1918-1984)이다. 조직신학자 서남동은 1975년 "예수, 교회사, 한국 교회"라는 논문을 발표했다. 이 글에서 "부자와 가난한 자, 누르는 자와 눌린 자 사이의 화해는 있을 수 없음"을 강조하면서, 민중이 신학의 중심 주제가 되어야 한다고 제안했다.[51] 1979년 발표한 "두 이야기의 합류"에서는 민중신학의 전거(典據, reference)를 '성서적 전거, 교회사적 전거, 한국민족운동사적 전거'로 구분했다. 이어서 성서가 절대적 표준이 아니라 여러 전거 중 하나라고 선언하면서, 상황(context)이 텍스트(text)가 되고 성서(text)가 콘텍스트(context)가 되어야 한다고 주장했다. 동시에 "기독교 민중전통과 한국의 민중전통이 현재 한국 교회의 '신의 선교' 활동에서 합류되는 것으로 증언하는 것"을 민중신학의 과제로 제시했다.[52]

한편, 민중신학은 안병무(1922-1996)에 의해 크게 발전했다. 그는 1975년 "민족, 민중, 교회"라는 제목의 강연에서 민중과 민족의 차이를 강조하며, 민중이 민족보다 더 근원적인 존재로서 민족의 실체라고 주장했다. 동시에 홍경래사건, 동학혁명, 3·1운동, 4·19혁명을 지배계급의 수탈에 대한 민중저항운동의 전형으로 제시했다. 1979년 발표한 "예수와 민중—마가복음을 중심으로"에서는 마가복음에서 예수 주변에 머물던 사람들을 지칭하는 그리스어 단어 '오클로스'에 주목했다. 이들은 흔히 가난하고 병든 사람들, 죄인과 세리, 창녀, 갈릴리 사람들이었는데, 이 오클로스를 '민중'으로 번역했고, 예수는 이들의 새 나라를 위해 싸운 메시아였다고 결론을 내렸다.[53] 그뿐만 아니라 안병무는 '집단적 역사성'이라는 관점에서 민중과

대표적 민중신학자 서남동과 안병무

예수를 동일시하여, 민중과 예수가 불가분의 관계에 있으며 예수를 하나의 인격체가 아닌 집단으로 이해할 때 민중이 집단적으로 예수의 역사성을 지닌다고 주장했다.[54] 이처럼 안병무에게 민중은 역사, 민족, 신학의 핵심이었다.

평가와 전망

복음과 상황은 분리될 수 없다. 하나님의 천지창조와 예수 그리스도의 성육신에 대한 성경의 기록 자체가 이런 현실에 대한 신적 인정의 증거다. 하지만 근대 이전의 신학은 이런 현실보다 초월적·형이상학적 탐구에 관심을 집중했다. 따라서 복음과 상황은 분리되고, 신학의 관심과 기능도 비현실적일 수밖에 없었다. 그러나 18세기 계몽주의와 과학혁명의 영향으로 신학은 지각변동을 경험했다. 세상에 대한 교회의 지배가 막을 내리고, 신학도 학문의 중심부에서 밀려났다. 이성과 과학의 도전, 혁명과 전쟁의 위협 앞에서 신학은 용감하게 대응하든가, 아니면 현실을 외면하고 퇴각해야 했다. 20세기 신학에는 이런 도전과 위협에 용감하고 진지하게 대응한 신학들이 대거 출현했다.

이 새로운 신학들은 인간이 처한 새롭고 위태로운 현실에 관심을 집중하고, 현실에서 발생한 난해한 질문들에 대한 신학적 해답을 탐구했다. 제1차 세계대전은 인간과 역사에 대한 19세기의 낙관적 기대를 붕괴시켰다. 실존주의자들은 이런 파괴적 현실에서 존재의 이유와 의미를 탐구하기 위해 분투했다. 동시대를 살았던 신정통주의자들도 그들의 영향을 일정 부분 수용하면서, 인간의 본질과 종교의 의미를 정직하고 치열하게 고민했다. 제2차 세계대전 이후 세상은 또다시 격변의 소용돌이에 휩말렸다. 제국주의의 종말은 세계 도처에서 해방과 자유의 물결을 거세게 일으켰고, 식민지의 정치적 해방은 인종과 성, 계급의 해방으로 이어졌다. 이런 해방의 몸부림은 다양한 형태의 해방신학을 탄생시켰다. 이로써 신학은 인간의 구체적 현실을, 현실 밖의 초월적 주제가 아니라 관심의 대상이자 사색의 내용으로 포용하기 시작했다.

20세기에 출현한 용감하고 실천적인 신학들은 현실의 문제에 대한 구체적 해법을 제공하기 위해 당대의 다양한 학문들과 적극적으로 교류했다. 물론 신학은 오랫동안 당대의 지배적인 철학들과 긴밀한 관계를 유지해 왔다. 5세기의 아우구스티누스가 신플라톤주의를, 12세기의 아퀴나스가 아리스토텔레스 철학을 적극 수용한 것이 대표적일 것이다. 하지만 20세기에 출현한 새로운 신학들은 훨씬 다양한 영역의 사상들, 특히 철학과 사회학, 심리학, 정치학, 경제학 등과 적극 교류하며 깊이 영향을 받았다. 신정통주의자들은 대체로 당대의 지배적인 철학사조였던 실존주의에 깊은 영향을 받았다. 희망의 신학을 주창한 몰트만은 마르크스 철학자 에른스트 블로흐에게, 판넨베르크는 니체에게 사상적 영감을 받았다. 과정신학자들은 과정철학자 화이트헤드에게, 남미 해방신학은 마르크스 철학에 큰 빚을 진 것이다.

20세기 신학은 전통 신학과 상당한 차이를 보이면서, 신학의 본질과 역할 면에서 새로운 방향을 선택했다. 가장 중요한 차이는 성경의 권위와 역할이 크게 약화된 것이다. '말씀의 신학'으로 불린 신정통주의도 기본적으로 성서비평학을 수용하면서, 성경해석과 적용에서 근본주의 진영과 큰 차이를 보였다. 흑인신학과 여성신학은 자신의 권리 주장을 위해 전통적 성경 해석과 매우 다른 해석을 시도했으며, 급진적인 진영에서는 전통적 신 개념에 사형선고를 내리고 그리스도교와의 관계마저 부정하는 인물까지 출현했다. 해방신학은 성경과 함께 마르크스주의도 적극적으로 수용했으며, 민중신학은 성경을 여러 신학 전거 중 하나로 간주함으로써 이런 흐름에 동참했다. 결국, 20세기 신학이 인간에 대한 새로운 이해, 약자들의 해방과 자유, 세속화 속에서 그리스도교의 재구성에 관심을 집중하고, 성경에 대한 기존 연구방법이나 해석의 경계를 초월하면서 이런 현상의 발생은 불가피해 보였다.

20세기 신학의 용감하고 창의적인 실험은 신학과 세상의 간격을 크게 좁혔으나, 신학이 인간 일반에 대한 보편적 사색보다 구체적 쟁점에 대한 현실적 해법을 추구함으로써 신학의 파편화·유행화 현상이 급증했다. 20세기 과학기술의 발전은 세계의 지리적·문화적 간격을 크게 줄였고, 동시에 제국주의 붕괴와 민주주의 확대는 사상과 문화의 다양화를 크게 신장시켰다. 이런 변화에 적응하면서 자신의 존재이유를 확립해야 했던 신학은 '필요하지만 위험한' 실험을 반복했다. 그 결과, 대단히 다양한 방법과 주제로 구성된 많은 신학이 동시다발적으로 출현했다. 이로써 신학은 훨씬 더 현실적이면서 풍요로워졌다. 단순한 사색의 영역을 넘어 영웅적 실천까지 포괄함으로써, 신학의 내용과 역할도 근본적으로 변했다. 하지만 이런 신학의 현실화, 구체화, 다양화 현상은 결국 어떤 신학도 보편적 타당성을 확보하지 못한 채, 신학의 파편화, 유행 신학의 범람, 신학의 정체성 혼란을 야기했다.

20세기에 탄생한 신학이 21세기에는 어떤 모습으로 진화할지 아무도 예측할 수 없다. 그럼에도 20세기에 시작된 신학적 고민과 변화는 21세기에도 한동안 지속될 것으로 보인다. 즉, 서구사회를 중심으로 세속화 과정은 더욱 심화될 것이나, 종교와 신학에 대한 관심은 계속 약화될 것이다. 이런 현실에서 세속화신학과 해방신학의 실험과 진화는 더욱 가속화될 것이고,

이에 대한 반작용으로 근본주의 진영의 반격도 더욱 거세질 전망이다. 동시에 그리스도교의 중심축이 남반구로 빠르게 이동하면서, 신학의 중심에도 주목할 만한 변화가 생길 것이다. 특히, 아프리카, 남미, 아시아의 경제적 빈곤과 정치적 혼란 그리고 문화적 특성은 성, 인종, 계급, 민족에 대한 20세기 신학의 고민과 투쟁에 계속 기름을 부을 것이고, 이 지역 출신 신학자들의 목소리와 권위도 꾸준히 향상될 것이다. 이런 변화는 교회와 신학의 본질과 기능에 극적인 변화를 가져올 수밖에 없다. 비록 그 변화의 속도와 내용을 정확히 예측하기는 어렵지만, 변화 자체를 저지하거나 거부하는 것은 불가능할 것이다. 부디 그 변화가 성령의 빛 안에서 인간의 "정직한 인식과 열린 상상력"에 근거한 신학의 르네상스로 이어지길 소망한다.[55]

주

1 —— 제임스 C. 리빙스톤,《현대 기독교 사상사》(서울: 은성, 1993), 144-177.

2 —— 스탠리 그렌츠·로저 올슨,《20세기 신학》(서울: IVP, 1997), 120-133; 목창균,《현대신학 논쟁》(서울: 두란노, 1995), 153-169.

3 —— 윌리엄 A. 스코트,《개신교 신학 사상사》(서울: 대한기독교출판사, 1987), 242-261; 목창균,《현대신학논쟁》, 173-190.

4 —— Robert W. Schrader, *The Nature of Theological Argument: A Study of Paul Tillich* (Missoula, Mont.: Scholar's Press, 1975), 73-74. 스탠리 그렌츠·로저 올슨,《20세기 신학》, 180에서 재인용.

5 —— Paul Tillich, *Systematic Theology I*(Chicago: University of Chicago, 1951), 60.

6 —— Paul Tillich, *The Interpretation of History*(New York: Charles Scribner's Sons, 1936), 50.

7 —— 윌리엄 A. 스코트,《개신교 신학 사상사》, 296-299.

8 —— 윌리엄 A. 스코트,《개신교 신학 사상사》, 264.

9 —— Reinhold Niebuhr, *The Nature and Destiny of Man*(New York: Charles Scribner's Son, 1946), 1.

10 —— 니버 신학의 역설적 특성에 대해서는 배덕만, "신학과 상황의 변증법: 라인홀드 니버의 신학과 신학함",〈종교연구〉제40집(2005년 가을), 127-152 참조.

11 —— 목창균,《현대신학논쟁》, 387.

12 —— 목창균,《현대신학논쟁》, 370.

13 —— 이상직, "과정신학", 조성노 편,《최근신학개관》(서울: 현대신학연구소, 1993), 75.

14 —— 이상직, "과정신학", 77.

15 —— 이상직, "과정신학", 82-83.

16 —— 목창균,《현대신학논쟁》, 386.

17 —— 목창균,《현대신학논쟁》, 404-405.

18 —— Carl E. Braaten, "Toward a Theology of Hope," in *The New Theology*, ed. Martin E. Marty and Dean G. Peerman, 10 vols (New York: Macmillan, 1968), 5: 90-92. 스탠리 그렌츠·로저 올슨,《20세기 신학》, 273에서 재인용.

19 —— 위르겐 몰트만,《희망의 신학》(서울: 대한기독교서회, 1973), 14.

20 —— 스탠리 그렌츠·로저 올슨,《20세기 신학》, 281-299; 목창균,《현대신학논쟁》, 322-326.

21 —— 스탠리 그렌츠·로저 올슨,《20세기 신학》, 301.

22 —— 스탠리 그렌츠·로저 올슨,《20세기 신학》, 306.

23 —— 윌리엄 A. 스코트,《개신교 신학 사상사》, 205-241.

24 ── 목창균,《현대신학논쟁》, 285.

25 ── 목창균,《현대신학논쟁》, 289-293.

26 ── Harvey Cox, *The Secular City* (New York: Macmillan, 1965), 109.

27 ── 목창균,《현대신학논쟁》, 294-297.

28 ── 목창균,《현대신학논쟁》, 312.

29 ── https://en.wikipedia.org/wiki/Is_God_Dead%3F (2019. 6. 25. 접속)

30 ── 스탠리 그렌츠·로저 올슨,《20세기 신학》, 250.

31 ── Lloyd Steffen, "The Dangerous God: A Profile of William Hamilton," *Christian Century* 106/27 (September 27, 1989): 844-847. 스탠리 그렌츠·로저 올슨,《20세기 신학》, 253에서 재인용.

32 ── 목창균,《현대신학논쟁》, 309.

33 ── 목창균,《현대신학논쟁》, 309.

34 ── 목창균,《현대신학논쟁》, 335-337.

35 ── 스탠리 그렌츠·로저 올슨,《20세기 신학》, 341.

36 ── Gustavo Gutiérrez, *The Power of the Poor in History*, trans. Robert R. Barr (Maryknoll, N.Y.: Orbis, 1983), 28.

37 ── Gustavo Gutiérrez, *Theology of Liberation*, rev. ed., trans. And ed., Sister Caridad Inda and John Eagleson (Maryknoll, N.Y.: Orbis, 1988), xxxviii.

38 ── 스탠리 그렌츠·로저 올슨,《20세기 신학》, 356.

39 ── 스탠리 그렌츠·로저 올슨,《20세기 신학》, 358.

40 ── Pamela Dickey Young, *Feminist Theology/Christian Theology: In Search of Method* (Minneapolis: Fortress, 1990), 60.

41 ── 한국염, "최근의 여성신학 동향",《최근신학개관》, 402.

42 ── Letty Russell, *Human Liberation in a Feminist Perspective* (Louisville: Westminster John Knox Press, 1974), 133.

43 ── Phyllis Trible, "God and the Rhetoric of Sexuality," *Journal of Metaphor* (1978), 31-59.

44 ── 한국염, "최근의 여성신학 동향", 406-407.

45 ── 스탠리 그렌츠·로저 올슨,《20세기 신학》, 371.

46 ── 한국염, "최근의 여성신학 동향", 410-412.

47 ── Gayraud S. Wilmore and James H. Cone, Ed., *Black Theology: A Documentary History, 1966-1979* (Maryknoll, N.Y.: Orbis Books, 1979), 101. 스탠리 그렌츠·로저 올슨,《20세기 신학》, 327에서 재인용.

48 ── 스탠리 그렌츠·로저 올슨,《20세기 신학》, 336.

49 ── 한국기독교역사학회 편, 《한국기독교의 역사Ⅲ》(서울: 한국기독교역사연구소, 2009), 205.

50 ── 서광선, "민중신학",《최근신학개관》(서울: 현대신학연구소, 1993), 199.

51 ── 서남동, "예수, 교회사, 한국 교회", 〈기독교사상〉(1975. 2.).

52 ── 서남동,《민중신학의 탐구》(서울: 한길사, 1983), 78.

53 ── 안병무, "예수와 민중: 마가복음을 중심으로",《현존》제106호(1979), 18.

54 ── 서광선, "민중신학", 192.

55 ── 정진홍,《정직한 인식과 열린 상상력》(서울: 청년사, 2010).

문화:
세상 속의 교회

6

20세기의 정치·경제적 변화, 과학기술의 발전, 그리고 이에 따른 사상과 이념의 분화는 그리스도교에 심각한 타격을 주었다. 세속화가 본격적으로 진행된 것이다. 이에 대해, 다양한 영역의 예술가들은 이런 변화와 압력 속에서 선택의 기로에 놓였다. 적극적으로 동화될 것인가, 철저하게 저항할 것인가. 하지만 대다수는 양극단 사이에서 적절한 절충과 타협점을 찾았다. 즉, 그런 변화와 압력에 대해 초반에는 다수가 다양한 방식으로 저항하거나 거부한 반면, 소수는 용감하게 적응과 흡수의 전략을 선택했다. 하지만 시간이 흐르면서는 그리스도교 신앙의 본질을 철저하게 탐구하되, 현대가 제공하는 새로운 재료와 방법을 고민하며 수용하려는 경향이 주류를 이루었다. 물론 세속화의 광범위한 영향력으로 문화 영역에서 그리스도교와 교회의 입지는 빠르고 현저하게 축소되었다. 양과 질 면에서, 그리스도교는 더 이상 세계 문화를 지배하거나 통제할 수 없게 되었다. 그럼에도 그리스도교 정신과 가치를 세속문화 속에서 보존하고 확장하려는 고민과 노력은 중단되지 않았다. 그 결과, 20세기에도 그리스도교는 다양한 문화 영역에서 독특하고 탁월한 결과물을 꾸준히 생산했다.

 ## 영화

영화는 19세기 말 출현했다. 예술작품으로서 최초의 영화는 1895년 뤼미에르 형제(Auguste and Louis Lumière)가 제작한 시네마토그라프(cinematographe)[1] 〈기차의 도착〉을 꼽는다. 20세기 시작과 함께 과학기술이 빠르게 발전하고 세계화가 광범위하게 진행되면서, 영화는 핵심적 대중문화로 전 세계에서 급성장했다. 그리고 1902-1908년 사이에 영화는 녹화 수준을 넘어 독립된 예술 장르로 발전했다. 조르주 멜리에스(Georges Méliès, 1861-1938)와 에드윈 포터(Edwin Porter, 1870-1941)가 영상 편집 기술을 발명하면서 스토리가 담긴 영화가 출현한 것이다. 초창기에는 찰리 채플린(Charlie Chaplin, 1889-1977)으로 대표되는 무성영화가 주를 이루었지만, 1927년 워너 브러더

최초로 영화를 제작한 뤼미에르 형제

스사(社)에 의해 최초의 유성영화 〈재즈 싱어〉가 제작되면서 유성영화 시대의 막이 올랐다.

영화가 탄생하면서 종교가 주요 소재로 부상했고, 교회도 선교와 교육 차원에서 영화의 가치에 주목하기 시작했다. 그 결과, 영화가 탄생하고 2년 만에 예수 그리스도의 수난에 주목한 〈수난〉과 〈호리츠의 그리스도 수난극〉이 제작되었고, 1900년까지 같은 종류의 영화가 6편이나 상영되었다. 하지만 영화가 상업주의로 기울자, 로마 주교회의는 1912년 성당에서의 영화상영을 금지했고, 미국에서도 보수적 그리스도교의 영향으로 영화와의 관계가 소원해졌다. 그러나 양자의 불편한 관계는 오래 지속되지 않았다. 예수와 성경을 충실하게 재현하거나 참조하거나 변용한 영화들이 속속 제작되어 흥행에 성공했고, 사회·문화적으로도 영향을 끼치기 시작했기 때문이다. 그 결과, 칸 영화제, 몬트리올 영화제, 베를린 영화제에서 일찍부터 기독교심사위원상을 수상했다.[2]

초창기에 제작된 주요 작품은 프레드 니블로(Fred Niblo, 1874-1948)가 류 월레스(Lew Wallace, 1827-1905)의 소설 《벤허: 그리스도의 이야기》(1880)

를 토대로 제작한 무성영화 〈벤허〉(1925)이다. 예수 이야기를 토대로 주인공 벤허의 기구한 인생을 그린 작품으로, 1959년 윌리엄 와일러(William Wyler, 1902-1981)에 의해 리메이크되었다. 당시 기준으로 역대 최대 규모 세트장에 최대 규모의 제작비가 투입되었고, 작품 속 9분 분량의 전차 경주 장면은 영화사에 길이 남을 명장면으로 꼽힌다. 결과도 대단하여 〈바람과 함께 사라지다〉(1939) 이후 최대 수입을 기록했고, 아카데미 시상식에서 작품상을 포함하여 총 11개 부문을 휩쓸었다. 이 기록은 1997년 〈타이타닉〉에 의해 깨질 때까지 무려 40년 넘게 유지되었다. 한편, 세실 드밀(Cecil B. Demille, 1881-1959)도 〈아담의 갈빗대〉(1923), 〈십계〉(1923), 〈왕중왕〉(1927), 〈삼손과 데릴라〉(1949)를 제작했으며, 1956년 〈십계〉를 다시 리메이크하면서 할리우드에서 그리스도교 영화의 전성기를 이끌었다. 그는 성서 이야기를 장대한 스케일로 재현하는 데 탁월한 재능을 보였다.

할리우드 코미디의 대가 레오 맥커리(Thomas Leo McCarey, 1898-1969) 감독도 1944년 〈나의 길을 가련다〉(1944)를 발표했다. 이 영화는 빈민가의 한 교회에 부임한 젊은 신부 오말리의 활동을 다룬 작품으로, 1945년 아카데미 시상식에서 7개 부문을 수상했다. 반면, 폴란드의 노벨문학상 수상 작가 헨리크 시엔키에비치(Henryk Sienkiewicz, 1846-1916)의 동명 소설(1896)을 토대로 머빈 르로이(Mervin LeRoy, 1900-1987) 감독이 1951년 〈쿼바디스〉를 제작했다. 이 영화도 네로 황제의 그리스도교 박해를 배경으로 제작된 그리스도교 영화이며, 개봉 당시 박스오피스 1위를 차지했고 아카데미 시상식 7개 부문에서 후보에 올랐으나 단 하나의 상도 수상하지 못한 비운의 작품이다. 그 외에도, 뉴욕에서 활동했던 목사 피터 마샬(Peter Marshall, 1902-1949)의 삶을 영화화한 헨리 코스터(Henry Koster, 1905-1988) 감독의 〈피터라 불리는 사나이〉(1955), 피에르 파올로 파졸리니(Pier Paolo Pasolini, 1922-1975) 감독의 〈마태복음〉(1964), 조지 스티븐스(George Stevens, 1904-1975)가 연출한 〈위대한 생애〉(1965)도 이 시대에 제작된 주목할 만한 그리스도교 영화들이다.

1970년대는 그리스도교 영화에 대한 관심이 상대적으로 약화된 시기다. 이전보다 작품 제작 수나 흥행 면에서 현격하게 약세를 보였기 때문이다. 그럼에도 이 시기에 제작된 두 편의 영화가 눈에 띈다. 하나는 1973년 제작된 〈지저스 크라이스트 슈퍼스타〉이다. 이 작품은 앤드류 웨버(Andrew Lloyd Webber, 1948-)의 동명 록 오페라를 리메이크한 뮤지컬 영화이다. 예수 최후의 7일을 유다의 시선으로 조명했으며, 이스라엘 현지에서 촬영했고 다수의 영화제에서 수상한 명작이다. 그리고 1979년 영화 〈예수〉(Jesus)가 세상에 나왔다. 대학생선교회 설립자 빌 브라이트(Bill Bright, 1921-2003)가 문맹자들을 위한 전도용으로 구상하고 존 헤이만(John Heyman, 1933-2017)이 제작한 이 영화는 "역사상 가장 많이 시청되고, 가장 많은 언어로 번역된 것"이라고 한다.[3] 1981년부터 타갈로그어로 번역되기 시작하여 2007년 기준 1,005개 언어로 번역되었고, 대본을 녹음한 오디오도 401개 언어로 번역되었다.

영화사에 길이 남을 걸작들이 1980년대에 잇따라 탄생했다. 롤랑 조페(Roland Joffé, 1945-) 감독의 〈미션〉(1986), 마틴 스콜세지(Martin Charles Scorsese, 1942-) 감독의 〈그리스도 최후의 유혹〉(1988), 데니 아르캉(Denys Arcand, 1941-) 감독의 〈몬트리올 예수〉(1989)가 대표적이다. 〈미션〉은 '마드리드 조약'(1750)으로 발생한 유럽 강대국과 남미 원주민들 사이의 비극을 조명한 작품으로, 뛰어난 문제의식과 배우들의 열연, 아름다운 영상과 음악으로 흥행과 작품성 면에서 큰 성공을 거두었다. 〈그리스도 최후의 유혹〉은 그리스의 위대한 소설가 니코스 카잔차키스(Nikos Kazantzakis, 1883-1957)의 동명 소설《최후의 유혹》(1955)을 영화화한 것으로, 기존 예수 영화와 달리 예수를 인간적 측면에서 주목하는 파격적인 해석으로 상영금지 요청까지 제기될 정도로 뜨거운 논쟁을 촉발했다. 끝으로, 〈몬트리올 예수〉는 몬트리올 성당 신부의 요청으로 예수 수난극을 준비하는 주인공 다니엘의 활동과 갈등, 죽음을 통해 사회와 교회, 엔터테인먼트 업계의 부조리를 날카롭게 고발한 작품이다. 특히 이 작품은 영화와 연극을 넘나드는 독특한 구성으로 칸 영화제에서 심사위원상을 수상했다.

한편, 한국에서 제작된 최초의 그리스도교 영화는 1948년 주기철 목

사의 순교를 조명한 최인규(1911-?) 감독의 〈죄 없는 죄인〉(1948)이며, 1965
년 제작된 유현목(1925-2009) 감독의 〈순교자〉는 순교의 의미를 진지하게
탐구한 문제작이다. 이후 그리스도교 영화의 제작이 소강상태에 접어들었
다가 1977년 〈사랑의 원자탄〉과 〈저 높은 곳을 향하여〉가 발표되면서 활
기를 되찾았다. 〈마부〉(1961)로 제11회 베를린영화제에서 은곰상을 수상한
강대진(1933-1987) 감독의 〈사랑의 원자탄〉은 손양원 목사의 삶을, 임원식
(1935-) 감독이 연출한 〈저 높은 곳을 향하여〉는 주기철 목사의 삶을 각각
다루었다. 특히 〈저 높은 곳을 향하여〉의 경우, 우수 영화로 선정될 정도로
작품성이 뛰어났지만, 일제에 항거했던 주 목사의 삶이 국민의 저항감을 부
추길 수 있다고 판단한 군사정권에 의해 극장 상영이 금지되었다가 정권이
바뀐 1981년에야 개봉될 수 있었다.

　　이후 선교 차원에서 여러 작품이 계속 발표되었다. 1982년이 절정의
해였다. 신사참배를 거부한 안이숙의 삶을 다룬 강대진 감독의 〈죽으면 죽
으리라〉, 최자실 목사의 자서전을 영화화한 김수형(1945-) 감독의 〈나는 할
렐루야 아줌마였다〉, 해방 이후 북한 교회 실상을 다룬 김성호 감독의 〈하
늘로 가는 밝은 길〉, 그리고 안요한 목사의 맹인교회 설립 과정을 다룬 이
장호(1945-) 감독의 〈낮은 데로 임하소서〉가 모두 이 해에 개봉되었기 때
문이다. 〈낮은 데로 임하소서〉는 대종상과 백상예술대상을 모두 수상했다.
이 작품들 외에도, 제주도에서 사역한 이기풍 목사의 생애와 사역을 조명
한 〈순교보〉(1986, 감독 임원식), 1970년대 청계천에서 사역한 김진홍 목사의
목회를 영화화한 〈새벽을 깨우리로다〉(1989, 감독 이기원)도 1980년대에 탄생
한 작품들이다. 1990년대에도 일제 때 사역한 최권능(최봉석) 목사의 삶을
다룬 홍의봉 감독의 〈예수천당〉(1991), 한국 그리스도교 영화사상 최대 제
작비가 투여된 곽정환(1930-2013) 감독의 〈무거운 새〉(1994), 재미 맹인 학자
강영우 박사의 신앙 여정을 조명한 이기원(1941-) 감독의 〈빛은 내 가슴에〉
(1995)가 잇따라 개봉되었는데, 대체로 1980년대의 형식과 주제를 반복했
다.[4]

음악

20세기의 정치·사회적 변화는 음악에도 많은 변화를 가져왔다. 전통을 충실히 계승하려는 노력과 더불어 새로운 환경과 변화된 현실을 적극 수용하려는 흐름이 공존했고, 양자의 적절한 접점과 균형을 추구하려는 실험도 끊이지 않았기 때문이다. 즉, 19세기에 시작된 민족주의 성향의 작곡가들, 현대에서 전통을 찾으려는 신고전주의, 12음계를 개척한 '제2 비엔나 악파', 그리고 전통과 현대를 자유롭게 넘나든 작곡가들이 20세기 초반 세계 음악계를 지배했다. 이들의 영향하에 전통적인 악기뿐만 아니라 새로운 악기와 기존 악기의 변형, 심지어 자연의 소리 등이 음악에 자극적으로 사용되면서 새로운 음악의 실험과 발전을 가능케 했다. 이런 상황에서, 고전음악의 저명한 작곡가들이 다양하고 뛰어난 수준의 교회음악도 창작했다. 이들은 전통적 교회음악인 미사곡과 레퀴엠에 대한 관심을 유지하면서, 자신만의 방법으로 새로운 형식의 작품들을 생산했다. 전통적인 교회음악 형식에 그리스도교의 범주를 넘어선 범종교적·형이상학적·윤리적 내용을 담아내거나, 전통적인 그리스도교 주제를 오페라 같은 세속적 형식 혹은 성경 외의 문학작품들을 통해 표현하기도 했다. 세속음악 작곡가들이 칸타타나 오라토리오 같은 교회음악 양식으로 자신의 메시지를 전달하는 현상까지 나타났다.

　　20세기 서양음악의 문을 연 클로드 드뷔시(Claude Achille Debussy, 1862-1918)는 1884년 성경의 탕자 이야기를 토대로 칸타타 〈방탕한 아들〉을 작곡했고, 1911년에는 로마제국의 친위대장이자 그리스도인이었던 세바스티앙의 순교를 주제로 〈성 세바스티앙의 순교〉를 작곡했다. 이 작품은 교회음악이지만 오페라의 성격이 강하며, 프랑스풍의 음악과 중세풍의 선율이 훌륭하게 조화되었다는 평가를 받았다. 그뿐만 아니라, '프랑스 6인조'(Les Six)[5]의 한 명으로 신고전주의를 추구한 오네게르(Arthur Honegger, 1892-1955)도 교회음악과 세속음악의 다양한 창작 기법을 자유롭게 활용한 작곡가이다. 사무엘서를 토대로 대규모의 성악과 기악으로 구성된 오라 토리오 〈다윗왕〉(1921), 세속적 주제를 종교적 창작 기법으로 표현한 오라토 리오 〈화형대 위의 잔다르크〉(1938)가 대표작이다. 20세기 이탈리아의 대표 적 작곡가 일데브란도 피제티(Ildebrando Pizzetti, 1880-1968)도 전통적 음악 형식과 새로운 창작 기법을 혼용하여 교회음악을 작곡했다. 그의 〈레퀴엠〉 (1922)은 르네상스의 전통을 계승하지만 전통적 레퀴엠에는 존재하지 않는 열두 명의 독창자들로 구성된 중창 형식의 무반주 합창이다.

반면, 벤저민 브리튼(Benjamin Britten, 1913-1976)의 〈전쟁 레퀴엠〉(1961) 과 크시슈토프 펜데레츠키(Krzysztof Penderecki, 1933-)의 〈히로시마 희생 자를 위한 애가〉(1960)는 전쟁에서 희생된 무명의 사람들의 영혼을 위로하 는 작품으로, 일반적으로 "기독교적인 종교음악으로 분류하기보다 범종교 적인 세속음악으로 분류할 수 있는 작품"이다.[6] 반면, 안톤 베버른(Anton Webern, 1883-1945)은 세속음악을 통해 종교적 메시지를 전하기 위해 수고 한 작곡가이다. 그의 많은 가곡에는 그의 신앙이 깊이 배어 있다. 특히 〈5 개의 종교적 가곡〉과 〈4개의 가곡〉이 대표적이다. 무엇보다 〈4개의 가곡〉은 중국 시인 이태백과 독일 문호 괴테의 시에 음악을 붙인 것으로, 그의 음악 적 특성이 드러난 대표작 중 하나다. 20세기 독일 신고전주의자로 알려진 파울 힌데미트(Paul Hindemith, 1895-1963)의 〈마리아의 일생〉(1923)도 독일 시인 릴케의 시에 음악을 붙인 것으로, 15곡으로 구성된 피아노 반주의 소 프라노 독창곡이다.

이런 혁신적 작품을 창작한 작곡가들과 함께, 좀 더 전통에 충실한 교회음악을 추구한 작곡가들도 있다. 대표적인 인물이 프란시스 플랑(Fran-cis Poulenc, 1899-1963)이다. 그는 〈카르멜회 수녀들의 대화〉(1956) 같은 종교 오페라를 작곡했지만, "20세기에 드물게 교회예배에서 사용할 수 있는 순 수한 종교적 작품",[7] 즉 〈로코마두르의 검은 성모에 대한 연도(煙禱)〉(1936), 〈G장조 미사곡〉(1937), 〈성모 애가〉(1951) 등도 작곡하였다. 독일 민족음악가 카를 오르프(Karl Orff, 1895-1982)는 성서 내용을 쉽고 흥미로운 음악으로 만들었는데, 전통적인 교회음악에서 벗어나 다양하고 색다른 악기 편성을 시도했다. 성탄 연극 〈아기의 탄생을 찬양하는 기적극〉(1961)이 대표적이다. 올리비에 메시앙(Olivier Messiaen, 1908-1992)은 오르간과 성악곡이 주를 이루던 전통적 교회음악을 다양한 기악 음악으로 더욱 풍성하게 발전시킨 인물이다. 자신의 모든 작품이 신앙 행위이고 예수를 찬양하는 것이라고 고백한 메시앙은 "20세기 최고의 사중주곡"으로 알려진 〈종말을 위한 사중주곡〉(1940), 〈아멘의 환영〉(1943), 〈아기 예수를 위한 스무 가지 시선〉(1944), 그리고 여성 합창과 소규모 관현악으로 구성된 〈하나님께 드리는 세계의 작은 예배〉(1944) 등을 통해 자신의 신앙을 음악적으로 고백했다. 한편, 20세기 러시아 출신의 위대한 작곡가 이고르 스트라빈스키(Igor Stravinsky, 1882-1971)도 뛰어난 교회음악 작품들을 남겼다. 그가 작곡한 연주용 교회음악은 진보적 성향이 강하지만, 예배용 교회음악은 전통적·보수적 성향을 유지했다. 미국으로 이주한 후 작곡한 〈미사〉(1974)가 대표작이다.

한편, 20세기 문화의 중요한 특징 중 하나는 미국을 중심으로 '대중문화'가 비약적으로 발전한 것이다. 이런 새로운 문화는 음악, 특히 교회음악에도 결정적인 영향을 끼쳤다. 오랫동안 부흥운동의 영향이 강했던 미국에서 18세기 부흥회를 중심으로 복음성가(Gospel Song)가 출현했고, 이후 미국 교회의 예배음악에서 중요한 위치를 차지했다. 이 과정에서 음악 지도자 필립 블리스(Philip P. Bliss, 1838-1876)와 가수 필립 필립스(Philip Phillips, 1834-1895), 복음 전도자 드와이트 무디(Dwight L. Moody, 1837-1899)와 그의 음악적 동지 아이러 생키(Ira David Sankey, 1840-1908)가 결정적인 역할을 했다. 이들을 통해 많은 복음성가가 창작·수집·보급되어, 미국 개신교 찬송가에 포함된 것이다.

초창기 복음성가는 새로 창작되기도 했지만, 흑인영가에서 많은 영향을 받았다. 이 곡들은 전통적인 예배 찬송에 비해 음악적 수준이 뛰어난 것은 아니지만, 자신들의 현실적 고통과 천국에 대한 소망을 진솔하게 표현했다. 이때 유행한 복음성가로는 조지 버나드(George Bernard, 1873-1958)의 〈갈보리산 위에〉(1913), 윌리엄 돈(William H. Doane, 1832-1915)의 〈보혈과 구원 얻었네〉(Saved by the Blood), 윌리엄 피셔(William G. Fisher, 1835-1912)의

〈눈보다 희게 하소서〉, 필립 블리스의 〈물가로 나오라〉(Pull fort the Shore), 허버트 마인(Hubert P. Main, 1839-1925)의 〈놀라운 사랑〉(Wonderful Love) 등이 있다.[8]

이렇게 대중적 인기를 얻은 복음성가는 1960년대 말 캘리포니아 주에서 새로운 대중음악, 즉 포크, 팝, 리듬앤블루스, 소울 등의 형식을 수용하면서 현대적·대중적 교회음악인 CCM(Contemporary Christian Music)을 탄생시켰다. 당시 히피 문화에 깊이 영향을 받은 청년들이 갈보리채플의 척 스미스(Chuck Smith, 1927-2013) 목사가 주도한 '예수 운동'(Jesus Movement)을 통해 신앙을 갖게 되었고, 특히 이 운동을 통해 조폭, 록스타, 마약중독자, 청소년들이 교회를 찾게 되었는데, 이들을 중심으로 대중음악과 복음이 결합된 새로운 장르의 교회음악이 출현한 것이다. 이것은 당시 빠르게 성장하던 대중음악산업과 연결되어 '마라나타 뮤직'(Maranatha Music)을 탄생시켰고, 1970년대부터 '경배와 찬양 운동' 및 열린 예배 혹은 구도자 예배 등과 결합하면서 '빈야드 뮤직'(Vineyard Music), 인테그리티 뮤직(Integrity Music), 힐송 뮤직(Hillsong Music), 브루클린 태버네클 콰이어(Brooklyn Tabernacle Choir) 등으로 발전했다.[9]

이런 복음성가와 CCM은 한국 교회에도 빠르게 수용되어 교회음악의 중요한 부분으로 자리 잡았다. 1960년대 교회 청소년들을 중심으로 복음성가가 출현했다. 1965년부터 YMCA가 '싱어송 Y'라는 가창운동을 시작하면서 새로운 복음성가를 보급했고, 1970년대에 예수전도단 화요모임, 여의도순복음교회, CBS와 극동방송을 통해 복음성가들이 한국 교회 전체로 확산되었다. 동시에, 유신정권에 대항한 민주화운동이 본격화되면서 〈작은 불꽃 하나가〉, 〈금관의 예수〉 같은 민중복음성가도 시위 현장과 교회에서 불리기 시작했다. 1980년대부터 CCM의 시대가 본격적으로 막을 올렸다. 주찬양선교단(1981)이 개척자였으며, 1980년대 후반부터 두란노 경배와찬양, 다드림선교단, 찬미선교단 등을 통해 '경배와 찬양 운동'이 시작되었다. 그리고 CCM이 찬송가와 함께 예배 음악의 중심부로 진출했다. 전자악기와 드럼, 빔프로젝터가 예배의 새로운 구성요소로 자리 잡았으며, 한국

교회 건축과 예배당 구조, 심지어 예배 자체에도 중요한 변화를 초래했다.[10]

 문학

20세기는 나치즘, 파시즘, 공산주의, 민주주의, 민족주의 같은 이념의 극단적 대립 속에 두 차례의 세계대전, 한국전쟁, 베트남전쟁, 걸프전이라는 비극적 전쟁을 연속적으로 경험했다. 이것은 인간과 세계에 대한 극단적 회의와 신에 대한 불신을 강화하는 세속주의의 범람으로 이어졌다. 결국 인간과 세계, 신에 대한 전통적 관념이 붕괴하면서, 인간은 스스로 모든 것을 재구성해야 하는 위기 상황에 직면했다. 이런 시대적 상황은 문학에 그대로 투영되었다. 실존주의자들의 작품이 대표적인 예이다. 그들은 신 없는 불합리한 세상에서 인간이 어떻게 살아야 하는가 하는 문제와 치열하게 씨름했다. 알베르 카뮈(Albert Camus, 1913-1960)의 《이방인》(1942)과 《페스트》(1947), 장 폴 사르트르(1905-1980)의 《구토》(1938) 등이 대표적인 결과물이다. 하지만 이런 시대 상황은 인간에게 인간과 존재, 신에 대해 더욱 치열하게 고민하도록 자극했다. 시대의 사상적 중심축이 무신론 혹은 불가지론으로 기우는 상황에서, 신의 존재와 종교의 가치에 더욱 철저하게 주목하며 구도자적 자세로 글을 쓴 문인들이 등장한 것이다. 20세기 초반의 그리스도교 문학은 대륙을 중심으로 발전했고, 중반 이후에는 영국에서 뛰어난 작가들이 출현했다.

스웨덴 출신 극작가 아우구스트 스트린드베리(John August Strindberg, 1849-1912)와 함께 20세기 그리스도교 문학의 막이 올랐다. 그는 노르웨이 출신 헨리크 입센(Henrik Ibsen, 1828-1906), 러시아 출신 안톤 체호프(Anton Pavlovich Chekhov, 1860-1904)와 함께 현대 연극의 문을 연 3대 작가로 꼽힌다. 스트린드베리는 초기에 《하녀의 아들》(1886)과 《아버지》(1887) 같은 무신론과 자연주의에 경도된 작품으로 세상을 놀라게 했다. 하지만 신학자이자 신비주의자 에마누엘 스베덴보리(Emanuel Swedenborg, 1688-1772)의 영향하에 그리스도교로 회심한 후 3부작 희곡 〈다마스쿠스로〉(Till Damascus, 1898-1904)를 발표했다. 이 작품에서 그는 영혼의 평화를 찾아 헤매다 마침내 그것을 발견하는 '이방인'의 모습으로 자신을 묘사했다. 한편, 폴란드를 대표하는 소설가 헨리크 시엔키에비치는 폴란드와 미국에서 공부한 후 여러 편의 역사소설을 발표했다. 3부작 《불과 검》(1884), 《대홍수》(1886), 《판 보워디요프스키》(1888)가 대표적이며, 1895년 발표한 장편소설 《쿠오 바디스》로 1905년 노벨문학상을 수상했다. 로마 황제 네로의 그리스도교 박해 속에 인질로 잡혀 온 그리스도인 처녀와의 사랑으로 로마 귀족 청년이 변화되는 과정을 다루었는데, 폴란드 민족의 진정한 특성을 보여 주었다고 평가받았다.

그리스 현대문학을 대표하는 니코스 카잔차키스는 베르그송, 니체, 레닌에 깊이 영향받은 소설 《그리스인 조르바》(1952)를 비롯한 여러 명작을 남겼다. 특히, 니체 철학과 작가적 상상력을 통해 그리스도를 인간적 차원에서 조명한 소설 《최후의 유혹》(1955)은 그리스 정교회에 의해 금서목록에 올랐다. 그럼에도 그는 평생 자유와 하나님을 사랑했다. 한편, 일본의 대표적인 현대 소설가 엔도 슈사쿠(遠藤周作, 1923-1996)는 가톨릭 신자인 이모 집에서 성장하며 가톨릭 문학에 관심을 갖게 되었다. 프랑스에서 공부한 후 신에 대한 절대적 신앙을 추구하는 서구 그리스도교와 범신론의 일본 문화가 충돌하는 양상을 진지하게 탐구했다. 특히 1966년 발표한 《침묵》에서 포르투갈 선교사 로드리고의 눈을 통해 신앙 때문에 죽임을 당한 일본의 무고한 농부들을 묘사하면서 부당한 고통을 겪는 중에도 끝까지 침묵하는 신을 향해 도발적인 질문을 던졌다.

한편, 독일에서는 토마스 만(Thomas Mann, 1875-1955)과 게르트루트 폰 르포르(Gertrud von le Fort, 1876-1971)가 중요한 작품들을 발표했다. 소설가이자 평론가인 만은 사상적 깊이와 통찰, 언어적 표현력과 치밀한 구성으로 20세기 독일 최고의 작가로 꼽힌다. 만은 1924년 발표된 《마의 산》으로 1929년 노벨문학상을 수상했고, 이어서 창세기의 요셉 이야기를 토대로 신화적 진리와 유일신론의 출현을 탐구한 4부작 《요셉과 그의 형제들》을 발표했다. 이 작품은 제1권《야곱 이야기》(1933), 제2권《젊은 요셉》(1934), 제3권《이집트의 요셉》(1936), 제4권《양육인 요셉》(1943) 순서로 세상에 나왔다. 르포르는 1926년 로마 가톨릭으로 개종한 후 본격적으로 작품 활동을 시작했다. 이후 발표된 작품들은 대체로 신앙과 양심 사이의 갈등을 진지하게 다루었다. 종교를 주제로 한 그녀의 대표작은《단두대의 마지막 여자》(1931)이다. 이 작품은 프랑스혁명 동안 혁명정부의 새 헌법에 저항하여 단두대에서 처형된 16명의 카르멜회 수녀들의 이야기(1794)를 토대로 한 중편소설로, 후에 조르주 베르나노스(Georges Bernanos, 1888-1948)에 의해《카르멜회 수녀의 대화》라는 희곡으로 각색되었고, 프랑스 작곡가 프란시스 플랑에 의해 오페라로 제작되었다.

20세기 그리스도교 문학을 주도한 나라는 단연 프랑스다. 뛰어난 평론과 자연주의적 소설로 명성을 얻은 폴 부르제(Paul Charles Joseph Bourget, 1852-1935)는 잃었던 신앙을 회복하면서 교회의 가르침이 인간을 도덕적 재앙으로부터 보호해 준다고 믿게 되었다. 이런 과정에서 발표한《제자》(1889)는 유물론과 실증주의를 옹호하는 철학자에게 영향받은 한 젊은이가 다른 젊은 여인에게 자신이 배운 이론을 무책임하게 실험하다 비극적 종말을 맞는다는 이야기다. 그리스도교적 관점에서 당대 세속사상을 비판한 대표적인 작품이다. 직업 외교관이자 시인이며 극작가인 폴 클로델(Paul Claudel, 1868-1955)은 조각가 오귀스트 로댕(Auguste Rodin, 1840-1917)의 연인 카미유 클로델(Camille Claudel, 1864-1943)의 남동생으로도 유명하다. 그는 1886년 노트르담 성당에서 영적 체험을 한 후 독실한 가톨릭 신자가 되었다. 랭보와 상징주의자들의 영향하에 유물론을 거부했고, 가톨릭 신앙을 자신의 문학작품에 적극 반영했다. 그의 작품 중 가장 종교적인 희곡《마리아에게 고함》(1910)은 욕망과 악으로 가득 찬 인간의 삶에 주목하면서, 악이 궁극적 선의 실현에 기여한다고 주장했다.

1952년 노벨문학상 수상자 프랑수아 모리아크(François Mauriac, 1885-1970)는 어릴 때부터 신앙 속에 성장했으며, 소설을 통해 구원과 은총의 본질을 진지하게 탐구했다. 그의 작품에 등장하는 주인공들은 열정과 악덕으로 삶의 바닥까지 추락하여 극단적 자기혐오에 시달리지만, 바로 그때 신의 은총으로 회복되기 시작한다. 예를 들어, 소설《잃어버린 것》(Ce qui etait perdu, 1931)에서 프랑수아 모리악은 외부에서 발생하는 모든 갈등이 타락후 인간 내면에 존재하는 잃어버린 것에 대한 갈망에서 비롯된다고 주장했다. 또한 조르주 베르나노스도 20세기 프랑스 그리스도교 문학을 대표하는 작가 중 한 명이다. 그는 선과 악의 싸움터로 삶을 이해했기에, 자신의 소설에서 죄악의 문제를 치밀하게 다루었다. 특히, 성직자를 본보기로 삼아 인간 행동의 극단적 측면을 사실적으로 묘사했다. 대표작《어느 시골 신부의 일기》(1936)에서 가난하고 겸허한 젊은 사제가 암 투병 중 신의 침묵에 대한 신앙적 회의를 극복하고 교구 신자들을 위해 분투하다가 "모든 것은 신의 은총"이라는 말을 남기고 죽는다.

영국에서도 중요한 작품들이 다수 발표되었다. G. K. 체스터턴(Gilbert Keith Chesterton, 1874-1936)이 시기적으로 선두에 있다. 체스터턴은 1922년 성공회에서 로마 가톨릭교로 개종했다. 위트와 통찰, 역설로 가득한 다양한 글을 발표했으며, 종교를 주제로 한 글도 다수 집필했다. 특히 영적 자서전에 해당하는《정통》(Orthodoxy, 1909)에서 일반적 통념과 달리 정통 신앙이 일상적·상식적 세계이며 경이로운 모험과 상상력이 허용되는 세계라고 주장했다. 성공회 평신도 C. S. 루이스(Clive Staples Lewis, 1898-1963)는 영문학자로서 전공에 충실하면서 그리스도교 신앙에 대한 글도 왕성하게 발표했다.《순전한 기독교》(1952)와《스크루테이프의 편지》(1942) 같은 그리스도교 변증서 외에도 판타지 아동 문학《나니아 연대기》(전7권)를 발표했다. 루이스는 은유와 비유로 창조부터 종말까지 그리스도교의 다양한 주제를 탁월하게 다루었다.

루이스의 절친 J. R. R. 톨킨(John Ronald Reuel Tolkien, 1892-1973)은 평생 신실한 가톨릭 신자로 산 영문학자다. 소설과 평론 분야에서 뛰어난 업적을 남겼지만, 아동용 판타지 소설《호빗》(1936)과《반지의 제왕》(1954-1955)은 다양한 비유로 성경적 모티브를 표현한 그리스도교 판타지 문학의 걸작이다. 그레이엄 그린(Graham Greene, 1904-1991)도 중요하다. 비록 인생 후반에 자신을 "가톨릭 불가지론자"로 부르며 가톨릭의 전통적 교리에 한정되길 거부했지만, 그린은 네 편의 뛰어난 가톨릭 소설을 발표했다.《권력과 영광》(1940),《브라이턴 록》(1938),《사랑의 종말》(1951),《사랑의 핵심》(1948)은 가톨릭 소설의 준거가 된 작품들이다.

한국의 경우, 초기에 김동리(1913-1995)가《무녀도》(1939),《사반의 십자가》(1955),《을화》(1979)를 통해 한국 사회에서 그리스도교를 받아들임으로 발생한 문제들 즉, 무속과 그리스도교의 갈등, 현실과 이상의 충돌 같은 주제를 심도 있게 다루었다. 1964년 발표된 김은국(1932-2009)의《순교자》는 한국전쟁 당시 배교와 순교 사이에서 갈등하는 목사들을 통해 죄와 구원의 문제를 심도 있게 고찰했다. 1970년대에는 한국인의 심성을 그리스도교적 입장에서 본격적으로 다룬 황순원(1915-2000)의《움직이는 성(城)》(1973)과 현실을 외면한 한국 교회의 내세지향성을 비판하며 정의 문제를 탐색한 이문열(1948-)의《사람의 아들》(1979)이 그리스도교 문학을 견인했다.

1980년대는 한국 그리스도교 문학의 전성기였다. 실존인물의 생애를 통해 체험적 그리스도교를 제시한 이청준(1939-2008)의《낮은 데로 임하소서》(1981)와《벌레 이야기》(1985), 작가의 개인적 체험을 토대로 신앙의 본질과 현상을 다룬 조성기(1951-)의《라하트 하헤렙》(1985),《야훼의 밤》(1986),《에덴의 불칼》(1992), 그리스도교의 신학적·현실적 문제를 진지하게 성찰한 이승우(1959-)의《에릭직톤의 초상》(1981), 그리고 호교론적 입장에서 그리스도교 사상을 조명한 김성일(1940-)의《제국과 천국》(1987)과《땅 끝에서 오다》(1992)가 주목을 받았다.

시 분야에서는 〈서시〉와 〈십자가〉 등에서 그리스도교 신앙을 숭고하게 고백한 윤동주(1917-1945), 시집《절대고독》(1968)과《견고한 고독》(1970)에서 신의 존재와 인간의 고독을 묵상한 김현승(1913-1975),《사도행전》(1973)과《포옹무한》(1981)을 통해 자신의 신앙을 고백한 박두진(1916-1998), 그리고《크고 부드러운 손》(2000)의 저자 박목월(1916-1978)이 20세기를 대표하는 그리스도인 시인들이다.

 건축

산업혁명 이후 대량 생산이 이루어지면서 상품들의 예술성이 추락하자, 이에 대한 반동으로 수공업의 미적 가치를 추구하며 1860년대 영국에서 '미술공예운동'(Art and Craft Movement)이 시작되었다. 이 운동은 1890년대에 역사적 양식들을 거부하고 자연에서 기원한 곡선을 중시한 '아르누보'(Are nouveau, 새로운 예술)로 이어졌고, 1897년에는 '비엔나 분리파'가 결성되었다. 이들도 전통적 양식과 결별하고, 실용성과 기능에 주목하는 합리적 건축을 추구했다. 1900년 초 이탈리아에서 새 시대의 상징으로 기계를 예술에 도입한 '미래파'(Futurism)가 출현했으며, 1917년 몬드리안(Piet Mondrian, 1872-1944)의 신조형주의 이론을 기본원리로 하여 수직과 수평의 직선에 의한 기하학적 질서를 추구하는 데 스틸(De Stijl)이 네덜란드에서 결성되었다. 한편, 현대 예술과 건축에 가장 큰 영향을 끼친 바우하우스(Bauhaus)는 1919년 시작되었다. 이들은 예술, 디자인, 건축이 하나로 통일되어야 한다고 생각했으며, 특히 간소하고 장식 없는 콘크리트, 유리, 강철에 의한 건축을 지향했다. 이어서 기능을 중시하고 기하학적 형태와 사선의 도입을 통해 역동성을 강조한 구성주의(Constructivism)가 1920년대 러시아에서 출현했고, 바우하우스의 영향하에 간소하고 기능적이며 장식 없는 국제주의 양식(the International Style)이 20세기 중엽까지 세계 건축을 주도했다.[11]

이런 20세기 건축의 급진적 변화는 교회 건축에도 영향을 미쳤다. 물론 교회의 보수성과 19세기 교회 건축을 지배했던 신고딕주의와 신고전주의의 지속적 영향으로 20세기 초반의 교회 건축은 상대적으로 현대건축의 흐름에서 벗어나 있었다. 19세기의 대표적 건축가 외젠 비올레르뒤크(Eugène Viollet le Duc, 1814-1879)는 고딕을 기술의 축복으로 간주하고, 고딕 건축을 근대 합리주의와 결합하려 했다. 그럼에도 18세기부터 교회 건축에 철재가 사용되고 19세기에 철근 콘크리트가 발명됨으로써, 교회 건축도 근본적인 변화가 불가피했다. 동시에, 영국의 미술공예운동과 프랑스에서 시작된 '전례운동'(19세기 후반 프랑스에서 신자들의 능동적 미사 참여를 목표로 일어남) 및 '공방 운동'(가톨릭 전통성의 복원과 그리스도교 미술에 대한 폭넓은 이해 및 시대정 신 반영을 추구하며 1910년 시작됨)의 영향으로 교회 건축의 새 시대가 열렸다. 1902년 프랑스 파리에 건축된 〈노트르담 뒤 트라바이 성당〉과 1904년 완 공된 〈몽마르트 교회〉는 이런 영향과 변화를 대변하는 교회들이다. 전자 는 철 구조 속에 강하고 가벼운 외부, 그리고 별다른 장식이 없는 것이 특 징이며, 후자는 교회 건축에 철근 콘크리트를 사용하고 그 구조를 대담하 게 드러낸 최초의 경우다. 한편, 장식을 제거하고 건설에 대한 합리적 접근 을 시도한 윌리엄 레서비(William R. Lethaby, 1857-1931)의 〈모든 성자들의 교 회〉(1902)와 기능과 실용성을 중시하는 분리파의 대표적 건축가 오토 바그 너(Otto Wagner, 1841-1918)가 1907년 비엔나에 건축한 〈성 레오폴트 교회〉는 기존 양식주의를 버리고 교회 건축의 새 시대를 연 대표적 성과들이다.[12]

1910년 이후 이런 변화와 혁신은 훨씬 다양하고 광범위하게 적용되었 다. 바그너의 제자였던 슬로베니아 출신 요제 플레츠니크(Jože Plečnik, 1872- 1957)는 스승과 달리 자신을 신과 건축에 바쳤다. 분리파의 정신을 따라 단 순하고 명확한 건축을 추구하면서 콘크리트를 자유롭게 활용했으며, 1913 년 완공된 〈성령교회〉를 건축했다. 그는 지역성을 가장 탁월하게 이해한 건 축가로도 기억되는데, 체코 프라하에 지은 〈성심교회〉(1933)와 〈성 미카엘 교회〉(1938)는 그런 특성이 잘 반영된 대표작이다. 성령교회와 비슷한 시기 에 덴마크 코펜하겐에 건축된 〈그룬트비히 교회〉(1940)도 기억해야 할 작품 이다. 덴마크 건축가 페데르 빌헬름 옌센-클린트(Peder Vilhelm Jensen-Klint, 1853-1930)가 설계한 이 교회는 외관이 오르간을 닮았으며, 덴마크 전통에 충실한 표현주의 작품이다. 이 시대에 철근 콘크리트의 구조 능력을 본격적 으로 탐구하고 적용한 또 하나의 인물이 오귀스트 페레(Auguste Perret, 1874- 1954)이다. 그는 원형 콘크리트 기둥으로 지붕을 지탱하고 콘크리트 패널에 스테인드글라스를 채움으로써 고딕 양식을 떠올리게 만든 〈랭시 노트르담 성당〉(1923)을 건축했다. 이 성당의 영향으로 스위스 바젤의 〈성 안토니오 성당〉(1929), 독일 노이울름의 〈성 세례 요한 교회〉(1927), 독일 에센의 〈강재

성당〉(Steel Church, 1928) 등이 잇따라 건축되었다.

　반면 1, 2차 세계대전은 전 유럽을 폐허로 만들었을 뿐 아니라, 수많은 교회 건물도 파괴했다. 따라서 전쟁이 끝난 후, 유럽 특히 전쟁의 피해가 컸던 독일과 프랑스는 국가적 재건사업과 함께 4,000개가 넘는 교회를 새로 지었다. 이 과정에서 다양한 건축학적 실험이 시도되었으며, 뛰어난 건축가도 대거 배출되었다. 동시에 교회 건축 영역에서, 1930년대부터 본격화된 전례운동과 성(聖)미술운동이 전후에도 계속 영향을 끼쳤다. 특히 신자들의 적극적 예배 참여를 유도했던 전례운동의 영향으로, 전통적인 교회 평면 구조 외에 원형, 사다리꼴, 타원형 평면이 혁신적으로 시도되었다. 이 흐름을 주도한 인물이 독일의 루돌프 슈바르츠(Rudolf Schwarz, 1897-1961)이다. 그는《교회 건축에 대하여》(Vom Bau der Kirche, 1938)에서 전례운동의 성과를 담아 6개의 전형적인 교회 평면 모델을 제시했고, 26개 교회를 건축했다. 프랑크푸르트의 〈성 미카엘 성당〉(1954)이 대표작이다.

　프랑스에서는 성미술운동의 영향하에 종전 후 여러 교회가 건축되었다. 성미술운동은 1930년대 프랑스 도미니크회 수사들을 중심으로 교회 안에 현대미술을 적극적으로 수용하기 위해 출현한 것이다.[13] 이 운동의 후원하에 프랑스 오트사부아 지방의 작은 산골마을에〈은총이 가득한 마리아 성당〉(1937-1950)이 모리스 노바리나(Maurice Novarina, 1907-2002)의 설계로 건축되었다. 스위스 전통가옥 샬레(chalet)를 모방한 이 교회는 건축학적으로는 뛰어난 작품이 아니지만, 앙리 마티스, 조르주 루오, 마르크 샤갈 등이 교회의 미술과 장식을 담당하여 "교회 건축 안에 이루어진 현대미술의 종합"을 보여 주었다.[14] 프랑스 오댕쿠르의 〈성심 성당〉(1951)도 같은 건축가에 의해 똑같이 샬레 형식으로 지어졌다. 프랑스 벨포르 부근 롱샹에 건축된 〈언덕 위의 성모성당〉(1955)은 비신자인 르 코르뷔지에(Le Corbusier, 1887-1965)가 성미술운동을 이끈 마리 알랭 쿠튀리에(Marie-Alain Couturier, 1897-1954)의 제안과 후원으로 설계한 것이다. 작고 단순한 모양이지만, "지금까지 근대건축의 이름으로 지어진 건물 중 가장 조형적인 건물"로 평가된다.[15]

"근대건축 중 가장 조형적인 건물"로 평가받는 〈언덕 위의 성모성당〉

1960년대 이후로는 재료, 모양, 위치, 기능 면에서 더욱 독창적이고 다양한 교회들이 유럽 각지에서 건축되었다. 1960년 완공된 영국 런던의 〈보우커먼 성공회 성당〉은 영국에서 전례운동을 적극적으로 표현한 최초의 작품이다. 성직자와 일반 성도들이 예배 중 그들의 역할을 다할 수 있도록 제대(祭臺)와의 관계를 신중히 고려하여 건축했다. 스위스 주라 산악 기슭에 위치한 무티에의 〈우리 마을의 성모 성당〉(1967)은 성미술운동과 전례운동의 결정체로 평가된다. 노출 콘크리트와 목재, 유리를 주재료로 사용하여 비구상적이면서 주변 자연과 건축물이 훌륭한 조화를 이룬다. 반면, 핀란드 휘빈캐에 위치한 피라미드 모양의 〈휘빈캐 루터 교회〉(1961)도 이 시대에 출현한 독창적 교회 건축물이다.

1970년대에도 흥미로운 작품들이 탄생했다. 리처드 잉글랜드(Richard England, 1937-)가 지역의 전통적인 돌집에 영감을 받아 설계한 몰타 마니카타의 〈성 요셉 교회〉(1974)와 예른 웃손(Jørn Utzon, 1918-2008)이 덴마크 바그스베르(Bagsværd)에 성벽 모양으로 지은 〈바그스베르 교회〉(1976)가 대표적인 경우다. 그 외에도, 파리 외곽 에브리에 마리오 보타(Mario Botta, 1943)가 'ㄷ' 자 형태의 3층 건물 한쪽 끝에 왕관 형태의 옥상 테두리를 올린 원통형의 〈에브리 성당〉(1995), 그리고 독일 뮌헨의 주택가에 있는 거대한 유리상자 모양의 〈예수 성심 성당〉(1996-2001)도 20세기 후반의 걸작들이다.

그렇다면 한국 교회의 건축은 어떠했을까? 18세기 말 한국 천주교의 역사가 시작되었으나, 정부의 가혹한 박해로 오랫동안 교회 건축은 불가능했다. 박해가 중단된 이후 이들은 박해 때 비밀리에 모였던 초가나 서당을 개조해서 성당으로 사용했다. 지금은 사라졌지만 1894년 전북 완주에 프랑스인 마리 빌모(Marie Pierre Villemot, 1869-1950. 한국명 우일모) 신부가 최초의 한옥 성당 〈되재성당〉을 바실리카 평면 구조로 지었다. 이어서 코스트(E. J. G. Coste, 1842-1896. 한국명 고의선) 신부의 설계와 감독하에 최초의 양식 성당인 〈약현성당〉(1892)이 로마네스크 양식과 고딕 양식의 혼합 형태로, 그리고 〈명동성당〉(1898)은 고딕 양식으로 각각 건축되었다. 이런 서양식 건축 양식은 이후 한국 성당 건축을 지배했으며, 그 영향하에 20세기 초반 〈신의주성당〉(1926), 〈충무성당〉(1929), 〈평양서포성당〉(1931)이 차례로 건축되었다.

개신교의 경우, 최초의 교회인 황해도 '솔내교회'는 작은 초가집이었고 언더우드 선교사 사택에서 시작된 '새문안교회'는 기와집이었다. 이 시기 교회의 특이점은 유교의 영향으로 남녀석을 구분하기 위해 'ㄱ' 자 모양으로 지은 것이다. 반면, 최초의 감리교회인 '정동교회'는 1898년 최초의 서양식 교회를 건축했다. 단순화된 고딕 양식이다. 1890년 한국 선교를 시작한 성공회의 경우, 처음부터 한국 전통 문화에 관심을 가졌고, 교회도 모두 한옥으로 지었다. 1891년 낙동(현 중앙우체국 위치)에 건축된 첫 성당도 소규모 한옥이며, 1900년 축성된 성공회 〈강화성당〉도 바실리카 양식의 순수 한옥이다. 성공회의 대표적 서양식 성당은 〈서울주교좌 대성당〉이다. 1922년 공사가 시작되어 1926년 부분적으로 완성되었고 1996년 현재 모습으로 완공되었다. 이 성당은 기본적으로 로마네스크 양식이지만 처마 장식과 기와 지붕에 한국의 건축 양식이 포함되었다.

한국전쟁 이후 복구 과정에서 교회 건축은 현실적으로 어려웠다. 이후 한국 교회의 급성장으로 교회의 미학·신학적 특성보다 기능과 효용이 중시되었다. 그 결과, 건축된 예배당 수에 비해 건축학적 명품은 거의 없다. 하지만 청주 〈내덕동성당〉(1961)은 메리놀외방전교회를 대표하는 건물로 서

성공회 (강화성당)

양식 벽면에 한국식 지붕을 얹은 한·양 절충식 구조로 건축되었고, 1967 년 마포에 건축된 정교회 성당은 돔을 올린 한국 최초의 비잔틴 양식 건물 이다. 둘 다 이 시대의 예외적인 작품이다. 이후, 한국 교회에서 토착화에 대한 논의가 본격적으로 시작되었고, 그런 영향하에 〈절두산기념성지순교 성당〉(1967)과 목포 〈디아코니아자매회예배당〉(1985)처럼 전통적 요소와 토 착적 요소의 적절한 조합을 추구하는 교회들이 건축되기 시작했다. 그리고 경제 및 교세의 급성장 속에 '연세대루스채플'(1976), '경동교회'(1981) 같은 현대적이고 세련된 교회들이 마침내 한국 땅에 세워졌다.[16]

 ## 미술

18세기부터 시작되어 20세기에 절정에 오른 계몽주의, 산업혁명, 과학혁명 의 영향은 20세기 두 차례의 세계대전을 거치면서 미술에도 결정적인 영 향을 끼쳤다. 현대미술은 헬레니즘과 헤브라이즘의 막대한 영향하에 있던 전통미술과의 단절, 특히 종교의 지배로부터 미술의 독립을 선언했다. 동시 에 작가의 개성을 존중하면서 자연과 인간을 정직하게 표현하려는 예술적 실험도 했다. 20세기와 함께 출현한 야수파(Fauvism, 마티스, 마르케, 루오), 인간의 내적 충동을 예술로 승화시킨 독일 표현주의(Expressionism, 키르히너, 놀데, 칸딘스키), 상실한 형태의 회복과 조형적 규율을 엄격하게 추구한 입체파(Cubism, 피카소, 브라크), 모든 기존 가치를 거부하면서 반예술적·반윤리적 특징을 보인 다다이즘(Dadaism, 뒤샹, 피카비아, 아르프), 무의식의 세계를 표현하기 위해 강력한 반역적 작품 행위와 수법을 개발한 초현실주의(Surrealism, 에른스트, 달리, 마송), 다다이즘과 초현실주의를 수용하여 새로운 추상미술을 전개한 추상표현주의(Abstract Expressionism, 포트리에, 뒤뷔페, 폴록), 그리고 매스미디어의 이미지를 그대로 화면에 도입하는 팝아트(Pop Art, 위홀, 리히텐슈타인)와 도시의 각종 폐기물을 적극 활용하며 다다이즘보다 현실을 좀 더 긍정적으로 이해한 누보 레알리슴(Nouveau Realisme, 클라인, 아르망)으로 현대미술은 빠르게 분화·발전했다.[17]

이런 시대적·예술적 상황에서, 한동안 그리스도교 미술은 길을 잃은 듯 보였다. 현대미술의 바탕에 놓인 반전통적·반종교적 태도가 그리스도교 미술의 역사 및 전제와 근본적으로 상충되었기 때문이다. 또한 종교개혁의 성상 파괴적 특성과 인간의 행위 자체를 의혹의 눈으로 바라보던 개혁주의 신학의 영향으로 개신교인들이 독창적 미술 활동에 적극 참여하는 것은 쉽지 않았다. 따라서 현대미술의 대가들 중, 개신교인은 거의 찾아보기 어렵다. 그럼에도 교회의 예배와 교육, 선교를 위한 미술의 유용성과 필요성은 사라지지 않았다. 따라서 20세기 초반에 등장한 '공방 활동'은 종교와 예술의 분열을 극복하기 위해 노력했고, 1930년대 시작된 프랑스의 '성미술운동'도 교회미술과 추상미술의 접목을 적극적으로 도모했다. 그리고 미술의 종합을 추구했던 르 코르뷔지에의 영향으로, 교회 건축에 현대미술을 적극적으로 수용하려는 움직임도 시작되었다.[18]

20세기 그리스도교 미술의 독보적인 존재는 조르주 루오(Georges Rouault, 1871-1958)다. 루오를 "20세기의 유일한 종교화가"로 명명하는 사람들도 있는데,[19] 장준석은 종교화가 루오를 다음과 같이 소개한다.

조르주 루오의 〈성스러운 얼굴〉

루오는 프랑스 출신의 화가이자 세계 최초로 지하철이 건립되던 19세기의 독실한 천주교인으로서 근현대 공업과 산업화 시대에 종교적인 그림을 그려 활동하며 주목을 받았던 화가이다. 종교에 삶의 터전을 둔 루오는 종교적인 관점으로 사회를 바라보고 많은 사람들이 인간 사회가 사랑으로 이루어진 보다 나은 삶을 영위하기를 바라는 마음으로 종교적·사회적 그림들을 그리게 되었다. 구도자와 같은 삶을 산 루오의 삶은 그 자체가 종교적이면서도 홀로 생활하는 종교인다운 모습이었다.[20]

루오는 14세 때 생계를 위해 스테인드글라스 공장에서 일하면서 그리스도교 미술에 매료되었다. 스테인드글라스의 이음 부분은 후에 그의 그림 윤곽에 깊은 영향을 주었다. 열정적인 가톨릭 신자가 된 1895년 이후, 루오의 미술 활동은 종교와 더욱 긴밀한 관계를 맺게 되었다. 1905년 살롱 도톤느(Salon d'Automne)에 다른 작가들과 함께 그의 작품이 전시되면서 야수파의 일원으로 활동하게 되었고, 1913년부터 본격적으로 종교화를 그리기 시작했다. 루오는 서민, 광대, 창녀 등 소외된 사람들을 깊이 관찰하고

마르크 샤갈의 〈예언자 예레미야〉

화폭에 담았으며, 예수를 소재로 한 작품도 다수 제작했다. 1930년대 그리스도의 수난을 다룬 연작 〈조롱당하는 그리스도〉, 〈성스러운 얼굴〉, 〈그리스도와 대제사장〉이 대표작이다. 루오는 강렬한 개성을 통해 종교적 주제를 성공적으로 예술로 승화시킨 20세기의 뛰어난 화가다.

루오 외에도, 20세기 그리스도교 미술에 중요한 족적을 남긴 작가들이 적지 않다. 에릭 길(Eric Gill, 1882-1940)은 영국에서 점토 모형 대신 직접 돌에 새기는 작업방식을 부활시킨 조각가다. 그는 런던 웨스트민스터대사원에 〈십자가의 길〉(1914-1918)을 부조로 제작했고, 제네바 국제연맹본부 회의장 로비에 부조 〈아담의 창조〉(1935-1938)를 제작했다. 그뿐만 아니라 종교, 예술, 제작자의 관계에 대한 중요한 글도 꾸준히 발표했다.《그리스도교와 미술》(Christianity and Art, 1927)이 대표적이다. 피카소와 함께 20세기 최고의 화가로 평가되는 '색채의 마술사' 마르크 샤갈(Marc Chagall, 1887-1985)은 러시아 서부의 독실한 유대인 집안에서 태어났지만, 그리스도교와 관련된 다양한 주제의 그림과 판화, 스테인드글라스 작품을 남겼다. 〈흰 십자가〉(1938)와 〈예언자 예레미야〉(1968) 같은 회화, 성서에 삽화로 넣은 105점의 동판화, 메츠 성당의 스테인드글라스(1960) 등이 유명하다. 1973년 프랑스 니스에 '마르크 샤갈 성서 메시지 미술관'이 문을 열 정도로, 샤갈은 그리스도교 미술에 크게 기여했다. 반면, 제이콥 엡스타인(Jacob Epstein, 1880-

"20세기 최고의 종교화"로 꼽히는 〈리가트항의 성모〉

장우성의 〈성모자상〉

1959)은 미국에서 태어나 영국에서 활동한 조각가다. 그는 고전 양식에 충실했던 당대 조각에 도전하는 작품으로 논쟁을 일으켰다. 그럼에도 돌, 석고, 청동으로 작품을 만든 엡스타인은 작가 경력 초기부터 일생 동안 종교적인 작품을 제작했다. 〈그리스도〉(청동, 1919), 〈성 모자상〉(청동, 1930), 〈대천사 루시퍼〉(청동, 1945), 〈악마를 물리치는 성 마이클〉(1958) 등이 기억할 만한 작품이다.

비합리적·비상식적 예술을 추구하며 광인 취급을 받았던 초현실주의의 대표자 살바도르 달리(Salvador Dali, 1904-1989)도 간과할 수 없다. 그는 미술학교에 다니던 10대 시절, 성모 마리아 조각을 정물화로 그리는 수업시간에 성모 마리아가 저울로 보인다며 마리아 대신 저울을 그렸다는 일화로 유명하다. 그는 초기부터 사실과 상상을 혼합하여 독특한 그림을 그렸는데, 화가로서의 절정기에 두 편의 중요한 종교화를 제작했다. "20세기 최고의 종교화"로 꼽히는 〈리가트항의 성모〉(1949)는 핵물리학과 종교화가 신비롭게 결합된 작품이며, 〈최후의 만찬〉(1955)은 SF영화의 장면을 연상시킬 정도로 파격적·전위적으로 최후의 만찬을 묘사하여 보수 신학자들의 혹독한 비판을 불러온 문제작이다. 그레이엄 서덜랜드(Graham Sutherland, 1903-1980)도 흥미롭다. 그는 초창기에 초현실주의적 풍경화로, 후기에는 표현주의적 초상화로 명성을 얻었지만, 1926년 가톨릭으로 개종한 이후 특별히 1950년부터 1980년 세상을 떠날 때까지 종교에 깊이 관여하면서 종교적 상징과 자연을 결합하는 작품들을 다수 남겼다. 그는 1946년 노샘프턴의 성 마태 성당 제단화로 〈십자가에 달린 예수〉를 그렸고, 새로 건축된 코벤트리 대성당을 위해 거대한 태피스트리 〈사복음서에서 영광받으시는 그리스도〉(23m×11.5m)를 1962년 완성했다.

한편, 한국 그리스도교 미술의 선구자는 이당 김은호(1892-1979)다. 어릴 때 서울 안국동교회에 다녔던 김은호는 1924년 〈부활 후〉라는 3폭 병풍 형태의 작품을 그렸다. 이 작품에는 부활 직후 그리스도, 베드로와 야고보, 어머니 마리아와 막달라 마리아가 담겨 있다. 하지만 한국전쟁 중 이 작품이 소실되자, 1960년 예수만 다시 그렸다. 이 모습이 전통적 불상과 유사하여 '황색 그리스도' 혹은 '붓다 그리스도'로 불리기도 한다. 한편, 콜롬비아 대학에서 미술을 전공하고 1925년 귀국한 장발(1901-2001)은 한국 최초의 가톨릭 성화가로 기억되는 인물이다. 그는 〈14사도〉(1926), 〈김골롬바와 아네스 자매〉(1925), 〈성모영보〉(1945), 〈십자가에 못 박힌 예수 그리스도〉(1941) 등 여러 편의 성화를 남겼다. 한편, 김은호의 제자 김기창(1913-2001)은 한국전쟁 동안 한민족의 수난과 예수의 고난을 연계하여 예수의 생애를 한국화 연작으로 그렸다. 이 작품은 총 30점으로 구성되었으며, 갓 쓴 한복 차림의 선비로 예수를 묘사했다. 이들 외에, 바티칸의 초청으로 세계기독교미술전 람회에 한국적 화풍으로 〈성모자상〉(聖母子像)을 그린 장우성(1912-2005), 예수의 일대기를 20점의 화폭에 담은 김학수(1919-2009), 서울의 빈민촌에서 목회하며 〈이촌동 풍경〉(1952), 〈이촌동의 판잣집〉(1960), 〈서부이촌동 철거의 날〉(1967) 같은 작품을 통해 시대를 증언한 목사 화가 이연호(1919-1999) 등이 한국 그리스도교 미술사에 주목할 만한 족적을 남긴 화가들이다. 한편, 1980년대 민중신학과 민중미술의 영향이 그리스도교 미술에도 영향을 끼치기 시작했는데, 이 시기를 대표했던 권순철(1944-)은 고집스럽게 역사적·사회적 현실의 얼굴인 민중의 얼굴을 그렸다. 그리고 2000년대 들어서는 꾸준히 예수의 얼굴을 그리고 있다. 범어대 성당에 봉헌된 〈예수〉(2015)가 대표작 중 하나다.[21]

평가와 전망

20세기는 역사상 가장 급격한 변화의 시대임에 틀림없다. 그 변화는 인간의 능력과 가능성을 뚜렷하게 증명했다. 하지만 수차례의 대규모 전쟁이 일어나면서, 그 능력과 가능성의 치명적 위험도 적나라하게 노출되었다. 이런 경험은 20세기 문화에도 그대로 반영되었고, 그리스도교 문화도 예외일 수 없었다. 거의 2,000년간 서구문화를 지배했던 그리스도교는 20세기 동안 기득권을 상실하고 주변으로 밀려났다. 그 결과, 현대문화의 주류는 철저하게 무신론적 혹은 반(反)그리스도교적이었다. 이런 상황에서 그리스도교적 신앙과 가치를 주제로 한 문화활동은 시대착오적 혹은 주변적 영역으로 간주될 수밖에 없었다. 그럼에도, 그리스도교 문화가 멸종된 것은 아니다. 오히려 이런 외적 환경의 근본적 변화와 그로 인한 위기의식 속에서, 새로운 문화양식을 적극 수용하고 그리스도교적 정신과 가치를 더욱 치밀하고 심도 있게 표현하려는 예술적 노력과 실험이 계속되었다. 그 결과, 현대문화를 과도하게 수용하여 종교와 문화, 그리스도교와 세속주의의 경계선이 허물어지기도 했지만, 이런 흐름에 역류하면서 전통을 고수하려는 노력도 멈추지 않았다. 대부분의 경우, 이런 변화를 현실적으로 인정하되 이 시대의 문제에 대한 그리스도교적 해답을 추구했던 창조적 활동이 서서히 그리스도교 문화 활동의 주류를 형성했다. 따라서 세속은 종교, 특히 그리스도교를 중심에서 배제하려는 욕구가 강했던 반면, 그리스도교는 문화의 변방에서 축소된 입지를 인정하는 동시에 질과 농도 면에서 한층 성숙한 형태의 문화적 결과물을 생산할 수 있었다.

영화는 20세기에 출현한 그리스도교 문화의 새로운 영역이다. 교회가 영화를 발명한 것은 아니지만 20세기 사람들에게 영화가 차지한 영향력은 거부할 수 없으며, 특히 교회는 선교와 교육은 물론 신학적 탐구의 수단으로까지 영화를 수용하기 시작했다. 그 결과, 세속적인 걸작들 못지않은 우수한 그리스도교 영화들이 20세기에 꾸준히 제작되었다. 오락적 특성이 강하고 내용과 표현에서 전통적 윤리의 범주를 넘어서는 경우가 급증하고 있지만, 인간의 실존적·사회적·신학적 주제들에 대한 진지한 탐구의 수단으로 영화는 21세기에도 그리스도교의 중요한 문화 영역이자 유용한 도구로 적극 활용될 것이다. 하지만 '자극적 오락성에 근거한 상업적 이윤추구'라는 영화산업의 구조 속에서 그리스도교 영화가 어떻게 '건강한 생존과 건전한 영향'이라는 두 마리 토끼를 잡을 수 있느냐에 따라 그리스도교 영화의 미래가 결정될 것이다.

20세기 그리스도교 음악은 고전과 현대가 슬기롭게 공존하며, 시대적 적응과 책임을 성공적으로 수행한 것으로 평가할 수 있다. 거의 2,000

년간 서양음악을 이끌어 온 교회음악은 그리스도교의 입지가 대폭 축소된 20세기에도 다양한 방식으로 전통과 현실의 균형을 유지하면서 자신의 영역을 지켜왔다. 세계적 명성을 지닌 일급 작곡가들이 세속과 교회의 영역을 넘나들며 우수한 작품들을 발표했고, 20세기에 출현한 다양한 대중음악도 적극적으로 수용하여 예배음악의 핵심적 부분으로 정착시켰다. 그 과정에서 세속과 교회의 본질적 구분을 무시했다는 보수주의자들의 우려와 비판이 있었지만, 이런 흐름은 더 이상 부정할 수 없는 현실이 되었다. 하지만 대중음악의 강세 속에 전통음악의 입지가 위축되는 상황인 만큼 전통과 현대의 적절한 조화를 성공적으로 유지하는 것은 중요한 과제다. 또한 급변하는 대중음악을 교회가 빠르고 적극적으로 수용하는 것에 비해, 그런 양식 안에 숭고한 신앙과 심오한 신학을 탁월한 문학적 표현으로 담아내려는 노력은 상대적으로 부족해 보인다. 이것도 장차 극복해야 할 중요한 과제다.

문학 분야에서 20세기 그리스도교 문학의 성취는 눈부시다. 그리스도교적 정체성을 지닌 문인들이 뛰어난 문학적 능력으로 자신의 신앙을 표현하고 신학적 문제를 탐구한 걸작들이 수없이 탄생했기 때문이다. 전문적으로 그리스도교 문학을 추구한 경우뿐 아니라, 일반 문학과 그리스도교 문학을 병행한 경우도 많았다. 성경 및 그리스도교와 관련된 주제를 다룬 작품들은 물론 인간의 보편적 문제를 그리스도교적 관점에서 접근한 시도도 적지 않았다. 그리스도교의 진리를 변증적 혹은 선교적 차원에서 다룬 작품과 함께 그리스도교와 교회에 대한 비판적 공격을 감행한 작품도 꾸준히 발표되었다. 이로써 그리스도교 문학의 범주와 영역이 크게 확장되었고, 작품의 문학적 수준과 성취도 한층 성장했다. 하지만 그리스도교 문인들이 어느 정도까지 현대문학의 실험들을 수용할 수 있으며, 종교에 대한 관심이 급감하는 현실에서 얼마나 독자들의 관심과 호응을 끌어낼지 궁금하다.

건축과 미술의 상황도 유사하다. 서구사회에서 그리스도교의 전통적 지위가 빠르게 약화됨에도 성당 건축과 교회 건축은 계속되었고, 뛰어난 그림과 조각 작품도 교회를 중심으로 제작되었다. 동시에 서양 건축과 미술의 양식적 변화와 기술적 발전에 발맞추어, 교회 건축과 미술 영역에서도 중요한 변화와 발전이 이루어졌다. 하지만 세속화의 급진전과 교세 위축은 교회 건축과 미술 시장을 축소시킬 수밖에 없을 것이다. 이것은 이 영역의 전문가들에게 치명적인 위협이 될 것이며, 결국 교회 건축과 미술은 양과 질 면에서 심각한 위기에 직면할 수 있다. 이를 극복하는 것이 교회가 풀어야 할 중요한 과제다. 한편, 이번 장에서는 충분히 다루지 못했지만, 교회의 양적 부흥이 진행되는 제3세계가 이 영역의 새로운 무대로 떠오를 것으로 예상된다. 전통문화와 현대적 경향이 그들의 교회 건축과 미술 영역에서 어떤 결과물을 생산하게 될지 진지하게 주목해야 할 것이다.

끝으로, 한국 교회는 비교적 짧은 역사에도 불구하고 다른 지역에 비해 양과 질 면에서 상당한 수준의 문화적·예술적 업적을 이루었다. 이것은 교회의 질적·양적 성장과 한국 사회의 경제적·정치적 발전이 맞물리면서 발생한 결과로 해석된다. 물론 오랜 전통의 서양과 비교할 만한 수준의 작품과 작가가 출현한 것은 아니다. 그렇지만 한국인 작가와 감독, 건축가와 작곡가가 한국적 토양에 근거한 소재와 문제를 통해 다양한 영역에서 뛰어난 수준의 작품들을 꾸준히 생산해 온 것은 높이 평가받아 마땅하다. 그럼에도 가야 할 길은 아직 멀다. 기존 작품들이 선교적·호교적 목적에 치중하거나 성경적·그리스도교적 주제를 단순하게 재현하는 수준에 머물고, 작품의 주된 관객이 그리스도인에 한정되는 현실은 그리스도교 문화활동 및 예술작품이 극복해야 할 일차적 과제들이다.

주

1 ── 카메라와 영사기의 기능을 겸비한 기계로, 각 사진이 초당 16장의 속도로 화면에 비춘다. 영화를 뜻하는 'cinema'도 여기서 유래했다.

2 ── 김숙현, "기독교와 영화의 만남", 〈기독교언어문화논집〉 제10집(2007), 135.

3 ── 정승현, "현대문화와 하나님의 선교: 세계화와 매스미디어에 대한 선교적 응답", 〈선교와신학〉 제27집(2011), 324.

4 ── 강진구, "한국선교다큐멘터리 영화의 현황과 문화선교적 역할 연구", 〈복음과선교〉 vol. 39(2017), 22.

5 ── 프랑스 6인조는 1920년 비평가 앙리 콜레트(Henri Collet)에 의해 6인의 젊은 프랑스 작곡가들, 즉 아르튀르 오네게르, 다뤼스 미요, 조르주 오리크, 제르망 타유페르, 루이 뒤레, 프란시스 풀랑에게 붙인 이름이다.

6 ── 홍세원, "20세기 교회음악의 작품 성향", 〈음악연구〉 vol. 21(2010), 454.

7 ── 홍세원, "20세기 교회음악의 작품 성향", 454.

8 ── 홍세원, "20세기 교회음악의 작품 성향", 461.

9 ── 양정식, "현대예배와 찬양의 흐름 연구", 〈신학과선교〉 vol. 53(2018), 255.

10 ── 배덕만, 《교회사의 숲》(대전: 대장간, 2015), 146-147.

11 ── 20세기 건축의 변천에 대한 개괄적 정보는 정승진, 《서양건축사》(서울: 미세움, 2016), 302-319 참조.

12 ── 조경수·윤도근, "20세기 전후한 교회 건축의 근대적 변천양상에 관한 연구", 〈한국실내디자인학회학회지〉 제20호(1999. 9.), 75.

13 ── 김정신, "20세기 현대 교회 건축 운동에 관한 비교 연구", 〈건축역사연구〉 제8권 4호(1999. 12.), 137.

14 ── 김정신, "20세기 현대 교회 건축 운동에 관한 비교 연구", 137

15 ── 김정신, "20세기 현대 교회 건축 운동에 관한 비교 연구", 140.

16 ── 조창환, "한국기독교와 예술: 제6장 교회 건축의 토착화와 당면과제", 〈한국기독교연구논총〉 vol. 4 (1986), 250-270 참조.

17 ── 조은령·조은정, 《혼자 읽는 세계 미술사 2》(서울: 다산북스, 2015), 368-430 참조.

18 ── 김정신, "20세기 현대교회 건축 운동에 관한 비교 연구", 143.

19 ── 장준석, "20세기 프랑스의 종교 회화와 한국의 종교 회화 연구", 〈유럽문화예술학논집〉 제12집(2015), 124.

20 ── 장준석, "20세기 프랑스의 종교 회화와 한국의 종교 회화 연구", 124.

21 ── 김지훈, "민중미술 작가가 선보이는 '예수 초상'", 〈머니투데이〉(2016. 12. 12.).

로마 가톨릭교회:
위축과 확장의 시대

7

16세기에 발생한 종교개혁의 결과, 서유럽의 그리스도교는 로마 가톨릭교회와 개신교회로 양분되었다. 개신교회는 성경에 절대적 권위를 부여하면서 교황제를 거부하고 수도원을 해산했다. 연옥과 마리아숭배 같은 교리와 관행도 버렸다. 반면, 로마 가톨릭교회는 자체 개혁을 통해 윤리적·관행적 차원의 오류를 수정했지만, 신학적·교리적 차원에서는 교황제를 포함한 기존 전통을 더욱 강화했다. 신대륙의 발견과 함께 시작된 해외 선교활동으로 관할 영역은 오히려 전 세계로 확장되고 교인 수도 크게 증가했다. 그러나 유럽에서는 프랑스혁명, 두 차례 세계대전, 그리고 파시즘과 공산주의의 발흥으로 위기와 시련을 반복해서 겪었다. 그럼에도 로마 가톨릭교회는 살아남아 세계 도처에서 교세를 회복하고 영향력을 확장하고 있으며, 과거와 달리 시대 변화에 민감하게 반응하며 적응하고 있다.

교황들

가톨릭교회의 가장 중요한 특징은 '교황제'(papacy), 즉 교황을 중심으로 형성된 중앙집권적 통치제제이다. 이것을 인정하지 않는 다른 그리스도교 종파들과의 분리도 불사하며 지켜 온 전통으로, 지금도 세계 가톨릭교회를 운영하고 보존하는 중심축이다. 동시에 교황의 입장과 결정이 세계 가톨릭교회 전체에 절대적인 영향을 끼쳤다. 따라서 20세기 가톨릭교회의 역사를 이해하는 중요한 방법의 하나는 교황들의 활동을 추적하는 것이다.

레오 13세(재위 1878-1903)

20세기의 문을 연 교황은 레오 13세이다. 그의 본명은 조아키노 빈첸초 라파엘레 루이지 페치(Gioacchino Vincenzo Raffaele Luigi Pecci)이며, 1810년 3월 2일 이탈리아 아나니에서 출생했다. 그는 교황 비오 9세가 서거하고 3일이 지난 1878년 2월 20일 교황 레오 13세로 선출되었다. 교황으로 선출되기 전, 1843년부터 3년간 브뤼셀 주재 교황대사를 역임했으며, 이를 통해

20세기의 문을 연 교황 레오 13세

산업화의 문제점을 목격했고 민주적 정부 형태도 체험했다. 이때의 경험이 후에 교황으로서의 혁신적인 사역에 큰 영향을 끼쳤다. 하지만 1870-1871년 이탈리아가 통일을 이루면서 교황은 정치적으로 큰 시련에 직면했다. 교회국가가 해체되면서 교황은 바티칸에서 포로처럼 살아야 했는데, 수십 년간 바티칸 밖으로 여행을 할 수도 없었다. 레오 13세는 독일 재상 비스마르크(Otto Eduard Leopold von Bismark, 1815-1898)의 도움으로 이탈리아 정부와 관계를 개선하려 했으나 별다른 성과를 거두지 못했고, 1890년 이후로는 이탈리아와의 관계가 더욱 악화되었다.

반면, 목회적 차원에서는 많은 성과를 냈다. 먼저, 레오 13세는 1878년 4월 21일 첫 회칙을 발표하고 교회와 문화의 화해를 시도했다. 이런 입장은 독일에서 1840년대에 시작되고 1871년 비스마르크가 독일제국 수상이 되면서 더욱 악화된 소위 '문화투쟁'(Kulturkampf)을 종식시키는 데 결정적인 역할을 했다. 문화투쟁은 가톨릭교회와 자유주의적 정부 사이에 벌어진 갈등으로, 독일 정부는 가톨릭 세력 확장을 견제하기 위해 다양한 법률로 가톨릭교회를 탄압했고 가톨릭 신자들은 이에 강력히 저항했다. 하지만 1870년대 중반부터 문화투쟁의 명분이 약화되면서 비스마르크는 이를 종식시키기 위해 노력했고, 이런 상황을 충분히 공감한 레오 13세가 교황에 취임하면서 문제 해결의 돌파구를 찾기 시작했다. 마침내 레오 13세는 1887년 5월 23일 문화투쟁 종결을 선언했으며, 독일에서 가톨릭교회와 정부의 오랜 갈등도 막을 내렸다.

레오 13세는 1891년 3월 15일 유명한 사회 회칙 〈새로운 사태〉(Rerum novarum)를 발표했다. 당시 유럽은 산업혁명의 부정적 결과로 노동자들이 열악한 노동환경, 저임금, 산업재해 등의 문제로 고통을 겪고 있었다. 영국을 선두로 다양한 법이 제정되어 노동문제를 개선하려고 노력했지만, 다른 나라에서는 노조활동이 금지되는 등 노동자들이 열악하고 억압적인 상황에 놓여 있었던 것이다. 이에 대한 반작용으로 1840년대부터 카를 마르크스(Karl Marx, 1818-1883)를 중심으로 한 공산주의운동이 지식인들과 노동자들 사이에서 빠르게 확산되었고, 가톨릭 신자들도 이런 운동에 참여했다. 그리고 독일, 영국, 미국에서 노동자들을 보호하려는 운동이 주교들을 중심으로 시작되었다. 〈새로운 사태〉는 이런 시대적 상황을 고려하여 발표된 최초의 사회교리 회칙이다. 이 회칙에서 레오 13세는 산업혁명 이후 발생한 '새로운 사태'를 직시하면서 정당한 임금과 노동조합 결성의 권리를 노동자들에게 보장하고, 이 문제와 관련된 국가의 의무와 한계를 지적했다. 동시에 사유재산권을 부정하는 사회주의적 해결책에 대해서는 분명하게 반대를 표명했다. 흔히 '노동헌장'이라고도 불리는 이 회칙은 이후 교황들의 사회교리 회칙을 위한 사상적 기초로서 크게 기여했으며, 그 결과 레오 13세는 '노동자들의 교황'이라는 별칭도 얻었다.

뛰어난 지성인이었던 레오 13세는 신학에도 큰 관심을 보였다. 여러 회칙을 통해 신학의 문제들을 언급했고, 토마스 아퀴나스(Thomas Aquinas, 1224/5-1274)를 가톨릭 신학과 철학의 모범으로 권고했으며, 성서연구의 필요성도 강조했다. 그는 성서연구를 후원하고 성경논쟁을 해결할 목적으로 1902년 추기경들로 구성된 '교황청성서위원회'를 설치했다. 1903년 7월 20일 93세로 서거한 레오 13세는 19세기 교황 가운데 가장 강력한 영향력을 행사한 인물로 평가된다. 특히, 교회와 개별 국가 사이의 장애물을 제거하고 교회와 현대 인류의 화해를 시도한 것은 그의 위대한 업적으로 인정받는다.

비오 10세(재위 1903-1914)

1835년 6월 2일 베네치아의 리에세(트레비소)에서 태어난 주세페 멜키오레 사르토(Guiseppe Melchiorre Sarto)는 1858년 사제서품을 받았고, 1893년 베네치아의 총대주교 겸 산 베르나르도 알레 테르메 성당의 사제급 추기경으로 임명되었다. 레오 13세의 뒤를 이어 비오 10세로 등극한 그는 "정치적이기보다는 종교적인 지도자"로서,[1] 재임 기간 동안 세속으로부터 교회의 권리를 지키기 위해 분투했다. 그는 외교적인 차원에서, 세속정부에 우호적인 레오 13세의 정책을 실패로 규정하고 세속정부의 반가톨릭정책을 비판했다. 프랑스에서 에밀 콩브(Emile Combes, 1835-1921) 내각이 1801년의 정교조약(concordat)을 폐기하고 교회재산을 평신도협회로 이전하자, 비오 10세는 1906년 이를 맹렬히 비난했다. 또한 1911년 포르투갈 정부가 정교분리를 법으로 규정한 것에 대해서도 강력히 비판하여 양자의 관계가 급격히 악화되었다. 또한 폴란드와 아일랜드에서 가톨릭 신자들을 지지함으로써 러시아와 잉글랜드의 반감을 샀다. 하지만 이탈리아에서 교회와 국가 간 갈등의 원인이었던 '로마 문제'(Roman Question)[2]에 대해서는 강경한 입장을 견지하며 바티칸과 이탈리아 정부의 관계개선을 위해 신중하게 노력했다. 특히, 이탈리아에서 사회주의의 확장을 막으려고 가톨릭 신자들의 선거참여를 허용했다.

한편, 비오 10세는 일체의 '근대주의'에 극단적인 반감을 표출하면서, 로마 가톨릭교회 내에서 신(新)사상의 확산을 막기 위해 총력을 기울였다. 1907년 7월 3일 〈비통한 결과에 대해서〉(Lamentabili Sane Exitu)를 반포하여 65명의 근대주의자 및 상대주의자들의 주장을 공식 규탄했다. 1907년 9월 8일 반포된 〈주님의 양 떼의 사목〉(Pascendi Dominici Gregis)에서는 근대주의를 '모든 이단의 총집합'이라고 선언했다. 이런 일련의 칙령을 토대로,

1910년 9월 1일 〈반근대주의 선언〉(Sacrorum antistitum)을 작성하여 모든 성직자에게 '반근대주의 서약'을 강요했다. 그뿐만 아니라 비오 10세는 진보 성향의 가톨릭 성직자, 신학자, 정치가, 신문 등을 감시하고 탄압할 목적으로 움베르토 베니니(Umberto Benigni, 1862-1934)의 주도하에 출범한 비밀조직 '성 비오 5세회' 혹은 '경건한 형제회'(Sodalitium Pianum)를 지지했다. 그 결과, 프랑스, 독일, 이탈리아, 북미 등지에서 많은 가톨릭 엘리트들이 파문과 면직을 당했다.

비오 10세는 교회전례개혁을 위해서도 노력했다. 교황 즉위 직후 〈목자의 역할을 다함에 있어서〉(Trale sollecitudini)를 발표하여 교회음악에서 당대에 유행하던 바로크풍 그레고리오 성가를 초창기 교회음악 양식으로 복귀하도록 요구했다. 또한 신자들의 신앙생활에서 영성체의 중요성을 크게 강조하고, 아이들을 포함한 평신도들이 영성체를 자주 하도록 권면했다. 이를 위해 아이가 첫 영성체를 하는 나이를 12-14세에서 7세로 대폭 낮추었다. 고해성사도 자주 하도록 했고 《성무일도서》를 재편했다. 그 결과, 그는 '성체의 교황'이라 불리게 되었다.

베네딕토 15세(재위 1914-1922)

어릴 때부터 병약했고 커서도 다리를 절었으나 매우 친절하고 상냥한 교황으로 알려진 베네딕토 15세의 본명은 자코모 델라 키에사(Giacomo Della Chiesa)이다. 1854년 11월 21일 사르데냐 왕국 제노바에서 태어났고, 부모의 뜻에 따라 21세에 법학 박사학위를 취득했다. 하지만 사제가 되기 위해 부모를 설득하여 신학교에 들어가서 1878년 사제서품을 받았다. 1907년 볼로냐 대주교로 임명되었고 1914년 추기경에 서임되었으며, 1914년 비오 10세의 선종 후 교황으로 선출되었다.

제1차 세계대전 발발 직후 교황에 취임한 그는 중립을 유지하며 평화적 해결을 위해 최선을 다했는데, 특히 전쟁 중 독가스 사용 등 비인간적 무기 사용과 잔혹행위를 비판했고 전쟁 포로 귀환을 위해서도 노력했다. 1917년 8월 1일에는 모든 교전국 통치자들에게 7개 사항에 근거한 평화

협상을 요청했다.[3] 하지만 이런 교황의 노력은 양측의 오해와 반감으로 성과를 거두지 못했다. "유럽 동맹군은 베네딕토 15세를 '프랑스 교황'이라고 불렀고, 연합군은 그를 '독일 교황'이라고 비난했다."[4] 1919년 연합국이 평화협정을 체결할 때도 교황이 설 자리는 없었다. 그럼에도 베네딕토 15세는 피해 경감을 위해 온 힘을 쏟았다. 부상 입은 포로들을 교환하려고 바티칸에 기구를 설치하여 6만 5,000여 명을 본국으로 송환했고, 광범위한 구호 활동에 힘쓴 결과 바티칸 재정이 파산위기에 처하기도 했다.

그는 전쟁극복을 위한 노력과 함께 교황청과 여러 나라의 관계개선을 위해서도 분투했다. 전쟁 중 잉글랜드와 관계회복을 위해 노력한 결과, 잉글랜드는 1915년 300년 만에 '대리 대사'를 바티칸에 파견했다. 1920년 잔 다르크(Jeanne d'Arc, 1412-1431)를 시성하면서 오랫동안 불편한 관계에 있던 프랑스와도 외교관계를 재수립했다. 또한 이탈리아와의 관계증진을 위해서도 계속 노력했고, 1917년 러시아가 혁명으로 붕괴하자 서방교회와 동방교회의 통일을 기대하며 교황청 내에 '동방교회성'을 신설하고 교황청 '동방연구소'도 설립했다.

베네딕토 15세는 신학적으로 전임자의 보수주의를 고수했다. 자신의 첫 회칙 〈복된 사도들에게〉(Ad Beatissimi Apostolorum, 1914)를 통해 근대철학의 오류를 비판했으며, 1920년 7월 25일 〈건강한 선〉(Bonum sane)을 반포하여 자연주의에 반대했다. 한편, 비오 10세부터 추진되던 교회법 개정도 완료했다. 이 법전을 통해, 모든 주교를 임명할 수 있는 교황의 권리를 인정함으로써 중앙집권체제의 법적 토대를 마련했다. 그는 선교에도 큰 관심을 보였다. 1919년 11월 30일 회칙 〈가장 위대한 일〉(Maximum illud)을 반포하여 선교사들의 문화적 우월성을 비판하면서 각 지역 문화를 존중하도록 권면했고, 선교지에서 현지 출신 성직자 임명을 주교들에게 독려했다.

베네딕트 15세는 1922년 1월 27일 67세로 세상을 떠났다. 제1차 세계대전 동안 교황으로서 세계평화를 위해 수고했지만 당대에는 정당한 평가를 받지 못했고, 민족주의에 경도된 서구 그리스도인들에게도 환영받지 못했다. 하지만 흥미롭게도 이슬람국가인 터키가 그의 생전에 그를 높이 평가하여 1920년 이스탄불 성령대성당 마당에 그의 동상을 세웠다. 동상 하단에는 이런 문구가 적혀 있다. "비극적 세계에서 국가와 종교에 상관없이 모든 사람에게 은혜를 베푼 위대한 교황."[5]

비오 11세(재위 1922-1939)

뛰어난 학자요 외교관이었던 비오 11세는 1857년 5월 31일 밀라노 인근 데시오에서 태어났고, 본명은 암브로조 다미아노 아킬레 라티(Ambrogio Damiano Achille Ratti)이다. 1879년 사제서품을 받았으며, 1882년부터 1888년까지 파도바신학교 교수를 역임했다. 특히, 1919년 바르샤바 주교좌성당에서 주교품을 받았는데, 이때 볼셰비키 정권이 교회를 위협하는 어려움을 겪으면서 강력한 반공주의자가 되었다.

비오 11세는 근대주의에 대해서는 근원적 의심을 품었지만, 가톨릭의 전통적 가르침과 모순되지 않는 한 새로운 학문을 수용하고 권장했다. 1925년 교황청 '그리스도교 고고학연구소'와 1936년 교황청 '학술원'을 설립했고, 1931년 라디오방송국을 개국해 전 세계를 향해 정규방송을 최초로 시작했다. 그는 학문 활동과 함께 선교에도 큰 관심을 보였다. 그의 재위 중 가톨릭 선교사가 두 배나 증가했으며, 중국, 인도, 일본, 동남아시아에서 현지인 사제가 3,000명에서 7,000명 이상으로 급증했다. 1922년 최초로 중국인 주교 6명을 서임한 것은 특기할 만하다. 이런 그의 행보는 다른 그리스도교 종파들과의 관계에도 영향을 미쳤다. 동방 정교회와 로마 가톨릭교회의 통합을 추진했으나, 정교회의 복종을 요구함으로써 뜻을 이루지는 못했다. 또한 개신교의 에큐메니컬운동에 반대하는 회칙 〈영혼의 죽음〉(Mortalium animos, 1928)을 발표하고 이 운동에 가톨릭 신자들이 참여하는 것을 막았다.

한편, 비오 11세는 재임 중 교회의 권리와 지위를 보호하기 위해 30개 국가와 정교조약이나 협정을 체결했다. 주목할 것은 1929년 2월 11일 무솔리니와 라테란조약을 체결한 것이다. 이를 통해 교황청은 이탈리아 왕국을 인정했고, 이탈리아 왕국도 교황청을 독립된 중립국으로 인정했다.

1933년에는 독일과 정교조약을 체결하여 독일에서 가톨릭성직자와 학교의 특권을 인정받았다. 또한 당시 급부상하던 공산주의에 대한 혐오와 두려움 때문에 이탈리아, 스페인, 독일의 파시스트 정권을 지지했다. 하지만 독일 나치정부가 강압적이고 위험하다는 사실을 간파한 후, 1937년 독일어 회칙 〈극도의 슬픔으로〉(Mit brennender Sorge)를 발표하여 나치의 강령, 정책, 정교조약 위반 등을 통렬히 비판하고 나치즘을 반그리스도교적인 것으로 정죄했다. 그리고 이탈리아의 독재정권을 공격할 연설을 준비했으며, 당대의 인종차별과 반유대주의에 대한 회칙도 마련 중이었다. 하지만 1938년부터 악화된 건강을 끝내 회복하지 못하고, 1939년 1월 10일 세 차례 심장발작을 일으킨 후 선종했다.

비오 12세(재위 1939–1958)

비오 12세로 등극한 에우제니오 마리아 주세페 조반니 파첼리(Eugenio Maria Giuseppe Giovanni Pacelli)는 1876년 3월 2일 이탈리아 로마의 명문가에서 태어났다. 그는 어릴 때부터 신부가 되길 소망하여 18세 때 신학교에 들어가서 1899년 사제서품을 받았다. 1902년 교회법 박사학위를 받았으며, 1905년에는 명예 고위 성직자인 몬시뇰(Monsignor)이 되었다. 이후 교황대사, 교황청 국무원장과 궁무처장을 거친 후, 1939년 5월 2일 교황 비오 11세의 뒤를 이어 비오 12세로 교황직에 올랐다.

비오 12세는 제2차 세계대전 발발과 함께 교황으로서 직무를 시작했다. 그가 교황으로 선출되고 4개월이 지난 9월 1일, 독일이 폴란드를 침략하면서 제2차 세계대전이 시작되었기 때문이다. 전쟁 발발 직전, "평화로는 아무것도 잃지 않지만 전쟁으로는 모든 것을 잃는다"라고 호소하며 전쟁 방지를 위해 백방으로 노력했지만 성공하지 못했다. 전쟁 발발 후에는 중립을 지키면서 전쟁포로와 난민들을 돕기 위해 힘썼고, 독일의 폴란드 침공을 강력히 비판했으며, 독일과 연합군으로부터 로마의 폭격을 막아 내는데 결정적인 기여를 했다. 또한 전쟁이 막바지에 다다랐을 때, 제1차 세계대전의 실패를 반복하지 않기 위해 연합국 지도자들에게 패전국들을 관대히

처리해 달라고 호소했다.

전쟁이 끝난 후 비오 12세는, 파시즘 정권에게는 지나치게 관대했던 반면 유대인들의 비극에는 철저히 침묵했다는 혹독한 비난을 받았다. 독일의 유대인 학살 소문이 파다했지만, 그는 끝까지 이 문제에 침묵했다. 심지어 미국을 포함한 세계 각국 대표들이 독일의 범죄행위를 규탄해 달라고 요청했으나 끝내 외면했다. 종전 후 13년을 더 재임하고도, 유대인 희생자들을 위한 미사 집전이나 전범들에 대한 파문을 고려한 적이 없고, 나치의 학살에 공개적 비난도 하지 않았다. 그뿐만 아니라, 종전 후 동유럽과 중국에서 공산정권이 가톨릭교회를 가혹하게 탄압함에도 침묵했다. 그 결과, 1965년 카를로 팔코니(Carlo Falconi)가 《비오 12세의 침묵》(Le silence de Pie XII)을, 1999년에 존 콘웰(John Cornwell)이 《히틀러의 교황》(Hitler's Pope)을 출판하여 유대인 학살에 대한 비오 12세의 침묵을 비판했다.

사실 교황으로서 비오 12세의 일차적 관심은 교회의 자유와 권한이었다. 그는 1943년 회칙 〈성령의 영감〉(Divino Afflante Spiritu)을 발표하여 자유로운 성경연구를 허락했다. 또한 1950년 11월에는 회칙 〈지극히 자애로우신 하나님〉(Munificentissimus Deus)을 통해, "하느님의 어머니 마리아께서 지상의 생애를 마치신 다음, 영혼과 육신이 함께 천상의 영광으로 들어 올림을 받으셨다"는 소위 '성모 마리아 몽소승천 교리'를 선언했고, 1954년에는 마리아를 하늘의 여왕으로 기념하는 축일도 제정했다. 이후 이 교리는 가톨릭교회의 정통교리로 뿌리를 내렸다. 하지만 1950년 발표한 회칙 〈인류〉(Humani Generis)에서는 새롭거나 독창적인 모든 그리스도교적 사고를 강력히 비판했다. 그 결과, 저명한 고생물학자 테야르 드 샤르댕(Teilhard de Chardin, 1881-1955)의 연구와 프랑스의 '노동사제운동'이 금지되는 결과를 초래했다.[6] 한편 1948년 8월 15일 대한민국 정부 수립 후 독실한 가톨릭 신자 장면(1898-1966)의 적극적 요청에 따라 비오 12세는 세계정상으로서는 최초로 대한민국을 주권국가로 승인함으로써 대한민국과 특별한 인연을 맺었다.

전쟁으로 영토와 정신이 모두 황폐해진 험난한 시기에 교황의 직무를 수행한 비오 12세는 1958년 급성심부전으로 선종했다. 그의 장례미사에는 수많은 로마 시민들이 몰려들어 '자신들의 교황'을 추모했다. 하지만 가톨릭 신학자 한스 큉(Hans Küng)은 "중세적 반종교 개혁과 반근대주의적 패러다임의 마지막 불굴의 대표자였던 피우스 12세"[7]라며 혹독한 평가를 내렸다.

요한 23세(재위 1958-1963)

베네치아의 총대주교이자 추기경이었던 안젤로 주세페 론칼리(Angelo Giuseppe Roncalli)는 1958년 선종한 비오 12세의 뒤를 이어 요한 23세로 교황좌에 올랐다. 1881년 12월 25일 소토 일 몬테에서 태어났으며 1904년 사제서품을 받았다. 제1차 세계대전 중에는 군종사제로 복무했고, 신학 박사학위를 받은 후 로마신학교에서 교부학을 강의했다. 그 후 불가리아, 터키, 그리스, 프랑스에서 교황대사로 근무하고 1953년 베네치아 총대주교가 되었다. 1958년 신임 교황으로 선출되었을 때, 그는 거의 무명이었다. 게다가 당시 그의 나이가 77세였기 때문에 과도기적 교황이 되리라고 모두가 예상했다. 하지만 모든 사람의 예상을 뒤엎고, "그는 가톨릭교회 역사에서 새 시대를 연 교황"이 되었다.[8]

요한 23세의 사역은 세 가지에 집중되었다. 먼저, 1960년 1월 24일부터 30일까지 로마공의회를 개최했다. 이는 로마에서 개최된 최초의 공의회다. 둘째, 새로운 교회법 편찬을 추진했다. 그가 시작한 작업은 1983년에야 완료되었다. 끝으로, '제2차 바티칸공의회'를 소집했다. 그는 교황에 등극하면서 교회가 시대에 적응하고 세상을 향해 자신을 개방해야 한다고 역설했다. 이를 위해 그는 '아조르나멘토'(Aggiornamento, 개혁과 쇄신)라는 단어를 사용했다. 1959년 6월 29일 교황좌 등극 회칙으로 〈베드로 좌〉(Ad Petri Cathedram)를 발표하여 공의회 개최를 공식 선언했다. 제2차 바티칸공의회는 1962년 10월 11일 공식적으로 개회가 선언되었고, 약 2,500명이 참석했으며, 18개 비가톨릭교회들이 공식 참관인으로 초대되었다.

요한 23세는 바티칸공의회를 개최한 것 외에도 사목자로서 중요한

제2차 바티칸공의회

담화문과 회칙들을 발표했다. 특히, 1961년 5월 15일 사회회칙 〈어머니와 교사〉(Mater et Magistra)를 발표하여 국제적 차원의 사회정의를 촉구했고, 1963년 4월 11일 발표한 〈지상의 평화〉(Pacem in terris)를 통해 근대세계에 대한 전반적인 개방과 인권을 주장했다. 유대인들에 대한 관심과 애정을 표현했으며, 공산국가들과의 관계개선을 위해서도 노력했다. 물론 그가 모든 면에서 개혁적·혁신적이었던 것은 아니다. 성서해석과 신학연구에서 라틴어의 위치를 고수하고, 그리고 프랑스 노동사제들에 대해서는 전통적인 부정적 입장을 고수했다.

그럼에도 20세기 가톨릭교회사에서 요한 23세의 존재와 위치는 대단히 중요하다. 겸손하고 친근한 자세, 혁신적이고 개방적인 태도, 교회에 대한 지극한 애정과 책임은 모든 계층의 사람들이 그를 사랑하고 존경하게 만들었다. 그래서 그의 별명은 '착하신 교황 요한'이다. 교황 자리에 채 5년도 머물지 못한 요한 23세는 자신이 소집한 공의회의 제2차 회기가 시작되기 전인 1963년 6월 3일 선종했다.

바오로 6세(재위 1963-1978)

1962년 12월 8일 제2차 바티칸공의회 제1차 회기를 무사히 마친 요한 23세는 다음 회기가 소집되기 직전 갑자기 세상을 떠났다. 콘클라베[9]는 당시 밀라노 대주교 몬티니 추기경을 교황으로 선출했고, 신임 교황 몬티니는 바오로 6세를 자신의 교황명으로 선택했다. 그는 1897년 9월 26일 이탈리아 왕국 콘체시오에서 태어났으며, 세속명은 조반니 바티스타 엔리코 안토니오 마리아 몬티니(Giovanni Battista Enrico Antonio Maria Montini)였다. 1920년 사제로 서품된 후 로마에서 유학했고, 이어서 바티칸 외교관으로 선출된 후 여러 요직을 거쳤다. 특히 바티칸 국무성에서 30년간 근무하는 동안 로마대학교 청년들의 신앙지도에 힘을 쏟았다. 후에 이들 중에서 이탈리아 대통령, 국무총리, 장관 등이 다수 배출되었다.

교황으로 선출된 후 그에게 맡겨진 가장 중요한 과제는 제2차 바티칸공의회를 성공적으로 마무리하는 것이었다. 1963년 회기 중에는 교회, 주교, 그리스도교 일치와 사회봉사 의무 등이 주된 쟁점으로 다루어졌고, 1964년 회기 때는 종교의 자유, 타종교, 계시, 평신도의 전도의무, 현대세계와 동방 가톨릭교회가 주된 의제였다. 1965년에는 이런 의제들에 사목과 선교활동, 종교적인 삶과 그리스도교 교육 등이 함께 논의되었다.[10] 이 공의회의 결정 중 가장 큰 변화와 논쟁을 야기한 것은 기존 라틴어 미사를 각국 언어로 진행하도록 허용한 것이다. 이 결정으로 평신도들이 미사를 더 잘 이해하게 되었다며 환영하는 목소리가 컸지만, 프랑스 대주교 마르셀 르페브르(Marcel Lefebvre, 1905-1991)는 "단일언어로 교회 예배를 드리던 시절의 보편성이 훼손되었다"라며 반발했다.[11] 그는 공의회에서 결정된 모든 혁신적 조치들을 거부했고, 많은 사람들이 그의 뒤를 따랐다. 한편 한스 큉 같은 진보주의자들은 제2차 바티칸공의회가 교회를 근본적으로 변화시키는 데 충분하지 못했다며 부정적으로 평가했다.

공의회가 종료된 후, 바오로 6세는 칙령을 계속 발표하여 공의회의 결정사항을 설명하고 확산시키는 데 힘을 쏟았다. 그중 가장 큰 논란을 일으킨 칙령은 1968년 발표된 〈인간생명〉(Humanae vitae)이다. 이 칙령에서 교황은 일체의 인위적 산아조절을 반대했다. 이에 실망한 남미 사제 수백 명이 사임했고, 더 많은 사제들이 신도들에게 계속 피임을 장려함으로써 교황의 입장에 저항했다. "이런 논란은 20세기 교회 역사에서 대다수 신자들과 성직자들이 중요 문제에서 교황에게 복종하기를 거부한 최초의 사건이었다."[12] 이 칙령은 1967년 발표된 칙령 〈사제 독신 생활〉(Sacerdotalis coelibatus)과 함께 재위 말년까지 바오로 6세를 논쟁의 중심에 세웠다.

한편, 그는 전임 교황들의 유지를 이어받아, 교황청 관료 수를 줄이고 기구들을 간소화하며 교황청 내 여러 직책에 비이탈리아인들을 대거 임명하는 등 교황청 개혁에 큰 업적을 남겼다. 추기경 제도도 혁신했다. 그는 1966년 8월 6일 〈거룩한 교회〉(Ecclesiae Sanctae)를 발표하여 모든 주교와 법률상 그들과 동등한 지위에 있는 자들이 75세에 은퇴하도록 권고했는데, 이것은 곧 모든 추기경에게로 확대되었다. 그 결과, 은퇴한 주교와 추기경들의 자리가 젊은 사제들로 대체되면서 교회가 일신되었으며, 콘클라베에 참여하는 추기경들의 나이도 80세 미만으로 제한되었다. 동시에 추기경의 수를 늘리면서 제3세계 추기경이 크게 늘었고, 더 이상 이탈리아 출신들이 절대다수를 차지하지 못하게 했다. 이런 변화의 한 결과로, 1969년 김수환 대주교가 추기경으로 임명될 수 있었다.

바오로 6세는 세계 여러 나라를 방문했고, 공산국가들과의 관계개선을 위해 노력했다. 그는 1966년 소련 외무장관 안드레이 그로미코(Andrey A. Gromyko, 1909-1989)를, 1967년에는 소련 국가원수 니콜라이 포드고르니(Nikolay V. Podgorny, 1903-1983)를 만났다. 한편 동방교회와의 관계 증진에도 많은 노력을 기울였다. 예루살렘(1964)과 콘스탄티노플(1967)에서 동방교회의 총대주교 아테나고라스 1세(Athenagoras I, 1886-1972)를 만났으며, 1965년 12월 7일 동방교회에 대한 기존의 파문 조치(1054)를 공적으로 철회했다. 이로써 양 교회 간의 오랜 적대관계가 청산되면서 새로운 미래를 기대할 수 있게 되었다.

이처럼 바오로 6세는 제2차 바티칸공의회와 교황청 개혁을 성공적으로 마무리하고 전 세계 교회를 대상으로 성실한 사목활동을 전개했다. 하지만 일부 윤리적 문제에서는 강경한 보수주의를 견지해 논쟁을 초래했다. 1978년 중반 이후 기력이 쇠하고, 특히 심근경색으로 고생하다 1978년 8월 6일 교황의 여름 별궁인 카스텔 간돌포에서 심장마비로 선종했다.

요한 바오로 1세(재위 1978)

바오로 6세의 뒤를 이어 신임 교황으로 선출된 베네치아 총대주교 알비노 루치아니(Albino Luciani)는 1912년 10월 17일 이탈리아 벨루노 주에서 태어났다. 1935년 사제서품을 받았으며, 벨루노신학교에서 강사와 부학장으로 섬겼다. 이후 비트리오베네토 주교(1958), 베네치아 총대주교(1969), 추기경(1973)에 임명되었고, 1978년 9월 3일 마침내 교황 자리에 올랐다. 그는 전임 교황들인 요한 23세와 바오로 6세의 이름을 함께 취하여 자신의 교황 이름으로 요한 바오로 1세를 선택했다. 두 교황명인 '요한'과 '바오로'를 한꺼번에 선택한 것은 교회사 최초의 일이다.

그는 대관을 거절하고 대주교에게 수여되는 흰 양털 띠인 영대(領帶)만 받았는데, 이것도 관례를 깬 혁신적 조치였다. "이것은 겸손의 표시이자, 교황으로 재임하는 동안 교황직의 목자적 임무에 주력하겠다는 뜻을 상징적으로 보여 준 것이었다."[13] 또한 군중 사이에서 어깨높이로 교황을 태우고 운반하는 가마도 없앴으며, 교황 스스로 '짐'이라고 부르는 관행도 폐지했다. 그는 교회의 전통 교의에 충실하면서 제2차 바티칸공의회의 교령을 시행하겠다고 약속했다. 하지만 그는 교황 직무를 시작한 지 3주 만에 의문의 죽음을 맞이했다. 미국의 비밀 정보국에 의해 암살되었다는 소문과 논쟁이 지금까지 계속되고 있다. 요한 바오로 1세에 대해, 존 노리치(John Julius Norwich)는 다음과 같이 평했다. "그토록 따스하고 매력적인 웃음으로 모든 사람에게 미소를 보낸 교황은 없었다."[14]

요한 바오로 2세(재위 1978-2005)

요한 바오로 1세의 후임으로 선출된 사람은 폴란드 출신의 카롤 보이티야(Karol Wojityla) 추기경이다. 그는 1920년 5월 18일생으로, 1938년 아젤로니아대학교 철학과에 입학했으나 제2차 세계대전 발발로 학업을 중단했다. 이후 연극배우 생활을 하다가 크라코프신학교에 들어갔고 1946년 사제서품을 받았다. 보이티야는 철학과 신학 두 분야에서 박사학위를 취득했으며, 여러 나라 말을 유창하게 구사할 수 있었고, 특히 라틴어에 능통했다. 1953년 크라코프대학 교수를 시작으로 1964년 크라코프 대주교, 1967년 추기경에 임명되었다. 제2차 바티칸공의회에 참여하여 큰 활약을 했으며, 1978년 요한 바오로 1세가 의문의 죽음을 당하자 로마 가톨릭교회 역사상 456년 만에 최초의 비이탈리아인 교황으로 선출되었다. 그는 전임 교황 요한 바오로 1세를 기리는 의미에서 요한 바오로 2세를 자신의 이름으로 택했다.

흔히 요한 바오로 2세는 역대 교황 중 가장 활발히 활동한 교황으로 기억된다. 그는 가톨릭 역사상 세 번째로 긴 27년간 교황으로 재직하면서 총 129개국을 방문하고 평화와 화해의 메시지를 전했다. 1981년 5월 13일, 성 베드로 광장에서 순례자들과 관광객들을 맞이하던 중 총격으로 쓰러졌으나 오래지 않아 회복되어 교황 직무에 복귀할 수 있었다. 그는 자신의 회복이 파티마(포르투갈의 도시)의 복되신 동정녀 마리아가 일으킨 기적 덕분이라고 믿고, 두 차례나 파티마 성모의 발현지를 방문했다. 그의 몸에 박혔던 총알은 현재 파티마 동정녀 마리아의 금관에 다이아몬드와 함께 박혀 있다.

많은 사람들은 요한 바오로 2세의 공로를 "보수주의를 견지하면서 변화와 균형을 유지한 것"[15]이라고 평가한다. 그는 제2차 바티칸공의회의 유산을 보존하면서 가톨릭의 부정적 과거를 청산하고, 자신이 신학적으로 동의할 수 없는 모든 사상과 활동에 단호하게 반대 입장을 견지했다. 예를 들어, 그는 하나님의 뜻이라는 명목하에 과거 교회가 범했던 오류들에 대해 공식적으로 잘못을 인정하고 용서를 구한 최초의 교황이다. 1992년에는 갈릴레오 갈릴레이에 대한 중세 이단재판의 잘못을 인정하고 그의 명예를 회복시켰으며, 2000년에는 타종교와 유대인에 대한 차별과 박해, 여러 가톨릭 국가에서 행해진 인종차별, 그리고 여성에 대한 억압 등을 나열하며 참회하고 용서를 구했다. 또한 노동의 신성함과 노동자들의 권리에 대해서는 강력한 지지를 표명했다. 하지만 공산주의에 대해서는 정반대 태도를 보였다.

요한 바오로 2세는 공의회운동을 제어하고 교회 내 개혁이나 근대세

한국을 방문 중인 요한 바오로 2세

계와의 적극적 대화에도 소극적인 태도를 보였다. 강간이나 근친상간으로 임신을 해도 피임과 임신중절을 금지했고, 이혼과 여성사제 서품, 수녀회의 근대화 등에 강하게 반대했다. 그뿐만 아니라 북미의 도덕신학자, 중앙유럽의 교리신학자, 라틴아메리카와 아프리카의 해방신학자, 아시아의 종교 간의 대화 신학자, 그리고 진보적인 예수회에 대해 적대적인 태도를 유지했고, 반동적인 비밀정치 및 신학집단인 '오푸스데이'(Opus Dei, 하느님의 사역)를 지지했다. 따라서 그에 대한 세상의 평가는 극단적으로 상반된다. 대체로 우호적인 평가가 지배적이지만, 한스 큉의 평가는 냉정했다. "요한네스[요한] 23세의 재위 및 제2차 바티칸 공의회가 열렸던 7년(1958-1965)의 풍성한 결실의 시간과 비교할 때, 그보다 세 배에 달하는 보이티야(요한 바오로 2세)의 재위 기간은 핵심 없는 흉년기였다고 할 수 있다."[16]

지역별 상황

서유럽

• **독일**: 19세기 후반 문화투쟁(Kulturkampf)을 통해 독일제국 정부와 극심한 갈등을 겪은 독일 가톨릭교회는 1888년 빌헬름 2세(Wilhelm II, 1859-1941)가 권좌에 오르면서 안정을 회복하고 번영하기 시작했다.[17] 하지만 히틀러(Adolf Hitler, 1889-1945)가 등장하면서 교회와 국가 사이에 갈등과 대립이 반복되었다. 가톨릭교회는 나치와 그리스도교 도덕이 양립할 수 없다고 판단했고, 나치 또한 같은 생각이었다. 1933년 독일 수상이 된 히틀러는 독일제국과 교황청 사이에 정교조약을 체결하여 가톨릭교회에게 강력한 법적 지위를 부여하면서 독일 주교들의 지지를 확보했지만, 곧 그런 약속을 파기하고 가톨릭교회를 탄압했다. 이에 교황 비오 11세는 1937년 독일어로 된 칙령 〈극도의 슬픔으로〉(Mit brennender Sorge)를 반포하여 나치에 맞섰다. 히틀러는 1939년 폴란드를 침공하여 제2차 세계대전을 촉발한 후, 점령 지역에서 수많은 가톨릭 사제와 수사들을 수감하고 살해했다. 제2차 세계대전이 끝난 후 분단과 통일이라는 격랑의 시절을 보낸 독일은 현재 개신교회와 가톨릭교회가 인구의 3분의 1씩을 구성하고 있다. 예배출석 빈도와 상관없이 모든 등록교인에게 자동으로 교회세가 징수되고, 이를 통해 국가가 교회를 지원하고 있다. 하지만 현재 독일 가톨릭교회는 신자 수 급감, 타종교 신자들과 결혼으로 인한 예배참석자 감소 등의 문제들에 직면해 있다.

• **이탈리아**: 이탈리아 가톨릭교회도 독일과 비슷한 과정을 겪었다. 1861년 이탈리아에 통일왕국이 수립되면서 국가와 교회 간 갈등이 시작되었고, 1870년 이탈리아군이 로마를 점령하면서 그 갈등은 극에 달했다. 1929년 라테란조약이 체결되기 전까지 교황은 '바티칸의 수감자'가 되었고 이탈리아 정부는 반-성직주의적 정책을 폈으며, 가톨릭교인들 스스로 정치를 멀리함으로써 주된 정당과 의회는 세속적인 성격을 유지했다. 1905년 이탈리아 가톨릭선거동맹(Italian Catholic Electoral Union)이 결성되고 제1차 세

계대전 종전이 선포된 후 이탈리아인민당(Italian People's Party)이 조직되면서, 가톨릭교인들이 이탈리아 정계에 진출하기 시작했다. 한편, 1929년 라테란조약을 통해 바티칸시티는 독립국가로서 주권은 인정받았지만 옛 교황국가의 영토는 포기해야 했다. 또한 가톨릭교회가 이탈리아 영토 내의 유일한 종교로 인정받았으며(물론 다른 종교들도 허용됨), 사제와 주교에게 월급 지급, 교회법에 의한 결혼의 민법상 인정, 공립학교에서 종교교육 등이 허용되었다. 1860년 이후 압수되었던 교회재산에 대해 이탈리아 정부가 약 1억 달러 상당의 배상금도 지불했다. 이로써 국가와 교회의 관계가 회복되었지만, 1930년대부터 무솔리니가 교회의 자율권을 침해하는 사례가 빈번해지면서 둘의 관계는 다시 악화되었다. 1943년, 일군의 가톨릭교인들이 그리스도교민주당을 조직했고, 제2차 세계대전 이후 이탈리아 임시정부를 이끌었다. 2006년 조사에 따르면 이탈리아 인구의 87.8퍼센트가 가톨릭교인이지만, 2010년 조사에서는 76.7퍼센트로, 2016년에는 71.1퍼센트로 계속 감소했다.

• 스페인: 1851년, 스페인 정부와 바티칸 사이에 체결된 정교협약으로 스페인에서 가톨릭교회는 국가종교가 되었다. 하지만 1931년 정권을 장악한 공화파 정부가 반성직주의적 정책을 추진하여, 학교에서 종교교육을 금지하고 예수회를 추방했다. 심지어 마드리드, 안달루시아, 레반트에서는 종교용 건물을 공격하여 파괴하고 교회재산도 몰수했다. 이에 대해 1933년 가톨릭교인들이 정당을 구성하여 저항했으나 실패했다. 이런 와중에 가톨릭교회를 근대성과 스페인 민중의 주된 적으로 규정한 좌파와 가톨릭교회를 스페인적 가치의 소중한 보호자로 규정하는 우파 사이에 갈등이 고조되어 1936년 내전이 벌어졌다. 소련의 지원을 받은 자유주의자, 사회주의자, 무정부주의자, 공산주의자의 공화당 충성파(Loyalist)와 나치 독일과 파시스트 이탈리아가 지원한 보수적·친교회적 군부 중심의 민족주의자 간에 전쟁이 벌어진 것이다. 이 내전 첫 두 달 동안 수천 개 교회가 파괴되었고, 3만 명의 사제와 수사들, 13명의 주교와 283명의 수녀들이 살해되었다. 결국 이 전쟁은 프란치스코 프랑코(Francisco Franco, 1892-1975) 장군이 이끈 민족주

의자들의 승리로 끝났고, 가톨릭교회도 스페인 공식 종교로서 이전의 지위를 회복했다. 그 대가로 프랑코에게 주교 임명권을 넘겨주었지만 말이다. 그러나 프랑코 정권 말기, 교회는 정부에 대한 지지를 철회하고 가장 강력한 반대세력으로 변했다. 1971년 주교와 사제 연합회(Joint Assembly of Bishops and Priests)는 제2차 바티칸공의회의 진보적 정신을 인정했고, 스페인 내전에서 가톨릭 고위성직자들의 과오를 참회하는 성명서를 발표했다. 1973년 주교회의에서는 국가와 교회의 분리를 요구했다. 1975년 프랑코 사망 후 등극한 후안 카를로스 1세(Juan Carlos I, 1938-)는 1976년 주교 임명권을 포기했으며, 교회도 국가와 교회의 재정분리에 서명했다. 이후 스페인에서 가톨릭교회의 위상은 계속 유지되었지만, 이혼, 낙태, 동성결혼 등이 합법화되는 등 스페인 사회에 대한 영향력은 빠르게 약화되었다.

• **아일랜드**: 아일랜드에 그리스도교가 뿌리를 내린 것은 5세기부터다. 16세기 잉글랜드의 통치하에서 가톨릭교회가 억압을 당했지만, 아일랜드 가톨릭교회는 지금까지 민족적 정체성의 핵심으로 기능해 왔다. 1916년 부활절 봉기(the Easter Rising) 및 아일랜드 자유국의 탄생과 함께 교회는 사회·정치적 영향력을 회복했고, 1922년 아일랜드가 분리되면서 남부 인구의 92.6퍼센트가 가톨릭, 7.4퍼센트가 개신교로 구성되었다. 이후 아일랜드의 사적·공적 삶은 가톨릭의 영향과 통제하에 놓였다. 예를 들면, 1937년부터 1995년까지 이혼과 재혼이 가톨릭의 영향하에 허용되지 않았으며, 피임과 낙태, 포르노 등이 가톨릭교회의 거센 저항을 받았다. 대체로 교회가 병원과 학교를 운영했으며, 사회봉사도 대부분 교회가 주도했다. 특히 '네 테메레'(Ne Temere, 경솔히 ~하지 마라)[18]라는 가톨릭교회의 정책에 따라, 가톨릭교인과 개신교인의 결혼으로 출생한 아이는 가톨릭교인으로 양육되어야 했다. 이런 정책은 가톨릭의 지배력을 유지·강화하는 데 결정적으로 기여했다. 하지만 1962년 제2차 바티칸공의회의 영향으로 아일랜드 가톨릭교회에도 중요한 변화가 나타났다. 무엇보다 미사를 라틴어가 아니라 자국어로 드리기 시작했고, 1981년 아일랜드어 성경 《메이누스 성경》(Maynooth Bible)이 발행되었다.[19] 최근에는 자유주의적 근대성의 확산으로 교회의 영

향력이 쇠퇴하고 있다.

• 프랑스: 20세기 프랑스는 1870년부터 시작된 제3공화국과 함께 열렸다. 제3공화국은 1879년부터 공화파의 지배하에 있었으며, 공화파는 반교권주의를 추구했다. 당시 가톨릭 성직자들은 군주론자들이었고 귀족가문 출신이 많았다. 따라서 공화파는 교회와 군주론자들의 동맹을 공화주의와 근대적 진보정신에 대한 위협으로 간주하고 가톨릭교회의 힘을 약화시키려는 법들을 제정했다. 특히 1902년 에밀 콩브가 수상으로 임명되면서 반교권주의 정책이 강력히 추진되었다. 그의 짧은 재임기간 동안, 프랑스에 있는 모든 교구학교가 폐쇄되고 종교단체 허가도 거부되었다. 그 결과, 54개 수도회와 수녀원이 해산되었으며, 20만 명의 수사·수녀들이 프랑스를 떠났다. 나폴레옹이 1801년 체결한 정교조약이 1905년 철폐되고 정교분리법이 통과되었다. 마침내 프랑스에서 국가와 교회가 완전히 분리된 것이다. 하지만 제1차 세계대전 동안 가톨릭 사제들이 전장에서 용감하게 싸운 결과,[20] 가톨릭에 대한 두려움이나 혐오가 크게 해소되었다. 또한 1920년 잔다르크가 시성되면서 프랑스의 국민정신이 가톨릭의 역사와 전통을 중심으로 형성되기 시작했다. 제2차 세계대전 이후에도 이런 흐름은 지속되었다. 하지만 1960년대에 접어들면서 가톨릭교회의 성장곡선이 내리막을 향하기 시작했다. 특히, 성과 오락의 혁명, 소비주의, 상대주의 등의 영향하에 젊은이들이 먼저 가톨릭교회를 떠났다. 1990년대에 와서 신앙의 위기는 정점에 도달했다. 자신을 가톨릭교인으로 공언한 사람이 71퍼센트(1981)에서 53퍼센트(1999)로 떨어진 것이다. 그럼에도 여전히 프랑스에서 가톨릭교회는 사회, 정치, 윤리 영역에서 영향력을 발휘하고 있다.

동유럽

동유럽은 냉전시기 소련의 영향으로 공산주의 세계가 되었다. 그 결과, 이 지역 가톨릭교회는 공산주의의 박해하에 혹독한 시련을 맞이했고, 이 지역의 20세기 가톨릭 역사는 공산주의와 교회의 대결로 특징된다.

• 러시아: 정교회가 지배적인 러시아에는 연방 서북부(우크라이나와 벨라

루스 등)에 가톨릭교인들이 집중되어 있었다. 볼셰비키 정권 초기에는 정교회를 더 위험하게 생각했기 때문에, 상대적으로 가톨릭에 대한 박해가 심하지 않았다. 하지만 1920년대 후반 종교탄압이 소련의 기본정책이 되면서 가톨릭도 혹독한 박해를 피할 수 없었다. 특히 제2차 세계대전이 끝난 후 서부 우크라이나(동부 갈리치아), 서부 벨라루스, 발트 국가가 소련에 편입되면서, 소련의 가톨릭 인구가 160만 명에서 500만 명으로 급증했다. 그러자 소련 정부는 교회를 폐쇄하고 성직자를 탄압했으며 신자들의 종교생활도 억압했다. 이런 상황에서, 가톨릭이 거의 민속종교로 자리했던 리투아니아에서 가톨릭 사제들을 중심으로 반소운동이 전개되었다. 교황청도 적극 개입하여 소련에서 종교와 인권의 개선을 요구했고, 리투아니아 정부도 가톨릭교회와 관계개선을 위해 노력했다. 결국, 1980년대 후반부터 고르바초프가 추진한 '페레스트로이카'(Perestroika: 재건, 재편) 정책으로 가톨릭교회의 상황이 호전되기 시작했다. 1989년 고르바초프가 교황을 방문함으로써 양측의 갈등관계가 청산되었으며, 리투아니와 우크라이나 등지에서 가톨릭교회의 자유가 한층 신장되었다.

• 크로아티아: 크로아티아는 1868년 오스트리아-헝가리 제국의 일부가 되었고, 1918년 이후 세르비아-크로아티아-슬로베니아 왕국(일명 베오그라드 왕국, 1929년 이후는 유고슬라비아 왕국)의 일부가 되었으며, 제2차 세계대전 직후 '유고슬라비아 사회주의연방공화국'의 하나가 되었다. 전쟁 중 독일에 협조했다는 이유로 2,700명의 사제 중 400명 넘게 1946년 여름에 살해되었고 200여 명이 외국으로 탈출했으며 수백 명이 투옥되었다. 이후에도 유고 공산정부는 대중의 인권에 관심을 갖는 교회를 공산당의 경쟁세력으로 규정하고 탄압했다. 공산당은 '모든 민족주의는 위험하다'고 주장한 반면, 교회는 '민족적인 것이 오히려 애국적인 것'이라며 반발했다. 1971년 12월, 크로아티아 수도 자그레브에서 4만 명의 학생들이 유고가 아닌 크로아티아의 권리를 주장했다. 그러나 크로아티아 출신 요시프 티토(Josip Broz Tito, 1892-1980)가 이를 무력 진압했고 교회는 크로아티아인들을 옹호했다. 동유럽에 자유화의 바람이 불어닥치고 소련이 해체되면서 1990년 4월 크로아

티아 공화국에 비공산 민족주의 정권이 탄생했으며 1991년 6월 독립을 선언했다. 현재 크로아티아 인구의 87퍼센트가 가톨릭교인이며, 여전히 민족 종교로서 국민들 사이에서 강한 영향력을 발휘하고 있다.

• **폴란드**: 1795년부터 1918년까지 프로이센, 러시아, 오스트리아에 의해 분할·통치되었던 폴란드는 1918년부터 1939년까지 독립을 유지하다가 1939년 9월 1일 독일의 침입으로 서부 지역은 독일, 동부 지역은 소련에 각각 분할·점령되었다. 그리고 제2차 세계대전 후 폴란드 동부 지역은 소련에, 독일 동북부 지역은 폴란드에 다시 편입되었다. 이어서 1947년 치러진 총선으로 공산정부가 수립되었다. 이렇게 정부는 공산당이 차지했지만, 폴란드인들의 삶에는 가톨릭교회가 깊이 뿌리 내리고 있었다. 1948년 폴란드 국민의 96.6퍼센트가 가톨릭교인이었음이 이를 말해 준다. 1949년부터 국가는 교회가 운영하던 교회, 유아원, 고아원 등을 국유화했고, 이로써 국가와 교회 간 갈등이 심화되었다. 1950년 교회와 공산정부 간에 협정을 체결하여 교회가 어떤 정치적 반대도 하지 않겠다고 약속했다. 그럼에도 1952년부터 1956년까지 박해가 발생했다. 주교와 사제들이 체포되고 교구들이 해산되었으며 이들의 여권 신청이 거부되었다.[21] 1972년 정부와 교회의 오랜 적대관계가 청산되면서 신규 교회 건축이 허용되었다. 1990년 공립학교에서 자발적 종교교육이 부활했으며, 1993년 교황청과 정교조약이 체결되었다. 이 기간 중 특별히 기억할 사항은 카롤 보이티야(요한 바오로 2세) 추기경이 1978년 교황에 등극한 것이다. 2009년 현재 폴란드 인구의 95퍼센트가 가톨릭교인이다.

• **헝가리**: 1867년 '오스트리아–헝가리 화약'으로 이중제국의 일원이 된 헝가리는 제1차 세계대전 후인 1920년 6월 트리아농조약으로 72퍼센트의 영토와 60퍼센트의 인구를 상실했다. 제2차 세계대전 후에는 소련의 영향하에 놓였고 1949년 공산주의 정권이 들어섰다. 이후 공산정부는 가톨릭교회를 적극 간섭하기 시작하여, 가톨릭 단체들의 활동이 금지되고 많은 주교들이 가택연금을 당했으며 13개 신학교 중 7개가 문을 닫았다. 1956년 10월 헝가리의 반공시위가 소련군의 개입으로 진압되었고 야노시 카다

르(János Kádár, 1912-1989)가 집권하였다. 그는 1964년에는 로마 교황청과의 관계를 개선하였고, 교황청은 1976년 주교 임명 시 대통령의 동의가 필요하다는 헝가리 정부의 요구를 수락했다. 이후 카다르가 교황청을 방문하여 교황 요한 바오로 2세와 회담했고, 양자의 관계는 훨씬 우호적으로 발전했다. 가톨릭 고등학교들이 설립되었으며, 사제들이 로마로 유학을 떠났고, 부다페스트에 신학교도 문을 열었다. 동시에 교회의 친정부적 속성이 강해졌다.

북아메리카

• **미국**: 19세기 미국에서 가톨릭교회는 이민자들의 교회였다. 아일랜드계, 폴란드계, 이탈리아계, 프랑스계, 크로아티아계 미국인들이 교구와 민족적 정체성을 동일시하며, 개신교가 주도적인 미국 내에서 폐쇄적 문화를 형성한 것이다. 하지만 1914년 제1차 세계대전이 발발하면서 이민자들의 대량유입이 중단되자, 이민자 수가 급감하고 미국화의 압력이 증대되었다. 그 결과, 1950년대 이르러 가톨릭교회는 특정 이민자들의 종교라는 고정관념을 극복할 수 있었다. 또한 전쟁을 경험하면서 '미국천주교복지연합회' 같은 단체들을 통해 가톨릭교인들 내부에서 일치와 연대의식이 강화되고, 양적·질적 측면에서 크게 성장했다. "증가한 출생률, 제2차 세계대전 이후 유입된 피난민들, 종교적 부흥의 삼중적 결과"[22]로, 영세받은 신자 수가 1920년 1,788만 명에서 1960년 4,210만 명으로 증가했다. 선교 영역에서도, 미국 가톨릭교회가 1960년대 가톨릭 세계 선교의 재정적·인적 자원의 상당 부분을 담당하게 되었다.[23] 가톨릭교회는 지적 측면에서도 1940년대 초반까지 지배적이던 반지성주의적 경향을 가톨릭 대학들의 학문적 발전과 지적 활동을 통해 극복하기 시작했다.

1928년 알프레드 스미스(Alfred E. Smith, 1873-1944)가 민주당 대통령 후보로 지명되었고 마침내 1960년 존 F. 케네디(John F. Kennedy, 1917-1963)가 미국 최초의 가톨릭 대통령으로 취임하면서 가톨릭교회의 사회적 지위도 크게 향상되었다. 동시에 가톨릭교회는 다양한 사회문제에도 적극 관여했

다. 사회정의를 위한 가톨릭연맹(1932), 가톨릭노동자운동(1933), 가톨릭노조
연합회(1937)가 이런 흐름을 주도했고, 인종 문제에서도 선진적이고 용감한
태도를 보여 주었다.[24] 끝으로, 카리브연안, 멕시코, 중앙아메리카에서 이민
자들이 대거 유입되면서 현재 미국 가톨릭교회의 지형도에 주목할 만한 변
화가 나타나고 있다. 무엇보다 이들의 신앙생활은 모국의 전통종교와 가톨
릭 경건이 혼합된 특징을 보이는데, 기존 아일랜드계 가톨릭교인들과 불편
한 관계를 야기하면서 지속적으로 영향력을 확대하고 있다.

  • **캐나다**: 1497년 존 캐벗(John Cabot, 1450-1499)이 뉴펀들랜드에 오면
서 캐나다의 가톨릭 역사도 시작되었다. 1840년대부터 퀘벡에 자리 잡은
프랑스인들과 온타리오에 토대를 마련한 영어권 아일랜드인들 사이에서 교
회를 놓고 주도권 경쟁이 벌어졌다. 특히 학교 문제를 둘러싸고 아일랜드계
가톨릭교인들이 개신교인들과 힘을 합쳐 프랑스어를 사용하는 가톨릭 학
교에 반대했다. 기본적으로 아일랜드계가 교황절대주의를 신봉한 반면 프
랑스인들은 교황청과 일정한 거리를 유지하고 있었기 때문에, 이 싸움에서
아일랜드계 가톨릭교인들이 유리했다. 이 갈등이 가장 심각했던 곳은 온타
리오였다. 퀘벡의 프랑스계 가톨릭교인들이 온타리오로 이주하자, 1912년
온타리오 교육부가 학교교육 첫 2년만 프랑스어를 허용하는 법령(Regula-
tion 17)을 제정한 것이다. 하지만 이 법은 1927년 폐지되어 온타리오의 프
랑스어 교육이 가톨릭 학교와 공립학교에서 지금까지 계속되고 있다. 반면,
아일랜드계 가톨릭 신자들은 개신교인들과 함께 영어의 지위를 옹호하고
있으며, 퀘벡을 제외한 모든 지역에서 교회를 지배하고 있다. 지난 10년간
(2001-2011) 캐나다의 가톨릭 인구는 1,293만 명에서 1,272만 명으로 감소
했고, 인구대비 신자 비율도 43.6퍼센트에서 38.7퍼센트로 줄었다. 특히 가
톨릭교회의 중심인 퀘벡에서조차 교인 수가 급감하고 있다(83.4%→74.5%).
필리핀 이민자들이 이곳에 유입되고 있으나, 이런 변화를 막기에는 역부족
이다.

크리스테로 전쟁에 참여했던 가톨릭교인들

라틴아메리카

• **멕시코**: 포르피리오 디아스(Porfirio Díaz, 1830-1915) 독재정권을 타도하고 외국 자본의 지배를 떨쳐 내기 위한 혁명이 1910년부터 1917년까지 멕시코에서 진행되었다. 현대 멕시코의 토대를 놓은 1917년의 새 헌법은 반성직주의적·반교권적 조항을 대거 포함했는데, 특히 130조항은 성직자들의 기본적 참정권을 박탈했다. '카예스법'(Calles Law)으로 불리는 제130조항의 시행령이 1926년 발표되었다. 사제직을 수행하기 위해서는 정부에 등록·신고해야 한다는 내용이 핵심이었다. 마침내 사제들과 농민들이 봉기하여 '크리스테로 전쟁'이 발발했다. 전쟁은 1929년 대통령과 대주교 사이의 협정으로 종결되었으나, 협정 체결 후에도 반성직주의적 공격은 계속되었다. 그 결과, 1926년부터 1934년 사이에 최소 3,000명 이상의 신부들이 망명하거나 살해되었고, 총 9만 명의 멕시코 민중이 목숨을 잃었다. 전쟁 종결과 함께 교회는 국가의 권위를 인정했고, 국가는 교회의 특권과 종교의 자유를 보장했다. 이 전쟁 전에는 멕시코에 4,500명의 사제들이 있었으나, 1934년에는 334명만이 정부의 허락하에 1,500만 명의 신자들을 돌

보게 되었다.

• **콜롬비아**: 콜롬비아에서도 자유주의 정권과 교회의 갈등이 19세기 중반부터 반복되었다. 1849년부터 1884년까지 정부는 반성직주의적 법률을 제정하고 집행했으나, 교회는 자유와 독립을 회복할 수 있었다. 하지만 1930년 자유당이 정권을 차지한 후, 공립학교에서 교회의 영향력을 배제하려는 시도가 재개되었다. 자유주의자들은 교회의 지적 후진성이 콜롬비아의 지적·물질적 발전의 장애물로 작용한다고 판단했다. 그래서 자유주의자들은 자신들의 영향이 지배적인 지역에서, 정부가 소유한 건물에서 학교를 운영하던 종교단체들과의 계약을 해지하고 세속적 학교들로 대체했다. 이런 조치에 성직자, 보수주의자, 보다 온건한 자유주의자들이 강하게 반발했다. 이런 갈등은 1948년부터 1958년까지 다시 반복되었고, 전국에서 교회, 수녀원, 수도원에 대한 무력 공격이 자행되었다. 종교인들이 총을 소지하고 있다는 소문 때문에 사제들을 살해하고 무기를 찾으려고 했으나, 제대로 된 무기는 하나도 발견되지 않았다.

• **아르헨티나**: 라틴아메리카의 다른 나라들처럼, 아르헨티나에도 1880년대에 자유주의적 반성직주의자들이 정권을 장악하면서 새로운 유형의 국가와 교회의 관계가 성립되었다. 교회의 헌법적 지위는 유지되지만, 이전에 교회에게 허용했던 많은 기능들이 국가의 통제하에 놓인 것이다. 이런 상황에서 보수적 가톨릭교인들을 중심으로 '가톨릭 민족주의'로 알려진 우파 정치세력이 등장하여 국가와 교회의 오랜 갈등이 시작되었다. 이런 갈등은 페론(Juan Perón, 1895-1974) 대통령이 등장한 1940년대에야 종식되었다. 그는 자신이 추진한 페론주의(Peronism)를 "가톨릭의 사회적 가르침의 진정한 실현"이라고 주장했다. 하지만 1954년 페론이 가톨릭의 국교 지위를 부정하면서 교회가 파괴되고 성직자들이 비난을 받았으며 가톨릭 학교들은 몰수되었다.

• **쿠바**: 쿠바혁명(1953-1959)으로 공산정권이 들어선 쿠바에서는 종교 활동이 법으로 금지되었다. 그 결과, 주교와 150여 명의 스페인 사제들이 추방되었고, 가톨릭교인들의 공산당 입당이 거부됨으로써 교회의 역할도 크

게 축소되었다. 특히 30만 명이 쿠바를 탈출하면서 교회는 더욱 위축되었다. 하지만 냉전이 막을 내리던 1991년 헌법에서 무신론 조항이 삭제되었고 종교가 있는 이들의 공산당 입당도 허용되었다. 그뿐만 아니라, 교황 요한 바오로 2세(1998)와 베네딕토 16세(2012)가 차례로 쿠바를 방문했다. 쿠바 인구의 약 60퍼센트가 가톨릭교인이다.

20세기 라틴아메리카 가톨릭교회에서 간과할 수 없는 사건은 해방신학의 출현이다. 전통적으로, 라틴아메리카에서 가톨릭교회는 가장 많은 토지를 소유한 집단이며 정치적으로 보수적 성향이 강했다. 따라서 19세기에 반성직주의적 자유주의 정권들과 오랫동안 불편한 관계를 유지했다. 쿠바혁명을 경험하면서, 가톨릭 내부에서 민중을 적극 보호하고 부당한 정권에 대한 물리적 저항을 강조하는 성직자와 단체들이 출현했다. 이 과정에서 예수회 사제들의 역할이 두드러졌다. 1962년 개최된 제2차 바티칸공의회는 이런 인식과 저항의 공적 계기가 되었으며, 1968년 콜롬비아 메데인에서 개최된 '라틴아메리카 주교회의'(CELAM)는 '가난한 자들에 대한 우선적 배려'를 결의하여 해방신학의 결정적 모판을 제공했다. 1966년, 콜롬비아의 참혹한 현실의 혁명적 변화를 꿈꾸며 콜롬비아 민족해방군에 가담했던 카밀로 토레스(Camilo Torres, 1929-1966) 신부가 콜롬비아 정부군에 대항한 전투에서 목숨을 잃었다. 그리고 1971년 페루의 도미니크회 사제 구스타보 구티에레스가 《해방신학》을 출판했다. 브라질에서는 레오나르도 보프 신부가 해방신학에 기초해서 교구민 공동체로서의 교회가 제도적 교회에 우선한다고 주장했으며, 1980년 엘살바도르에서는 해방신학을 지지하며 군부독재에 맞섰던 대주교 오스카 로메로(Oscar Romero, 1917-1980)가 미사를 집전하던 중 암살되었다. 교황청, 특히 요한 바오로 2세와 베네딕토 16세는 이런 해방신학을 맹렬히 반대하여 그 영향력의 확산을 차단하려고 했지만, 해방신학은 지금도 라틴아메리카에서 살아 움직이고 있다.

아시아

• **중국**: 19세기부터 프랑스의 영향하에 있던 중국 가톨릭교회는 1911

년 신해혁명과 함께 중국 사제들의 격렬한 저항에 직면했다. 또한 17세기 후반의 전례논쟁 이후 중국 선교의 가장 심각한 장애물이던 조상숭배가 1938년 교황 피우스 12세에 의해 승인을 받았다. 이런 과정을 거치면서 중국 가톨릭교회는 고유한 색채를 유지하면서 1949년 약 400만 명의 신자, 20개 대교구, 85개 교구, 3,080명의 선교사, 2,557명의 중국인 사제를 거느리게 되었다. 하지만 1949년 중국 공산당이 중화인민공화국을 수립한 이후, 가톨릭교회는 국가종교사무국의 통제를 받게 되었으며, 교황의 수위권을 인정하지 않는 '중국천주교애국회'에 소속된 교회들만 법적 지위를 누릴 수 있었다. 이에 저항한 사제들은 노동, 고문, 투옥, 순교를 경험했고, 외국 선교사들은 간첩 혐의로 고발되었다. 지금까지 중국 가톨릭교회는 바티칸과 어떤 공식적인 접촉도 없으며, 바티칸의 권위도 인정하지 않는다.[25] 2011년 자료에 따르면, 중국 본토의 가톨릭교인 수는 1,200만 명에 달하며, 그 가운데 중국천주교애국회 소속이 570만 명이다. 주로 중국 북부와 중앙 지방의 가톨릭 조직이 지배적이고, 홍콩과 마카오에서는 종교의 자유가 보장된다.

• **일본**: 에도시대의 그리스도교 금지령으로 오랜 암흑기에 들어간 일본 가톨릭교회는 1858년 프랑스·일본 수호통상조약 체결 이후 포교가 재개되었다. 하지만 메이지정부의 탄압은 계속되었다. 1873년에야 세계 각국의 항의 속에 탄압이 중지되었다. 초기 일본 선교는 파리외방전교회가 담당했으나, 1904년 신설된 시코쿠 교구를 필리핀계 도미니크회가 위탁받으면서 독일계 수도회의 역할이 증대되었다. 1908년 예수회가 귀환했고, 1912년 조치학원(현 조치대학교)을 설립했다. 하지만 1932년부터 신사참배가 강요되자 조치대학교 사건과 아마미오시마 사건 등이 발생했다. 가톨릭 대학과 가톨릭교인들이 많았던 섬에서 신사참배를 거부하자 박해가 시작된 것이다. 하지만 1935년 가톨릭전국사교대회(全國司敎大會, 사교는 주교에 해당함)가 '일본주의전향성명서'를 발표하고 일본 국체(國體)에 순응할 것을 천명했다. 이후 박해는 종식되었고, 국가의 후원하에 일본 가톨릭교회의 교세가 급성장했다. 1946년 약 10만 명이었던 신자 수가 1995년 42만 명으로 증가한 것이다. 제2차 바티칸공의회 이후 라틴어 미사가 일본어 미사로 대체되었고

필리핀 반정부 운동을 이끈 비달 대주교

개신교와의 관계도 개선되어 《신공동역성서》(1987)가 출간되었다. 1980년
대부터 마더 테레사(Mother Teresa, 1910-1997)와 요한 바오로 2세가 일본을
방문했으며, 엔도 슈사쿠를 비롯한 저명한 가톨릭 작가들이 출현하여 교회
와 사회에 큰 영향을 끼쳤다.[26]

• **필리핀**: 아시아에서 유일하게 가톨릭교회가 지배적인 필리핀의 교회
사는 1521년 페르디난드 마젤란(Ferdinand Magellan, 1480-1521)의 필리핀 발
견과 함께 시작되었다. 이때 시부 왕과 여왕, 그리고 800여 명의 시부인이
함께 세례를 받고 개종했다. 이후 3세기 동안 스페인이 필리핀을 지배했다.
하지만 1898년 전쟁에서 스페인에게 승리한 미국이 필리핀을 점령했다. 이
시절, 미국 정부는 정교분리정책을 실행하여 가톨릭교회의 정치적 힘을 상
당히 약화시켰고, 개신교 선교사들이 입국하여 도처에 개신교회를 개척했
다. 그럼에도 필리핀에서는 가톨릭교회의 영향력이 압도적이었다. 특히, 정
치 영역에서 민중에게 막강한 영향력을 행사했다. 예를 들어, 독재자 페르
디난드 마르코스(Ferdinand Marcos, 1917-1989)가 계엄령을 반포했을 때, 일부
주교들이 공개적으로 계엄령에 반대했다. 특히 1981년 비달(Ricardo Vidal,
1931-2017) 대주교와 신(Jaime Sin, 1928-2005) 대주교는 국민과 주교들에게 정
부에 반대하여 궐기할 것을 촉구했다. 이에 대한 반응으로 혁명이 발생하

여 마르코스가 권좌에서 물러났다. 또한 필리핀에서 마약과의 전쟁이 시작되자, 가톨릭교회는 초법적 살인을 비판했다. 이 과정에서 일부 교회는 죽음을 피해 도피한 사람들에게 안식처를 제공했고, 일부 사제는 목숨을 잃었다. 그럼에도 여전히 가톨릭 사제들은 필리핀 정치에서 도덕적 영향의 원천으로 남아 있다. 21세기가 시작되면서 필리핀 가톨릭교회는 전통적인 교회에서부터 민속(folk) 가톨릭교회와 은사주의적 가톨릭교회로 지평이 확장되었다. 2015년 현재 전체 인구의 82.9퍼센트에 해당하는 8,400만 명이 가톨릭교인이다.

• **한국**: 1784년 중국 베이징에서 이승훈(1756-1801)이 영세를 받음으로써 한국에서 천주교 역사가 본격적으로 시작되었다. 이후 한국에서 가톨릭교회는 오랫동안 극심한 박해의 시기를 거쳤으며, 1899년 체결된 〈교민조약〉(教民條約)을 통해 비로소 신앙의 자유가 법적으로 보장되었다. 이후 일제의 식민지배가 시작되면서 가톨릭교회는 생존마저 쉽지 않았다. 외국인 신부들이 추방되고 신자들 다수가 간도로 이주했으며, 남은 사람들은 일제에 저항하지 못한 채 굴욕의 시간을 보내야 했다. 당시 교인 수는 7만 4,000명 정도로 추정된다. 해방 이후, 반공운동에 투신했던 가톨릭교회는 3선개헌과 10월 유신으로 박정희 정권이 민주주의를 억압하자 정의평화위원회와 정의구현사제단을 조직했고, 김수환 추기경을 중심으로 민주화운동에 투신했다. 1988년 교황 요한 바오로 2세가 한국을 방문했으며, 김대건을 포함한 103명의 순교자가 시성되었다. 2018년 기준으로 580만 명의 신자가 있다.

• **북한**: 북한에는 해방 직후 5만 2,000명 정도의 신자가 있었으나, 1998년 약 3,000명의 신자가 있는 것으로 알려졌다. 1988년 '조선천주교인협회'가 창설되어 장충성당을 중심으로 활동하고 있으며, 1991년 《가톨릭 기도서》를 출판했다. 현재 북한에는 사제나 수사가 없는 것으로 보인다.

아프리카

• **남아프리카**: 아프리카에서 그리스도교의 활동은 1세기 이집트에 알

렉산드리아 총대주교구가 설립되면서 시작되었으나, 7세기 이슬람이 정복한 이후 북아프리카에서 그리스도교는 크게 쇠퇴했다. 하지만 근대에 북아프리카의 이슬람 지역 외부에서는 가톨릭교회가 회복되어 성장했다. 가톨릭교인 수는 1900년 200만 명에서 2000년 1억 4,000만 명으로 증가했다. 2025년까지 아프리카인들이 세계 가톨릭교인의 6분의 1을 차지할 것으로 예상된다.

20세기가 시작될 무렵, 남아프리카의 가톨릭교회가 아프리카 공동체들 내부에서 성장했다. 특히 나탈과 트란스케이에서 트라피스트와 성혈선교회(the Congregation of the Precious Blood)가 수십 년간 효과적으로 사역했다. 1951년 교황 피우스 12세가 칙령을 통해 당시 남아프리카연맹(the Union of South Africa, 현 남아프리카공화국)에 교계제도(Ecclesiastical Hierarchy)와 관구를 설립했다. 1953년 정부가 반투교육법(Bantu Education Act)으로 흑인 아동을 위한 교회교육을 탄압하자, 가톨릭교회가 강력히 반발했다. 남아프리카주교회의(1947년 창립)는 1952년 인종차별에 대한 최초의 성명서를 발표했고, 1957년 아파르트헤이트를 "본질적인 죄악"으로 정죄했다. 하지만 그 후 1970년대 후반까지 국가에 대한 구체적 저항은 없었다. 심지어 교회 내부에도 다양한 종류의 차별이 존재했다. 1970년대에 바티칸의 영향과 흑인 사제들의 저항에 자극을 받고 아파르트헤이트에 대한 가톨릭의 반대가 재개되었다. 특히 1976년 소웨토 학생시위는 가톨릭교인들 내부에서 그리스도교적 저항에 대한 인식을 크게 고양시켰다. 1990년대 이후 가톨릭교회는 갈등 해소, 민주주의, 개발 등에 관심을 집중했다.

• **나이지리아**: 1960년 영국에서 독립한 나이지리아는 인구의 절반을 차지하는 무슬림이 북부에, 그리스도인이 남부와 서부에 각각 살고 있으며, 여러 종족 중 이그보우족(Igbo)이 전체 가톨릭교인의 70퍼센트를 차지한다. 이 나라에서 그리스도교는 15세기 포르투갈 상인들에 의해 처음 도입되었고, 1911년 동부 나이지리아 대목구(大牧區)가 설치되어 무슬림을 향한 선교활동이 시작되었다. 1960년 나이지리아가 독립하면서 수도 라고스에 교황청이 사절관을 설치했다. 1993년 군부독재가 시작되면서 인권탄압이 발

르완다 내전 중 피난민의 행렬

생하자, 요한 바오로 2세가 방문하여 인권회복을 호소했다. 1999년 총선으로 새 헌법이 제정되고 그리스도인 대통령이 당선되었지만, 경제위기와 부족 및 종교 간 분쟁으로 소요가 계속되었다. 가톨릭 주교들은 비무슬림들에 대한 무슬림의 폭력을 중단하라고 호소했는데, 특히 보코하람에서 그리스도인들에 대한 무슬림의 박해가 매우 심각한 상황이다. 2005년 현재, 나이지리아 인구의 50퍼센트가 무슬림이며 13퍼센트(1,900만 명)가 가톨릭교인이다. 최근 사제 지원자 수가 급증하면서, 나이지리아 가톨릭교회는 콩고민주공화국과 함께 아프리카에서 가장 많은 수의 가톨릭 사제들을 배출하고 있으며, 세계에서 가장 큰 가톨릭 신학교를 운영하고 있다.

•**르완다**: 중앙아프리카 동부, 적도 인근에 위치한 르완다는 투치 왕국이었으나 독일과 벨기에의 통치를 차례로 받은 후 1962년 독립했다. 이 나라의 가톨릭 역사는 1900년 아프리카전교회(Society of White Fathers, 백의의 전교회) 신부들이 사베에 도착하면서 시작되었고, 1930-1940년에 신자가 급증했다. 특히 투치족에서 신자들이 많이 배출되었으며, 1917년 첫 르완다 신부가 탄생했다. 1959년 정식으로 교계제도가 확립되어 캄가이 시가 르완다의 수도좌 대교구가 되었으며, 1963년 캐나다 도미니크회에 의해 부

타레대학이 설립되었다. 반면, 제2차 세계대전 동안 후투족과 투치족의 싸움이 벌어져 3명의 주교와 르완다의 성직자 4분의 1이 살해되었고, 투치족 가톨릭 신자 수천 명이 희생되었다. 1990년, 과거 후투족에게 쫓겨났던 투치족들이 봉기했다. 이것이 1994년 부족 간 전쟁으로 발전하여 80만 명이 목숨을 잃었다.[27] 1997년 유엔의 개입으로 약 10만 명의 정부 관리와 성직자들이 전범으로 고발되어 재판을 받았다. 교황 요한 바오로 2세도 반란에 개입하여 인명 피해를 입힌 성직자들의 처벌을 인정하면서, 공정한 재판을 위해 5만 달러를 재판비로 기부했다. 하지만 투치정부는 후투족 성직자들을 제거할 목적으로 재판을 부당하게 진행했는데, 1999년 어거스틴 미사고(Augustin Misago) 주교가 동족살해 죄로 억울하게 체포된 것이 대표적인 예다. 2000년 현재 인구 7,229,130명 중 가톨릭교인은 4,120,605명(57%)이다.

• **모잠비크**: 모잠비크는 오랫동안 포르투갈 식민지였고 1975년 독립했다. 이 지역 선교는 예수회가 주도했지만 1898년 프란체스코회가 합류했다. 1910년에 활동하던 71명의 선교사 대부분은 포르투갈 출신이었다. 1910-1925년 포르투갈의 반(反)교회 정책으로 선교가 위기에 처했으나, 1940년 로마와 체결한 정교조약을 통해 안정을 회복했다. 한편, 오랫동안 모잠비크 교회를 지배해 온 포르투갈 선교사들은 토착언어를 배우지도 않았으며, 모잠비크 신자들을 위한 교육이나 인권문제에도 관심이 없었다. 그 결과, 1953년이 되어서야 최초의 모잠비크인 사제가 탄생할 수 있었다. 1971년 프랑스 백의선교사(가르멜회)들이 포르투갈의 식민정책에 반기를 들었으나 실패하고 모두 추방되었다. 그뿐만 아니라, 1975년 인민공화국으로 독립하면서 교회와 국가의 관계가 급속히 냉각되었다. 정부는 모든 교회원조를 중단했으며 성직자들은 자신들의 거처에서 쫓겨났고 신학교도 폐쇄되었다. 교회가 운영하던 학교와 병원마저 국가로 귀속되자, 1976년 4명의 주교가 사임했고 수백 명의 교회 인사들이 조국을 떠났다. 하지만 내란 중에 교회가 보여 준 봉사활동 때문에, 사회주의 정부는 교회에 대한 탄압을 중단했다. 1982년 신학교가 다시 문을 열었고, 교회 소유 건물들도 돌려주었다. 1975년에는 최초의 본토인 주교 2명이 탄생했다. 두 차례 열린 전국사목회

의(1977, 1991)에서 교회는 인권신장과 사회정의를 위해 일할 것을 결의했다. 상황이 이렇게 호전되자 부족한 사제직을 충원하기 위해 브라질, 나이지리아, 짐바브웨에서 사제와 교회에서 일할 사람들을 파견했고, 전에 선교활동에 가담하던 수도회들이 다시 들어왔다. 2000년 현재, 모잠비크 인구 중 가톨릭교인은 450만 명(24%)이다.

동방 가톨릭교회

역사적 배경

동방 가톨릭교회(Eastern Catholic Churches 또는 Uniate Church)는 교황을 교회의 수장으로 인정하지만, 정교회의 전례와 의식 같은 전통을 고수하는 교회다. 그렇다면, 어떻게 이런 형태의 교회가 존재하게 되었을까? 그 기원은 14세기로 거슬러 올라간다. 14세기 강성해진 리투아니아가 현재의 벨라루스와 서부 우크라이나를 점령했다. 그런데 이 지역은 988년 이후 동방 정교회를 국교로 받아들인 곳이다. 당시 이교도였던 리투아니아는 이 지역의 종교와 문화를 존중했고, 그 결과 대다수 리투아니아인이 정교회 신자가 되었다. 그런데 1386년 리투아니아의 대공(大公) 요가일라(Jogaila, 1351-1434)가 가톨릭 국가인 폴란드의 여왕 야드비가(Jadwiga, 1374-1399)와 혼인하면서 가톨릭으로 개종했다. 결혼 후에도 양국은 독자적인 정부, 재정, 군대를 갖춘 독립국으로 남았으나, 대다수가 정교회 신자였던 리투아니아인들은 이런 상황에 크게 분노했다. 반면, 리투아니아 귀족들은 자신들의 특권을 확대할 목적으로 가톨릭으로 개종했다.

특히 1569년 체결된 '루블린조약'으로 폴란드와 리투아니아가 각자 영토를 소유하면서 한 명의 국왕이 통치하는 단일 국가가 되자, 리투아니아에서 폴란드의 지배를 받게 된 우크라이나와 벨라루스 지역에서 예수회를 중심으로 선교활동이 활발히 전개되었다. 그 결과, 이 지역에서 정교회의 영향력은 크게 줄고 귀족들의 개종은 더욱 가속화되었지만, 대다수 신자들은 여전히 정교회 신앙을 고수했다. 이런 상황에서 1596년 키예프의 수도대주교 미하일로 라호자(Mykhailo Rahoza, 1540-1599)와 폴란드 왕 지그문트 3세 바자(Zygmunt III Waza, 1566-1632)가 동방 정교회의 전례를 보존한다는 조건으로 이 지역 동방 정교회를 로마 가톨릭교회와 통합하는 협정을 체결했다. 이를 '브레스트 연합'이라고 부르며, 이로써 동방 가톨릭교회가 공식적으로 탄생했다. 따라서 동방 가톨릭교회는 지리적으로 이 지역에 한정되었고, 신앙과 민족이 긴밀하게 결합된 특성을 지니게 되었다.

20세기

20세기 동방 가톨릭교회는 주로 서부 우크라이나, 루마니아, 슬로바키아, 폴란드, 헝가리, 유고슬라비아에 집중적으로 분포했다. 제2차 세계대전이 끝날 무렵, 서부 우크라이나에 약 400만 명, 루마니아에 157만 명, 동부 슬로바키아에 32만 명, 그리고 유고슬라비아, 폴란드, 헝가리에 만 명 단위의 소규모 신자들이 있었다. 지리적으로 이 지역 서부는 폴란드, 체코, 오스트리아, 크로아티아 같은 로마 가톨릭교회들이, 남쪽은 동방 정교회가 강성한 발칸반도, 오른쪽은 동방 정교회의 중심인 러시아에 둘러싸여 있었다. 이런 지리적·종교적 지형도 속에, 두 차례 세계대전이 이 지역 교회들에 치명적인 영향을 끼쳤다. 제1차 세계대전은 발칸반도를 지배하려는 오스트리아와 러시아의 욕망 때문에 발발했고, 제2차 세계대전은 독일의 폴란드 침략으로 시작되었다. 따라서 두 전쟁의 결과에 따라, 이 지역에서 국가와 교회의 운명이 결정되고 말았다.

우크라이나 서부 갈리치아 지역에 집중되어 있던 동방 가톨릭교회는 이 나라의 민족교회로서 오랫동안 사회·문화적 차원에서 중요한 역할을 했다. 20세기 초반에도 동방 가톨릭교회는 우크라이나의 리비우에 우크라이나 박물관과 대학교를 설립하는 데 큰 역할을 했다. 하지만 제1차 세계대전이 발발하면서 러시아와 오스트리아가 갈리치아를 점령했고, 종전 후에는 폴란드 영토로 편입되었으며, 1941년 소련이 다시 이곳을 점령했다. 이 과정에서 소련 정부는 동방 가톨릭교회가 형제 민족인 러시아인으로부터

우크라이나 동방 가톨릭교회 소속 성 조지 대성당

우크라이나인들을 분리시킨다고 판단하여 심하게 박해했다. 비밀경찰이 동방 가톨릭교회 사제들을 체포하여 처형했으며, 일부는 극동으로 유형을 보냈다. 그뿐만 아니라 소련은 강제로 브레스트 연합을 폐기하고 우크라이나의 동방 가톨릭교회를 러시아 정교회에 편입시켰다. 그 결과, 2,500개 이상의 동방 가톨릭교회와 1,500명의 성직자들이 러시아 정교회로 넘어갔다.

하지만 이런 비극적 상황에 대한 저항도 멈추지 않았다. 무엇보다 이 과정에서 많은 우크라이나인이 고국을 떠나 서유럽과 아메리카로 이주했다. 특히, 캐나다와 미국에서 새로운 수도대주교구를 조직함으로써, 동방 가톨릭교회가 지역적 한계를 극복하며 새롭게 발전하는 계기가 마련되었다. 동시에 소련의 통제에 좀 더 적극적으로 저항하는 움직임도 나타났다. 대표적인 예가 '비공식교회'와 '신우니아트교도'의 활동이다. 비공식교회는 자신만의 특별한 성직체제를 유지하면서 비밀리에 신도들을 조직하여 종교활동을 지속했는데, 경찰은 이들을 체포하기 위해 수색을 계속했다. 또한 신우니아트교도들은 규모는 작았지만 소비에트 체제를 거부하며 불복종했던 급진적 그룹이다.

1987년 4월, 체르노빌 원전사고 제1회 추모식, 리비우에서 성모 마리아가 환생했다는 보도, 1988년 키예프 루시의 그리스도교 천주년 기념행사 등으로 우크라이나에서 동방 가톨릭교회의 합법화를 요구하는 목소리가 커졌다. 하지만 러시아 정교회는 이곳에서 정교회의 영향력이 축소될 것을 우려하여 이런 요구를 수용하지 않았다. 이런 정교회의 태도에 대한 비판이 소련 안팎에서 터져 나오기 시작했지만, 1989년 소련 해체 이후에도 러시아 정교회의 태도는 크게 변하지 않았다.

인근 국가들의 동방 가톨릭교회도 상황은 크게 다르지 않았다. 루마니아는 제2차 세계대전이 끝나기 직전 소련에게 점령당했다. 종전 후, 소련의 영향력하에서 공산주의자들이 루마니아 의회를 장악했고, 1947년에는 공산당의 압력으로 미하일 1세(Michael I, 1926-2017)가 퇴위하고 루마니아 인민민주공화국이 탄생했다. 정치·경제적으로 소련의 지배에 놓이고 공산당이 지배하는 세상이 되자, 루마니아의 동방 가톨릭교회도 시련을 겪었다. 1948년 12월, 동방 가톨릭교회가 불법화되었다. 이 교회가 소련식 공산주의에 방해가 된다고 판단한 루마니아 정부는 사제들을 회유하거나 탄압하면서 동방 가톨릭교회를 동방 정교회에 편입시켰다. 또한 루마니아인들이 전통적으로 주장했던 루마니아의 라틴 기원설을 부정하고, 루마니아인들의 슬라브족 기원과 루마니아어의 슬라브어 기원을 강제로 교육했다.

체코슬로바키아의 교회도 상황은 비슷했다. 오랫동안 체코와 슬로바키아는 헝가리의 영향하에 있었다. 하지만 제1차 세계대전에서 오스트리아-헝가리 제국이 패배하자, 토마스 우드로 윌슨(Thomas Woodrow Wilson, 1856-1924)의 민족자결주의에 따라 체코와 슬로바키아가 결합하여 새로운 국가 '체코슬로바키아'가 탄생했다. 그러나 1939년 나치 독일이 이 지역을 점령한 후 히틀러의 제안에 따라 슬로바키아가 독립했고, 제2차 세계대전이 끝난 후 이곳에 진주한 소련의 영향으로 공산당이 주도하는 체코슬로바키아로 복귀했다(1948). 이처럼 체코슬로바키아에 공산정부가 들어서자, 이 지역의 동방 가톨릭교회도 우크라이나와 루마니아의 전철을 밟게 되었다. 즉, 1950년 동방 가톨릭교회와 로마 교황청의 관계가 공식적으로 폐기되었고, 동방 가톨릭교회 신자들은 동방 정교회 신자로 분류되었다. 특히, 슬로바키아의 프레소프 지역에는 동방 가톨릭교회 신자들이 정교회 신자들보다 10배 정도 많았지만, 이런 결정을 피할 수 없었다. 그 결과, 1968년 알렉산드르 두브체크(Alexander Dubček, 1921-1992) 정권하에서 '인간의 얼굴을 한 사회주의'를 표방한 소위 '프라하의 봄'이 도래했을 때, 135명의 동방 가톨릭교회 사제들이 위원회를 구성하여 동방 가톨릭교회의 부활을 주장했다. 하지만 소련의 무력침공으로 개혁운동이 좌절되면서 이들의 꿈도 사라지고 말았다.

 ## 평가와 전망

20세기 로마 가톨릭교회의 역사는 끝없는 '반전과 재구성'의 기록이었다. 프랑스혁명 이후 등장한 자유주의는 로마 가톨릭교회를 구체제의 정신적·제도적 배후세력으로 규정하고, 그 영향으로부터 독립을 추구했다. 이런 흐름은 19세기에 출현한 마르크스주의의 영향하에 더욱 급진적인 방식으로 전개되었다. 결국, 유럽과 라틴아메리카를 중심으로 한 기존 가톨릭 세계에서 반교회주의, 반성직주의 운동이 거세게 일어났다. 제2차 세계대전 이후 사회주의·공산주의 국가들이 세계 도처에서 탄생하면서, 그 지역에서 오랫동안 번성했던 가톨릭교회는 심각한 위기를 맞았다. 중세 이후 가장 혹독한 박해와 탄압을 경험하면서, 대부분의 기득권을 상실했기 때문이다. 하지만 제2차 바티칸공의회를 통한 내적 변화와 개혁을 성공적으로 추진하고, 독일 통일과 공산국가들의 붕괴에 의한 냉전 종식으로, 20세기 후반 로마 가톨릭교회의 상황은 교세와 영향력 면에서 극적인 반전을 맞이했다. 비록 로마 가톨릭교회의 전통적 중심지인 유럽과 라틴아메리카에서 과거의 영광을 회복하는 것은 불가능해 보이지만, 이들의 선교지였던 아프리카와 아시아, 북아메리카에서 로마 가톨릭교회가 주목할 만한 활기와 성장을 보이고 있다. 그야말로 로마 가톨릭교회의 지도가 다시 그려지는 중이다.

이런 반전과 재구성의 드라마 속에서, 로마 가톨릭교회가 새롭게 직면한 문제들도 적지 않다. 무엇보다, 빠르고 거세게 확산되는 세속화의 영향과 이슬람의 도전, 개신교의 적극적 선교활동 속에서 로마 가톨릭교회에는 자신의 신학적·제도적 전통에 충실하면서도 시대적 도전에 대응해야하는 어려운 과제가 주어졌다. 세속화는 이 시대 모든 종교에 주어진 가장 막강한 도전이며, 이슬람은 그리스도교 전체가 감당해야 할 어려운 숙제이고, 개신교는 특히 가톨릭이 풀어야 할 긴박한 문제이다. 이런 다양한 도전과 경쟁 속에서, 제2차 바티칸공의회는 매우 소중한 선례이며 유용한 경험임에 틀림없다. 시대적 변화와 내적 한계를 직시하고, 용감하고 성실하게 집단지성을 활용하여 주목할 만한 성과를 내었기 때문이다. 하지만 여전히 교황의 개인적 영향력이 지대한 현실에서, 그리고 급변하는 환경과 전대미문의 난제들 앞에서 로마 가톨릭교회가 얼마나 효율적이고 지속적으로 집단지성을 활용하며 능동적으로 대처할 수 있을까? 긍정적 선례를 적극 활용하고 창조적으로 발전시킬 것인가, 아니면 시대착오적 퇴행을 반복할 것인가? 중요한 선택의 기로에 놓여 있다.

　　로마 가톨릭교회는 생존 경쟁과 함께 반전의 역사와 재구성된 현실을 정확하게 판단하고, 자신이 처한 다양한 상황에서 선교와 사목을 지혜롭고 책임 있게 수행해야 한다. 전통적인 가톨릭 국가들은 과거의 특권을 상실하고 강력한 세속화의 도전에 직면해 있다. 반면, 최근 가톨릭교회가 빠르게 성장하며 영향력을 확대하고 있는 지역들은 여전히 종교적 소수자의 지위에 머물러 있으며, 유럽과는 전혀 다른 문제들, 즉 이교적 전통문화, 열악한 위생과 심각한 빈곤, 정치적·군사적 갈등과 불안 같은 난제들을 풀어야 한다. 따라서 유럽 중심의 사고나 전통의 보존, 윤리적·신학적 보수주의는 더 이상 로마 가톨릭교회가 전 세계 교회들을 위해 제공하는 만병통치약이 될 수 없다. 다만 교회들은 자신들이 위치한 국가와 지역의 고유한 문화 및 당면한 문제에 독창적이고 책임 있게 대응할 수 있어야 한다. 그래서 콘텍스트를 통해 텍스트를 읽고, 토착민들이 주체적으로 사유하고 행동해야 한다. 이로써 가톨릭의 보편적 정체성은 유지하되 지역적·시대적 특성을 충분히 수용하는 진정한 의미의 '가톨릭'(보편적)교회가 되어야 한다.

끝으로, 가톨릭교회의 조직과 영향력은 세계적이다. 이슬람을 제외하고, 단일종교로서 가장 강력한 조직력과 통일성을 유지하고 있는 세계적인 종교다. 따라서 종교로서 세상에 긍정적 영향을 체계적·지속적으로 끼칠 수 있는 가장 막강하고 중차대한 위치에 있다. 그렇다면, 21세기에 로마 가톨릭교회는 그런 자신의 힘을 세계적 차원에서 올바로 사용할 수 있어야 한다. 과학기술의 눈부신 발전과 낙관적 인간론의 광범위한 확산으로 물질문명, 민주주의, 복지제도 등이 크게 신장되었다. 동시에 민족, 계급, 이념에 의한 집단적 이기주의도 과도하게 팽배하고, 자본과 경제적 이익에 대한 집착이 우상숭배 수준에 이르며, 그로 인해 생명, 환경, 인권, 정의 같은 숭고하고 보편적인 가치들이 극단적으로 폄하되는 위기 상황이 전 지구적 차원에서 발생하고 있다. 정부와 기업이 이권을 매개로 결탁하여, 자신의 욕망을 무한대로 추구하는 비극적 상황이 '세계화'라는 이름으로 정당화되고 있다. 이런 위기 상황에서 로마 가톨릭교회는 '하나님 나라'라는 보편적 복음을 자신의 세계적 네트워크와 거대한 인적·물적 자원을 동원해서 선포하고 실천해야 한다. 탐욕에 근거한 '야만적 세계화'에 대응할, 자유과 해방에 근거한 '복음적 세계화'를 위해 최선을 다해야 한다.

주

1 ── P. G. 맥스웰-스튜어트, 《교황의 역사》(서울: 갑인공방, 2005), 269.

2 ── 1861년 이탈리아의 통일과 1870년에 통과된 '보장법'으로 촉발된 것으로, 1929년 라테란조약으로 해결될 때까지 로마를 둘러싸고 진행된 교황청과 이탈리아 왕국의 갈등을 말한다. 보장법이 "교황은 일반 시민에 비해 특권을 누리지만 이탈리아 왕국의 신민"이라고 규정하자, 1871년부터 교황 비오 9세와 그의 후계자들이 이 법을 거부하면서 갈등이 고조되었다. 60여 년 간 지속되던 갈등은 라테란조약을 통해 실마리가 풀렸는데, 바티칸은 독립적인 군주국이 되어 치외법권이 허용되었고 로마 가톨릭은 이탈리아의 국교가 되었으며, 교황청도 로마를 수도로 하는 이탈리아 왕국을 정식으로 인정했다.

3 ── 7가지 제안은 다음과 같다.

(1) 무력에 의한 폭력이 아니라 법에 의한 도덕적 권력을 추구한다. (2) 협약한 규율과 보증에 의하여 또한 각국의 공공질서를 유지하기 위하여 필요하고 충분한 정도로 각 교전국이 동시에 또는 서로 군비를 축소한다. (3) 협약한 규범에 따라 또는 국제문제를 중재 재판소에 일임하거나 그 결정을 받아들이기를 주저하는 여러 국가에 대하여 확고한 보장을 가진 것으로 보이는 중재 재판소를 설치한다. (4) 여러 국민의 교통에 장애가 되는 요소를 제거하고 항해의 참된 자유와 공공성을 보장한다. (5) 전쟁으로 인한 손해와 지출 비용에 대해 쌍방이 단념한다. (6) 점령한 지역을 돌려준다. (7) 적정 또는 가능한 것을 표준으로 한 영지 문제를 검토한다.

4 ── P. G. 맥스웰-스튜어트, 《교황의 역사》, 271.

5 ── ko.wikipedia.org/wiki/ 교황_베네딕토_15세 (2019. 8. 17. 접속)

6 ── 노동사제운동은 산업화의 부작용으로 비참한 상황에 처한 빈민층과 노동자들의 복음화를 위해 파리 대주교 쉬아드(Emmanuel Suhard, 1874-1949) 추기경에 의해 1941년 시작되었다.

7 ── 한스 큉, 《가톨릭의 역사》(서울: 을유문화사, 2013), 221.

8 ── 한스 큉, 《가톨릭의 역사》, 226.

9 ── 콘클라베(Conclave)는 '걸쇠로 문을 잠근 방'을 의미하는 단어로, 가톨릭 교황 선출을 위한 추기경들의 회의를 말한다. 1179년부터 시작되었으며, 추기경들은 바티칸시티 내 시스티나 성당에 모여 회의와 투표를 통해 교황을 뽑을 때까지 방을 떠날 수 없으며 외부에서 빵과 물만 공급받는다.

10 ── P. G. 맥스웰-스튜어트, 《교황의 역사》, 276.

11 ── P. G. 맥스웰-스튜어트, 《교황의 역사》, 276.

12 ── 한스 큉, 《가톨릭의 역사》, 236.

13 ── P. G. 맥스웰-스튜어트, 《교황의 역사》, 279.

14 ── 존 노리치, 《교황연대기》(서울: 바다출판사, 2014), 839.

15 —— P. G. 맥스웰-스튜어트, 《교황의 역사》, 279.

16 —— 한스 큉, 《가톨릭의 역사》, 238.

17 —— 독일 통일을 주도했던 철의 재상 비스마르크는 통일로 왕위를 상실한 여러 독일 왕조의 추종자들이 1870년에 창설된 '가톨릭 중앙당'을 중심으로 교황지상주의를 표방하는 것이 신생제국에 위협이 된다고 판단했다. 결국 1887년 5월 23일, 교황 레오 13세가 문화투쟁 종결을 선언하기까지, 독일 가톨릭교회는 교회와 교육기관이 국가의 강력한 통치하에 놓였고, 이에 저항하는 사제들은 구속되었으며 수도원은 폐쇄되었다. 그 결과, 1878년 프로이센에는 12명의 주교 중 4명만 남았고, 약 1,000개 교구에 주임신부가 없었으며 수백 명 신부들이 국외로 추방되었다.

18 —— 네 테메레는 1907년 비오 10세 이름으로 공표된 혼배성사에 관한 법으로, 1908년 4월 19일부터 효력이 발생했다. 그 후 모든 가톨릭 신자와 비가톨릭 신자 간 결혼은 본당 신부나 교구장 앞에서 혼배성사를 받아야 하며, 개신교 목사 앞에서 거행된 가톨릭 신자의 결혼은 인정되지 않는다. 단, 비가톨릭 신자들 간의 시민 결혼(정부 관료에 의해 집례, 기록, 인정된 결혼)은 인정한다.

19 —— 아일랜드어 성경은 1640년경 당시 트리니티대학 학장 윌리엄 베델(William Bedel, 1571-1642)의 주도하에 영어에서 번역되었고, 후에 아일랜드교회 수석주교가 되는 나시서스 마쉬(Narcissus Marsh, 1638-1713)에 의해 1685년 발행되었다. 그러다가 1981년 현대 아일랜드어로 다시 번역되어 발행되었다.

20 —— 3만 3,000명의 사제들이 군대에 갔으며, 그들 중 4,600명이 목숨을 잃었고, 1만 명 이상이 훈장을 받았다. https://en.wikipedia.org/wiki/History_of_the_Catholic_Church_in_France (2018. 11. 23. 접속)

21 —— A. Zienkiewitz, "The Polish Church and Communist Government," 《가톨릭사회과학연구》 vol. 5 (1988), 88.

22 —— 윈스롭 허드슨 · 존 코리건, 《미국의 종교》(서울: 성광문화사, 2008), 591-592.

23 —— 1957년까지 포교협회(the Society for the Propagation of the Faith) 수입의 65퍼센트, 1960년까지 천주교 선교사업의 9분의 1을 미국인들이 담당했다. 윈스롭 허드슨 · 존 코리건, 《미국의 종교》, 590-591.

24 —— 1947년 세인트루이스 대주교가 그의 교구 내 모든 학교에서 인종분리를 종식시켰고, 워싱턴 대주교(1947)와 노스캐롤라이나 대주교(1953)가 자신들의 교구 내에서 많은 천주교인들의 반대에 맞서서 교회, 학교, 병원을 모든 인종에게 개방했다. 윈스롭 허드슨 · 존 코리건, 《미국의 종교》, 597-598.

25 —— 2018년 9월 22일 교황청과 중국이 "주교 임명에 관한 잠정 협약"을 체결했는데, 구체적인 내용은 발표되지 않았다. 안세환, "주교 임명 역사를 통해 바라본 교황청─중국

주교 임명 합의", 〈가톨릭신문〉 제3114호, 3면(2018. 10. 7.).

26 ── 일본 가톨릭교회의 역사에 대해서는 나카무라 사토시, 《일본 기독교 선교의 역사》(서울: 홍성사, 2016) 참조.

27 ── 르완다의 종족은 후투족이 85퍼센트, 투치족이 14퍼센트를 차지하지만, 1994년 내전에서 투치족이 승리하여 정권을 장악했다.

동방 그리스도교:
고립을 넘어 사귐으로

─────────────────────

8

16세기 종교개혁으로 탄생한 개신교회, 특히 미국을 통해 유입된 개신교회 전통 위에 서 있는 한국 개신교인들에게 동방 그리스도교는 매우 낯설고 이질적이다. 일차적인 이유는, 동방 그리스도교에 속한 교회들이 20세기에 주로 공산권인 소련과 동유럽, 이슬람권인 중동과 북아프리카에 집중되어 있었기 때문에 우리와 접촉할 기회가 거의 없었다. 그 결과, 대다수 한국 개신교인들은 동방 그리스도교의 존재 자체를 모르거나, 매우 제한된 정보 및 근거 없는 편견, 혹은 부당한 오해에 머물고 있는 경우가 많았다. 하지만 지난 2,000년 동안 그리스도교라는 이름하에 개신교를 포함하여 매우 다양한 그룹이 존재해 왔다. 교리적·제도적·관행적 차이 때문에 서로에 대한 불신과 갈등, 심지어 대립과 충돌이 끊이지 않았지만, 이들은 모두 예수를 주와 그리스도로 신앙하며 삼위일체 하나님을 예배하고 성경을 하나님의 말씀으로 존중한다. 더욱이 20세기에 공산권이 해체되고, 통신과 운송수단이 발전하면서 인구이동과 문화교류가 빈번해졌고, 이로써 개신교인들과 동방 그리스도인들의 접촉도 급증하였다. 여전히 정보와 접촉 부족으로 오해와 갈등의 불씨는 남아 있지만, 그리스도 안에서 온전한 사귐과 거룩한 경쟁을 위해 더 많은 만남과 대화가 필요하다.

 ## 동방 그리스도교

그리스도교는 팔레스타인에서 기원했고, 이후 소아시아와 북아프리카, 로마, 메소포타미아, 아라비아, 인도 등으로 빠르게 확산되었다. 1세기 무렵 이 지역은 정치적으로 로마제국의 지배하에 있었으나, 언어를 포함한 문화적 차원에서는 헬레니즘의 영향이 지배적이었다. 결과적으로, 라틴어와 로마 중심의 서방, 그리스어와 콘스탄티노플 중심의 동방, 그리고 시리아어와 에데사 중심의 시리아 동방이 그리스도교의 세 축을 형성했다. 그리고 하나였던 그리스도교는 451년 칼케돈공의회에서 시리아 동방의 교회들이 단성론자들로 정죄되고 1054년 서방교회와 동방교회가 서로를 정죄하면서, 지리적·신학적·문화적 차이에 따라 세 교회로 분리되고 말았다. 이어 1517년 시작된 종교개혁에 의해 서방교회가 로마 가톨릭과 프로테스탄트(개신교)로 분리되면서 총 네 개의 그리스도교 그룹이 공존하게 되었다.

이런 그리스도교의 지형도에서 동방에 있는 교회들은 '동방 그리스도교'로 명명된다. 동방 그리스도교는 다시 세 개의 큰 단위로 구분된다.

동방 정교회(the Eastern Orthodox Church)

로마제국의 박해를 끝내고 그리스도교를 공인한 콘스탄티누스 황제는 324년 로마제국의 수도를 보스포러스 해협의 도시 비잔티움으로 옮기고, 이름을 '콘스탄티노플'로 바꾸었다. 곧 이 도시는 예루살렘, 알렉산드리아, 안디옥과 함께 동방 그리스도교의 중심지가 되었다. 이후 황제들의 주도하에, 초기 그리스도교의 교리적 토대를 놓은 일곱 차례의 세계 공의회가 이 지역에서 개최되었다. 또한 9세기 중엽부터 모라비아, 불가리아, 세르비아, 러시아에 교회가 개척되면서 그 영역이 슬라브족까지 확장되었다. 1453년 콘스탄티노플이 오스만투르크에 점령된 후, 모스크바가 '제3의 로마'를 자처하며 동방 정교회의 새로운 중심지로 부상했다. 동시에 7세기부터 시작된 이슬람의 팽창으로 북아프리카, 시리아, 메소포타미아, 그리고 15세기에 콘스탄티노플까지 이슬람의 지배하에 들어가면서, 그 지역 교회들은 오랫동안 고난을 당했다. 한편, 러시아를 중심으로 한 슬라브 지역은 1917년 러시아혁명과 제2차 세계대전 이후 공산당의 지배를 받으면서 역사상 가장 혹독한 박해의 시기를 보냈다.

현재 동방 정교회는 다섯 부류로 존재한다. 첫째, 이슬람의 지배하에 있는 그룹으로, 고대의 총대주교좌인 콘스탄티노플, 알렉산드리아, 안디옥, 예루살렘이 속해 있다. 둘째, 키프로스와 그리스처럼 비잔틴 유형의 국가-교회 연합 속에 있는 그룹이다. 셋째, 동유럽 공산국가 체제하에 있던 그룹으로, 러시아, 세르비아, 루마니아, 불가리아, 조지아, 폴란드, 알바니아, 체코가 속해 있다. 넷째, 서유럽의 디아스포라 교회들로, 이들은 이주자, 망명자, 그들의 후손들로 구성되어 있다. 미국, 캐나다, 호주가 대표적이다. 다섯째,

기존 교회들의 선교운동으로 형성된 교회들로, 동아프리카, 일본, 중국, 한국 등이 해당한다.

오리엔트 정교회(the Orient Orthodox Church)

칼케돈공의회(451)의 결정을 거부하면서 탄생했기 때문에 흔히 '단성론파'로 불려 왔으며, 동양 정교회, 중동 정교회, 혹은 동방 독립교회라고도 한다. 이집트의 '콥트 정교회', 시리아와 인도의 '시리아 정교회', 아르메니아의 '아르메니아 사도교회', 에티오피아의 '에티오피아 테와히도 정교회' 등이 여기 속한다. 이외에도 에티오피아 테와히도 정교회에서 독립한 '에리트레아 테와히도 정교회', 인도 전통 전례를 따르는 '말랑카라 시리아 정교회'도 있다. 네스토리우스(Nestorius, ?-451)에서 기원한 '아시리아 동방교회'도 함께 다루는 경우가 있으나, 양자는 서로를 이단으로 규정하면서 관계가 좋지 않다. 아르메니아와 에티오피아는 로마보다 먼저 세계 최초로 그리스도교를 국교로 삼았으며, 451년 칼케돈공의회 이후 칼케돈파 교회들과 관계를 단절했다. 이후 이 교회들은 이슬람 통치하에 놓였으며, 십자군전쟁 때 십자군의 탄압을 겪으면서 서방교회와의 관계도 악화되었다. 역사적으로 이슬람, 공산당과 파시스트 독재에 맞서 신앙과 민족을 지켜왔기 때문에, 해당 나라에서는 큰 영향력을 발휘하고 있다. 이런 역사적 경험 때문에 다른 그리스도교 종파들과의 관계는 우호적이지 않다. 하지만 최근 칼케돈파 교회(정교회, 가톨릭교회, 개신교)와 신학적 대화를 활발히 시도하고 있다.

동방 가톨릭교회 혹은 우니아트교회(Uniate Church)

이 교회는 '동방귀일교회'(東方歸一敎會)라고도 하는데, 폴란드가 지배하는 우크라이나 지역에서 정교회와 로마 가톨릭교회가 일치를 선언했던 브레스트회의(1596)에서 탄생했다. 예식은 정교회 전통을 고수하고 교리는 로마 가톨릭교회를 따르며, 교황을 교회 수장으로 인정함으로써 정교회와 로마 가톨릭교회의 통합을 추구했다. 하지만 이 지역이 후에 러시아에 속하게 되면서, 정교회가 지배적인 러시아 내에서 교황의 수장권(首長權)을 인정하는 이 교회는 의혹과 갈등의 원인이 되었다. 반면, 로마 가톨릭교회는 이들의 전통과 관습을 인정하여, 1917년 로마 교황청 내에 동방교회성(東方 敎會省)과 교황청 동방대학을 설립했고, 이런 상황과 관련해서 동방교회법 (1990)도 제정했다. 지역과 전례에 따라 동방 가톨릭교회는 크게 네 범주로 정리할 수 있다. (1) 알렉산드리아 총대주교 관할하의 콥트 가톨릭교회 (2) 안디옥 총대주교 관할하의 마론 가톨릭교회, 시리아 가톨릭교회, 멜키트-그리스 가톨릭교회 (3) 바벨론 총대주교 관할하의 칼데아 가톨릭교회 그리고 (4) 기타 지역의 아르메니아 가톨릭교회, 루마니아 가톨릭교회, 시로말라바르 가톨릭교회, 시로말란카르 가톨릭교회, 우크라이나 가톨릭교회가 있다.

동방 정교회의 특징

동방 정교회에서는 콘스탄티노플이 모든 교회의 으뜸이자 교회의 통일과 협력을 위한 상징과 수단이며, 콘스탄티노플의 총대주교가 보편적 총대주교(Ecumenical or Universal Patriarch)로 알려져 있다. 하지만 그는 자신의 교회 밖 다른 교회들의 문제에는 개입할 권한이 없다. 하위직 성직자들, 즉 사제들과 보제(補祭)들은 일반적으로 결혼한 남자다. 일부일처제 원칙을 엄격히 준수하며, 서품받은 후에는 결혼할 수 없다. 반면, 주교들은 결혼하지 않은 성직자들이나 홀아비가 된 사제들 가운데 선출된다. 한편, 정교회의 성직자와 수도자는 일반적으로 수염을 풍성하게 기른다. 구약성경의 나실인 사상과 수염을 기르던 그리스 풍습의 영향 때문이다. 정교회의 여성 신자는 가톨릭의 미사보 대신 머리에 스카프를 두른다. 평신도들은 주교 선출, 교회 행정과 신학교육에 참여할 수 있다.

　　정교회는 회중이 모여 예배드릴 때 교회가 진정으로 존재한다고 믿기 때문에 신학적으로 풍부한 내용과 영적인 의미를 예배에 함축하고 있다. 다양한 모델과 상징이 포함되어 있으며, 신학적 진술과 신체적 활동(음악적 분향과 부복 자세 등), 시각 예술이 포함된다. 성사에 관한 전례서(Euchologion)

나 교부 전통은 공식적으로 성사의 수를 제한하지 않지만, 현대 정교회는 7성사(mysteria), 즉 세례, 견진, 성체, 신품, 고백, 성유, 결혼 성사를 인정한다. 동방 정교회에서 각 성사는 주교나 그 대리인이 인도하는 교회 공동체 전체의 기도이며, 이에 대한 하느님의 응답으로 해석한다. 교회의 성사에서 인간은 '협력'(cooperation)이나 '공동 작업'(synergy)을 통해 하느님의 일에 참여하며, 이러한 참여로 성육신의 목표가 이루어진다고 믿는다.

세례는 보통 그리스도의 죽음과 부활을 나타내는 표지로서 세례 지망자들을 세 번 물에 담가 실시하며, 세례 다음 견진성사가 곧바로 이어진다. 견진성사는 새로 세례 받은 그리스도인에게 주교가 축복한 '성유'를 사제가 발라 주는 의식이다. 세례와 견진을 받은 어린이들은 성체성사에 참여할 수 있다. 성체성사는 성체(빵)만을 주로 모시는 가톨릭과 달리 양형 영성체(빵+포도주)를 주로 하며, 포도주가 담긴 성작(聖酌)에 빵을 넣어 수저로 떠먹이는 방식을 취한다. 고백성사는 본래 출교된 죄인들을 교회 일원으로 다시 받아들이는 공적 화해의식이었으나, 세월이 흐르면서 모든 그리스도인의 지위가 정기적으로 갱신되는 개인적인 고백 행위로 변모되었다. 성유성사는 기도에 의한 치유의 한 형식이며, 그리스 교회에서는 매년 한 차례씩 성 수요일 저녁에 온 회중을 위해 이 의식을 행한다. 결혼 성사는 법률적인 의미의 이혼불가성보다 결혼의 성사적 영원성을 주장한다.

동방 정교회는 콘스탄티누스 1세 시대 이후 다양한 교회 건축 양식을 발전시켜 왔다. 주된 모델은 황제 유스티니아누스 1세(Justinianus I, 482-565)가 6세기에 완성한 콘스탄티노플의 〈하기아 소피아 대성당〉이다. 이 성당은 초기 그리스도교의 고전적인 바실리카 지붕에 거대한 돔을 세웠는데, 이는 성찬 의식이 궁극적으로 의미하는 하늘나라의 임재를 상징한다. 현대 정교회 성당 안에는 본당과 성소를 분리하는 성상칸막이(Iconostasis)가 있다. 이것은 전례에서 제단 앞의 커튼을 여닫는 행위와 더불어 성찬 의식의 신비스럽고 '종말론적'인 성격을 강조한다. 또한 동방 정교회는 풍부한 성화 전통을 발전시켜 왔으며, 성화를 가정과 공공장소에 항상 보관한다. 조각된 성상은 금지되고 그림과 모자이크 같은 성상만 사용한다. 그 외에 동방 정

교회 성당은 춘분 이후 첫 번째 만월이 든 후 첫째 일요일에 부활절을 지킨
다. 가톨릭교회가 신봉하는 연옥과 마리아 무흠잉태설은 받아들이지 않으
며, 달력도 그레고리우스력 대신 율리우스력을 따른다.

다양한 동방 정교회들

1. 고대 총대주교좌

동방 정교회에는 14개 독립교회들이 '동등한 형제교회'로 연합체를
구성하고 있으며, 이들 중에서 초대교회와 사도들을 계승하는 총대주교좌
는 네 곳이다. 콘스탄티노플, 알렉산드리아, 안티오키아(안디옥), 예루살렘.
본래는 로마도 총대주교좌였으나, 동방과 서방이 분열한 후 동방 정교회는
이 네 곳만 총대주교좌로 남기게 되었다.

콘스탄티노플

콘스탄티노플 총대주교구는 10세기에 624개 관구를 거느리고 있었
다. 하지만 현재는 규모가 극도로 축소되어, 터키, 아토스 산을 포함한 그리
스 일부, 미국 등 해외에 흩어져 있는 여러 정교회들만 관할하에 있다. 여기
서는 터키와 그리스의 아토스 산의 역사만 살펴본다.

• **터키**: 동로마제국 수도로 오랫동안 동방 정교회의 중심이었던 콘스
탄티노플은 1453년 오스만터키에 의해 점령되었다. 이후 이슬람의 통치를
받으며 "두 번째 계층의 종교"로서 "무거운 세금을 지불하였고, 구별되는
옷을 입었고, 군대에서 봉사하는 것이 허락되지 않았으며, 이슬람 여인과
결혼하는 것이 금지되었다. 교회는 선교사역이 허락되지 않았으며, 무슬림
들을 그리스도교 신앙으로 개종시키는 것은 범죄였다."[1] 이런 상황에서 동
방 정교회는 오스만제국 치하에서 그리스도인들을 위한 종교적·시민적 기
구로 기능했다. 총대주교를 포함한 주교들이 종교지도자와 행정관료 역할

을 함께 감당한 것이다. 또한 오스만제국 내에서 콘스탄티노플의 지위 때문에 나머지 총대주교들(알렉산드리아, 안디옥, 예루살렘)과 발칸반도 및 중동의 다른 정교회들도 총대주교의 관할 아래 있었다.

20세기 초엽, 콘스탄티노플에는 약 200만 명의 정교인들이 거주하고 있었지만, 1919년 발생한 그리스-터키 전쟁으로 이 지역에서 그리스 정교인 수가 급감했다. 특히, 전쟁 중 그리스 군대가 점령했던 스미르나(이즈미르)에서 1922년 9월 8일 터키군의 총공세에 밀려 그리스 군대가 철수하자, 성난 터키 군중이 크리소스톰 대주교를 포함하여 3만 명의 그리스인과 아르메니아인을 살해했다. 그뿐만 아니라, 이 전쟁 중 터키 영토에 거주하던 그리스인 100만 명도 추방되었고, 전쟁 직후 스위스 로잔에서 체결된 "그리스와 터키 인구의 교환에 관한 협정"(1923)에 따라 그리스 정교인 40여만 명이 추가로 터키의 아나톨리아와 동부 트라키아에서 쫓겨났다. 이때 수천 명이 여행 도중 목숨을 잃었다.

1950년대에 다수 그리스인들과 소수 터키인들로 구성된 키프로스의 문제 때문에 터키에서 반그리스인 폭동이 발생했고 도시 안에 있던 80개 동방 정교회 성당 중 60개가 파괴되었다. 계속되는 폭력과 약탈을 견디지 못한 많은 그리스인들이 이스탄불을 떠나거나 강제 추방되었다. 1960년대에는 총대주교구 인쇄소가 정부에 의해 강제 폐쇄되어 어떤 간행물도 출판할 수 없게 되었다. 1971년 이스탄불 근처 할키 섬에 있던 신학교마저 문을 닫았다. 비록 1987년 정부의 승인하에 총대주교구의 주요 건물들이 복구되고 총대주교와 주교들의 해외여행도 허용되었지만, 1990년대 이 지역 그리스 공동체는 3,000-4,000명으로 축소되었으며, 그들 대부분도 늙고 가난한 사람들뿐이다.

• **아토스 산**(Mount Athos): 수도원운동은 동방 정교회의 영적·신학적 원천이다. 그리고 지난 1,000년간 이 운동의 중심은 그리스 북부에 위치한 아토스 산이었다. 아토스 산에 최초의 수도원이 설립된 것은 963년이다. 성 아타나시우스(Athanasius of Trebizond, 920-1000)가 비잔틴 황제 니케포로스 2세 포카스(Nikephoros II Phokas, 912-969)의 후원하에 대라브라(Great Lavra)

아토스 산의 대(大)라브라 수도원

수도원을 세운 것이다. 11세기부터 러시아를 포함한 슬라브족 국가들의 후원으로 수도원 수가 증가하기 시작하여 1400년경에는 40개에 달했다. 하지만 15세기 오스만터키가 이 지역을 점령한 후, 수도원운동이 급속히 쇠퇴하여 현재는 20개만 남아 있다.

　　20세기에 들어와서 아토스 산의 수도원운동은 계속 하향세를 보였다. 초반에는 약 7,500명의 수도사들이 수행에 정진했으며, 그들 중 절반이 러시아인이었다. 특히, 러시아계 수도원인 성 판텔레이몬 수도원에는 거의 2,000명의 수도사들이 거주했다. 하지만 제1차 세계대전 이후 러시아인 수사들의 유입이 중단되면서 그 수는 60명 미만으로 급감했다. 또한 루마니아, 세르비아, 불가리아, 그리스로부터 수사 공급이 격감하면서 아토스 산의 수도원운동은 크게 쇠퇴했다. 1971년 수도원 인구가 1,145명뿐이었고, 그들 대다수는 노인이었다.

　　하지만 이런 외적·양적 쇠퇴에도 불구하고 아토스 산의 내적·질적 수준은 결코 퇴보하지 않았다. 이런 전통의 중심에 디오니시우 수도원이 있었다. 가브리엘(Fr. Gabriel, 1886-1983) 수사의 지도하에 이 수도원은 수도원운동의 기원으로 존중되는 안토니우스의 방법으로 동방 정교회의 성자, 수사, 기도자를 양육했다. 그뿐만 아니라, 1980년대 이후 새로운 수도사들이 유입되면서 아토스 산의 역사가 새롭게 시작되었다. 수사들의 수가 꾸준히 증가한 결과, 1990년에는 1,500여 명에 이르렀다. 수사들의 평균 연령도 40 대 이하로 낮아졌고 교육수준도 높아졌다. 기도와 예배, 성찬과 찬양에도 뚜렷한 변화가 감지되면서 전체적으로 분위기가 밝고 역동적으로 변했다. 다른 한편 이곳을 찾는 방문자들과, 도로망과 운송수단의 급증으로 이 산의 정적(靜寂)이 위협받고 있다.

알렉산드리아

전승에 따르면, 알렉산드리아 교회는 A.D. 69년 성 마가에 의해 설립되었다. 451년 칼케돈공의회의 결정에 동의한 칼케돈파와, 반대했던 비칼케돈파로 분리되어 갈등과 대립 속에 공존하다 황제 유스티니아누스 1세에 의해 비칼케돈파가 완전히 축출되었다. 7세기에 이 지역이 이슬람의 통치하에 들어가면서 이슬람 박해 아래 오랫동안 명맥만 유지하였다. 하지만 19세기에 그리스 이민자가 급증하면서 알렉산드리아 교회도 점차 교세가 회복되었다. 알렉산드리아 총대주교구는 아프리카 전체를 관할하며, 현재 이집트 내에 25-30만 명, 그 외 아프리카 대륙에 135만 명 정도의 신자가 있다.

알렉산드리아 총대주교구에서 20세기에 벌어진 가장 주목할 만한 현상은 케냐, 우간다, 탄자니아에서 토착적인 아프리카 정교회 운동이 출현한 것이다. 이 운동은 1929년 우간다인 라우벤(Rauben Mukasa Spartas, 1899-1982)과 오바댜(Obadiah Kabanda Basajjakitalo, ?-1985)에 의해 시작되었다. 본래 그들은 영국 성공회 신자였으나 스스로 독서와 연구를 통해 정교회로 전향했다. 그들은 미국에서 발원한 흑인들로 구성된 '아프리카 정교회'와 접촉하여 안수를 받았으며, 후에 이 교회가 이단임을 알고 '아프리카 그리스 정교회'로 이름을 바꾸었다. 1946년 알렉산드리아 총대주교가 이들을 공인한 후, 이 교회는 아프리카에서 빠르게 성장하여 정교회의 중심지가 되었다. 1982년 나이로비에 정교회신학교가 설립되었고, 1992년 우간다에서 19명, 케냐에서 61명, 탄자니아에서 7명의 현지인 성직자가 사역했다.

안티오키아(안디옥)

오리게네스의 기록에 따르면, 안티오키아 교회의 기원은 베드로이다. 안티오키아 교회도 칼케돈공의회 이후 칼케돈파와 비칼케돈파로 양분되었다. 황제의 개입으로 비칼케돈파가 축출되어 시리아 정교회를 구성했고, 칼케돈파는 동방 정교회로 남았다. 14세기에 십자군전쟁의 여파와 사막화 때문에, 총대주교좌를 다마스쿠스로 이전했다. 친로마 성향의 치릴로 6세(Cyrillus Ⅵ)가 1724년 총대주교로 선출된 후, 콘스탄티노플과의 갈등이 발생하여 일부가 로마 교황의 수위권을 인정하고 동방 가톨릭교회로 분리되어 나갔다(그리스 멜케트 교회). 18-19세기에는 대부분 성직자들이 그리스인이었으나, 현재는 모두 아랍인이다. 이 교회에 속한 구역은 시리아, 레바논, 이란, 이라크, 쿠웨이트, 아랍에미리트, 바레인, 오만, 카타르, 터키 동남부 일부 지역이며, 아메리카 대륙 전체와 오세아니아, 유럽에도 관할 교회들이 있다. 현재 안티오키아 총대주교관구에 속한 신자 수는 200만 명 정도로 추정된다. 한편, 1942년 설립된 동방 정교회 청년운동(the Orthodox Youth Movement)의 활약이 주목할 만하다. 7,000여 명의 회원을 보유한 이 운동은 〈안누르〉(An-Nour)라는 정기간행물을 발행하고 있으며, 의료와 빈민사역에서 주목할 만한 업적을 남겼다. 특히 전쟁 중인 레바논에서의 활약이 돋보였고, 전 총대주교 이그나티우스 4세(Ignatius Ⅳ of Antioch, 1920-2012) 같은 고위성직자도 다수 배출했다.

예루살렘

예루살렘은 그리스도교의 발원지로서 '모든 교회의 어머니'로 불린다. 사도행전과 바울서신에 따르면, 이 교회의 초기 지도자는 야고보였으며, 유세비우스의 《교회사》도 야고보를 예루살렘 교회의 초대 주교로 소개한다. 두 차례의 유대-로마전쟁으로 예루살렘이 파괴되고 유대인들이 추방되면서 예루살렘 교회도 위기에 처했다. 로마제국에서 그리스도교가 공인된 후 가이사랴 관구에 소속되었다. 칼케돈공의회에서 콘스탄티노플과 함께 총대주교좌 교회로 승격되면서 서열 5위로 지위가 결정되었다. 십자군전

예루살렘의 성묘교회

쟁으로 총대주교가 콘스탄티노플로 피신했다가 1187년 예루살렘으로 돌아온 후 현재까지 그곳에 있다.

예루살렘 총대주교구가 관할하는 지역은 이스라엘과 요르단을 포함한 팔레스타인 지역 전체이며, 신자 수는 13만 명 정도이다. 신자들 대부분이 아랍인이지만, 총대주교를 비롯한 성직자들, 특히 성직자들로 구성되어 예루살렘의 성묘교회와 다른 성스러운 장소들을 관리하는 '성묘형제단'(the Brotherhood of the Holy Sepulchre)은 그리스인들이 지배적이다. 이것이 이 지역에서 내적 갈등의 원인으로 작용하고 있다. 또한 이 교회에서 러시아인들의 존재도 중요하다. 1917년 러시아혁명 이전, 매년 많은 러시아 순례자들이 이 지역을 방문했다. 그들 대부분은 가난하고 늙은 농부들이었다. 그럼에도 부활절에 도착하기 위해 수천 킬로미터를 걸어 러시아를 가로지른 후 크림반도에서 배를 탄 것이다. 이런 러시아 순례자들을 위한 사역이 번창했고 학교들도 운영되었다. 물론 혁명 이후에는 이런 순례자 수가 급감했으나, 여전히 예루살렘에는 3개의 러시아 수도원이 운영되고 있다.

2. 독립교회

9세기 중엽, 콘스탄티노플의 총대주교 포티오스 1세(Photios I, 820-893)의 주도하에 슬라브족을 향한 선교사역이 시작되었다. 데살로니가 출신의 그리스인 형제 콘스탄티누스(Constantinus, 826-869. 후에 Cyrillus로 더 알려짐)와 메토디우스(Methodius, 815-885)가 863년 모라비아로 출발했던 것이다. 이들은 슬라브 알파벳을 발명하여 성경을 번역했고 슬라브어로 예배를 드렸다. 이들이 시작한 슬라브족 선교는 불가리아, 세르비아, 러시아로 확산되었다. 후에 이 교회들은 콘스탄티노플의 통제에서 벗어나 독립된 총대주교구로 승격되었다. 현재는 총 10곳이며, 이 교회의 수장들은 대주교, 관구장 주교, 총대주교 등이다.[2]

러시아

러시아의 그리스도교 역사는 키예프에서 시작되었다. 900년 무렵 이미 한 교회가 설립된 것으로 보이며, 여왕 올가(Olga, 890-969)가 957년 세례를 받았다. 988년 그리스도교로 회심한 그녀의 손자 블라디미르(Vladimir, 재위 980-1015)는 비잔틴 황제의 여동생 안나와 결혼했고, 이후 정교회가 러시아의 국교가 되었다. 이 기간 동안 러시아 교회는 콘스탄티노플에 종속되었고 러시아 교회의 대주교(Metropolitan)도 그리스인이었다. 하지만 1237년 몽골의 침입으로 키예프 러시아가 종말을 맞이하고, 러시아공국이 몽골에 대한 저항을 주도하며 지도력을 발휘했다. 14세기에 '러시아의 설립자'로 불리는 라도네즈의 세르기우스(Sergius of Radonezh, 1314-1392)가 등장하여 러시아 영성의 황금기를 열었다. 1453년 콘스탄티노플이 오스만터키에 함락된 후 동방 정교회의 주도권이 러시아로 넘어갔다. 이후 러시아 교회는 자신들의 성직자들을 임명하면서 독립교회가 되었다. 이반 3세(Ivan III, 재위 1325-1341)는 스스로 황제(차르)의 칭호를 취했고, 사람들은 모스크바를 "제3의 로마"로 여기게 되었다.

20세기가 시작되었을 때, 러시아 정교회에는 총대주교가 없었다. 표트르 대제(Peter the Great, 1672-1725)가 1721년 〈성직자 규칙〉을 발표하여 총 대주교직을 폐지하고 12명으로 구성된 성직자회 혹은 거룩한 대회를 조직 했는데, 이 체제가 1917년 러시아혁명 때까지 지속되었기 때문이다. 하지만 1900년 당시 러시아 정교회는 러시아 국민들의 삶에 깊이 뿌리를 내렸고, 로마노프 왕조와도 밀월관계였다. 약 87퍼센트의 남성 신자와 91퍼센트의 여성 신자들이 예배와 성례에 참석하고 있었다. 1850년부터 1912년 사이에 남성 수도사 수는 두 배로 증가하여 2만 1,000명이 되었고, 여성 수도자는 8,533명에서 7만 453명으로 폭증했다.

하지만 20세기 초반, 러시아의 정치적 상황은 최악으로 치닫고 있었 다. 니콜라이 2세(Nikolai II, 재위 1894-1917)는 언론통제, 시베리아 유형과 해 외추방을 무기로 국민들을 억압했다. 상위 5퍼센트의 귀족과 자본가들이 국토의 대부분을 차지하고 있었다. 러시아는 1904년 일본과 전쟁을 시작 했으나 치욕적 참패를 거듭했다. 이런 상황에서 1905년 1월 22일(러시아력 1 월 9일) 상트페테르부르크에서 정교회 신부 게오르기 가폰(Fr. Georgii Apol- lonovich Gapon, 1870-1906)이 15만 군중을 이끌고 차르에게 진정서를 제출하 기 위해 궁전을 향해 평화적 행진을 시작했다. 하지만 친위대가 시위대를 향해 발포하여 수백 명 군중이 사망했다. 이것이 러시아혁명의 기폭제가 된 '피의 일요일' 사건이다. 이 사건은 수개월간 전국 노동자들의 파업시위로 이어졌다. 이 과정에서 많은 급진적 정교회 성직자들이 러시아의 정치·사 회적 개혁과 그리스도교의 회복을 위해 민중의 저항에 동참했다.

1917년 10월혁명 직후, 18세기 초 폐지되었던 러시아 정교회의 총대 주교좌가 부활했다. 하지만 정권을 안정시키는 데 성공한 소비에트 정부는 정교회에 대한 대대적 탄압을 재개했다. 그 결과, 1917년부터 1922년까지 28명의 러시아 정교회 주교들과 1,215명의 일반 사제들이 처형되었고, 교회 의 모든 재산이 몰수되었다. 이런 상황에서 모스크바 총대주교 티콘(Tikon, 1865-1925)은 공산정부의 만행을 비판했고, 그 결과 투옥과 저항을 반복하 다 1925년 갑작스럽게 사망했다. 당시 상황을 티모시 웨어(Timothy Ware)는 이렇게 평가했다.

공산정부에 저항했던 티콘 총대주교

로마제국은 때때로 기독교인들을 박해했지만 그런 식으로 종교를 억압한 무신론적 국가는 결코 아니었다. 오스만 터키족은 비기독교 국가이긴 하지만 그래도 유일신을 섬겼고, 우리가 보았던 것처럼 교회에 큰 관용을 베풀었다. 그러나 소련 공산주의는 근본적인 원리에 의해서 무장된 적극적이고 전투적인 무신론이었다. 공산주의는 교회와 국가 사이의 단순한 중립을 지키는 것으로 만족하지 않았고, 모든 조직교회의 활동을 억제하고 종교적 신앙을 제거하기 위해서 모든 수단을 동원하여 직간접적으로 탄압하였다.[3]

하지만 제2차 세계대전 발발과 함께 러시아 정교회의 상황에 중대한 변화가 발생했다. 히틀러가 소련을 침공하자 러시아 정교회는 전쟁 지지를 선언하고 국민들의 단결을 호소한 것이다. 스탈린은 교회의 이런 태도를 긍정적으로 받아들여 교회가 한동안 기력을 회복할 수 있도록 허용했다. 1943년 신학교들이 다시 문을 열었고, 일부 종교서적과 정기간행물이 재발간되기 시작했으며, 예배의식에 필요한 책들의 출판도 허용되었다. 또한 1950년대 중반까지 1만 7,000개 이상의 교회가 다시 문을 열어 1957년에는 2만 2,000개에 이르렀고 성직자도 50퍼센트 이상 증가했다.

하지만 정부와 교회의 이런 우호적 관계는 소련의 국내외 상황이 안정되면서 막을 내렸다. 정부의 반종교운동이 재개된 것이다. 또다시 주교와 사제, 남녀 수사들이 고문과 투옥을 당했고 여러 교회가 폐쇄되었다. 결국, 니키타 흐르쇼프(Nikita Sergeevich Khrushchyov, 1894-1971) 시절에 교회 수가 다시 1만여 개로 급감했으며, 1975년 7,000개, 1986년 6,500여 개로 줄었다. 신학교도 8개에서 3개로, 수도원도 67개에서 21개로 감소했다. 소련 정부는 자신에게 협조적인 정교회 지도자들을 지원하고 적대적인 인물들은 감금했다. 또한 KGB요원들을 교회 간부로 침투시켜 정교회를 철저히 감시하고 통제했다. 적지 않은 사람들이 이런 상황에 저항했지만, 소련 정부의 간섭과 통제 속에서 대부분의 정교회 지도자들은 침묵했다.

1985년 3월 11일 미하일 고르바초프(Mikhail Gorbachev, 1931-)가 소련 공산당 서기장에 취임하면서, 이런 상황에 일대 변화가 나타나기 시작했다. 그는 1988년 정교회 지도자들을 초청하여 '페레스트로이카'(개혁) 정책에 대한 협조를 요청했다. 1990년 '양심의 자유와 종교단체에 관한 법'을 공포하여 교회에게 좀 더 폭넓은 종교활동권을 허용했다. 정교회는 합법적 실체로 인정받았고 재산권도 허용되었다. 또한 사회사업, 자선사업, 선교사업도 시작할 수 있었다. 교회는 역사적인 수도원들과 중요한 교육기관들을 돌려받았으며, 1989-1992년 동안 매주 30개씩 교회가 새로 문을 열었다.

이런 긍정적 변화와 함께 러시아 정교회가 직면한 위기들도 만만치 않았다. 돌려받은 교회 건물과 수도원 건물들이 황폐화된 상태라 막대한 비용이 필요하다. 하지만 경제적 어려움에 처한 러시아에서 재원을 마련하기는 쉽지 않다. 또한 성직자가 절대적으로 부족하여 대다수 성직자들이 극심한 피로로 고통받고 있다. 아울러 이들은 오랫동안 사회사업과 교육 분야에서 배제되어 이 분야의 전문 지식과 경험이 부족해 어려움을 겪고 있다. 무엇보다 국가교회 체제가 무너진 상태에서 새로 유입된 많은 다른 그리스도교들과 경쟁해야 하는 상황에 처해 있다.

불가리아

이전에 모라비아왕국에서 선교활동을 벌였던 키릴루스와 메토디우스(Cyrilus and Methodius)의 제자들이 보리스 1세(Boris I, 재위 852-889)의 요청으로 오늘날 마케도니아 오흐리드에 교회를 설립하면서 불가리아 교회의 역사가 시작되었다. 하지만 1393년부터 1878년까지 터키의 지배를 받는 동안, 불가리아 교회는 터키 제국의 종교정책에 따라 독립교회로서의 지위를 상실하고 그리스 정교회에 편입되었다. 19세기에 민족주의가 확산되면서 무슬림의 통치와 억압에 저항하는 대규모 농민봉기가 발생했다. 특히 1876년 4월 농민봉기 때 3만여 명의 정교회 농민들이 잔인하게 처형되었다. 동시에 그리스 주교와 신부의 억압에서 벗어나려는 교회의 독립운동도 진행되었다. 결국 콘스탄티노플의 끈질긴 반대에도 불구하고, 1872년 2월 16일 불가리아 성직자들은 비딘 교구의 수좌대주교 안팀 1세(Antim I, 1816-1888)를 총대주교 대리로 선출했다.

20세기가 시작되면서 불가리아 총대주교 대리관구는 주변 국가들의 정치적 상황에 따라 계속 축소되었다. 즉, 제1, 2차 세계대전을 거치면서 불가리아 총대주교 대리가 불가리아 공국 밖의 교회들에 대해서는 모든 관할권을 상실한 것이다. 그럼에도 불가리아 교회는 불가리아인들의 신앙생활을 위해 많은 노력을 기울였다. 국민의 성금으로 1903년 6년제 신학교가 소피아에 문을 열었으며, 큰 수도원에 성직자 학교들이 개설되었다. 1923년 국립 소피아대학에 신학부가 설치되었고, 1925년 현대 불가리어 성경이 최초로 발행되었다. 그 결과, 1890년 1,882개였던 정교회 성당이 1936년 3,176개로 크게 증가했다.

하지만 1944년 공산주의자들이 정권을 장악하자 불가리아 교회는 큰 난관에 봉착했다. 국가종교로서의 지위를 상실했고 정교회 토지는 국유화되었다. 교육과 자선활동도 위축되었다. 정부조직, 언론, 공산당조직, 노동조합 등이 무신론적 종교교육에 가담한 결과, 신앙인은 보수주의자, 열등시민, 재교육 대상자로 간주되었다. 자연스럽게 신자와 성직자 수도 줄었다. 예를 들어, 성직자 수가 2,600명(1944) → 1,900명(1962) → 1,720명(1977)

불가리아 소피아대학 전경

→ 1,550명(1992)으로 감소한 것이다. 물론 1960년대부터 정부와의 관계가 호전되어 좀 더 독자적인 활동이 가능해졌지만, 정부와의 불필요한 갈등을 피하기 위해 공산주의 정책과 선전활동에 동참할 수밖에 없었다. 다만, 1953년 불가리아 총대주교좌가 부활하고 1961년 콘스탄티노플 총대주교의 승인을 받으면서 그동안 불가리아 정교회를 괴롭혔던 '이단'의 딱지가 떨어졌다. 2019년 현재, 불가리아 국내에 13개 교구와 655만 명 신자, 국외에는 2개 교구와 최소 100만 명의 신도가 있다.

세르비아

1217년 스테판 네마니치(Stefan Nemanjic, 재위 1217-1228)와 함께 정교회에 기반한 중세왕국이 세르비아에서 시작되었다. 1219년 세르비아 교회가 독립 정교회로 인정받았고, 스테판의 동생 사바(St. Sava, 1174-1236)가 세르비아 정교회의 초대 주교가 되었다. 하지만 세르비아는 1389년 코소보 전투에서 패한 후 1878년까지 오스만터키에 완전히 편입되었다. 이 기간 동안 세르비아인들은 이슬람에 동화되지 않고 민족정체성과 단결을 유지했으며, 세르비아 독립정교회가 결정적인 영향력을 행사했다. 19세기 동유럽에 민족주의 열풍이 불어오자, 세르비아에서도 세르비아주의가 확산되면서 독립운동이 확산되었고, 1878년 마침내 독립을 쟁취했다. 김철민은

세르비아의 성 마르코 대성당

세르비아에서 정교회의 위치를 다음과 같이 정리한다.

실제로 세르비아 정교는 세르비아 민족이 발칸유럽에서 정착한 이후 세르비
아 민족의 단결과 정체성 형성에 가장 중요한 영향을 미쳐 왔으며, 현재까지도
세르비아 국가와 민족의 가장 중요한 정신적 토대를 제공하고 있다.[4]

제1차 세계대전 후 오스트리아-헝가리 이중 제국이 해체되자, 오스
트리아의 지배를 받았던 슬로베니아, 헝가리의 지배를 받았던 크로아티아,
그리고 19세기 말 근대왕국을 수립한 세르비아가 통합하여 '세르비아-크
로아티아-슬로베니아 왕국'을 수립했다. 이어서 대공황의 여파로 왕국이
혼란에 빠지자 세르비아의 알렉산다르 1세(Aleksandar I, 재위 1921-1934)는
1929년 왕정독재를 선언하면서 왕국 명칭을 '유고슬라비아왕국'으로 변경
했다. 1938년 이후 동유럽에 대한 독일의 영향력이 확대되자, 유고슬라비아
에서 크로아티아와 보스니아-헤르체고비나 지역이 '크로아티아 독립국가'
로 분리되어 나갔다.

　　제2차 세계대전이 발발하자 티토(Josip Broz Tito, 1892-1980)와 파르티
잔 세력의 영웅적 투쟁으로 여덟 차례나 독일군의 대대적 진압을 극복하고

마침내 유고슬라비아 전 지역을 장악했다. 이후 세르비아, 크로아티아, 슬로베니아, 보스니아-헤르체고비나, 마케도니아, 몬테네그로 등 6개 공화국으로 구성된 '사회주의 유고슬라비아 연방'이 수립되면서 사회주의 시대의 막이 올랐다. 하지만 전쟁 기간 동안 세르비아 교회는 큰 고통을 당했다. 당시 상황에 대한 티모시 웨어의 설명이다.

> 크로아티아와 유고슬라비아의 나머지 지역에서 21명의 주교 중 다섯 명이 살해당했고, 두 명은 맞아 죽었고, 두 명은 억류 중에 죽었고, 다른 다섯 명은 투옥되거나 그들의 교구로부터 추방당했다. 그리고 정교회 사제의 4분의 1이 죽었고, 반이 투옥되었다. 크로아티아에서는 세르비아 인구의 반이 멸망당했다. 그리고 많은 정교회 신자가 총구 앞에서 강압에 의해서 로마 가톨릭으로 개종했다.[5]

공산정권이 유고슬라비아에 들어선 후에도 정교회 탄압은 지속되었다. 사제들에 대한 총살과 체포가 이어졌다. 토지개혁으로 교회 소유 토지의 90퍼센트 이상이 몰수되고 귀중품을 강탈당했다. 교회 건물은 박물관으로 전용되었다.[6]

이후 티토는 소련에 등을 돌린 채 독자노선을 추구하고 마케도니아 문제로 불가리아와 갈등을 빚으면서 세르비아 정교회에 유화정책을 펴기 시작했다. 이런 상황에서 세르비아 정교회는 공산정부와 우호적 관계를 유지했다. 1968년 세르비아 총대주교청이 베오그라드에 있는 성 마르크 성당에서 수만 명이 지켜보는 가운데 1.5톤 석관에 스테판 두산(Stefan Dusan, 1308-1355. 중세 세르비아의 가장 위대한 통치자)의 유품을 매장한 것이 대표적인 경우이다.[7] 하지만 교회가 변방의 민족주의운동에 적극 가담하여 정부와 갈등을 빚기도 했다. 예를 들어, 1981년 4월 코소보에서 알바니아인들의 폭동이 발생하여 많은 성화, 서적, 건물이 파괴되고 수천 명의 세르비아인과 몬테네그로인들이 추방당했다. 그러자 21명의 사제들이 서명한 "세르비아인 거주자들과 코소보에 있는 성지에 대한 보호를 위한 호소문"을 잡지

〈프라보슬라블리에〉(*Pravoslavlje*)를 통해 출판했고, 1987년 5월에는 세르비아 정교회의 사제연맹 기관지 〈베스니크〉(*besnik*)가 코소보의 비극적 사실을 보도하면서 정부와 교회의 책임을 촉구했다.[8]

루마니아

루마니아 정교회는 사도 안드레가 고대 루마니아 지역에서 처음 선교를 시작했다고 믿고 있으나, 역사적 기록은 4세기부터 나타난다. 루마니아는 101년부터 로마제국의 지배하에 놓였고, 로마인의 이주로 급속히 로마화되었다. 하지만 272년부터 375년까지 고트족이 이 지역을 지배했는데, 이 기간 동안 다뉴브 강 남쪽 출신 선교사 울필라(Wulfila, 311-383)에 의해 복음이 전해졌다고 한다. 이후 로마제국이 동서로 분열되면서 루마니아 지역은 동로마제국의 영향권에 들어갔고, 7세기 이후 슬라브족이 이 지역에 정착하면서 루마니아인들은 비잔틴과 슬라브족의 종교인 정교회를 받아들이기 시작했다. 14세기에 루마니아 지방을 관할하는 수도대주교구가 최초로 세워졌고, 전례언어로 슬라브어를 채택했다. 이후 성경과 전례를 루마니아어로 번역하는 작업이 꾸준히 지속되었으며, 19세기에 모든 작업이 완료되었다.

한편, 20세기 루마니아 정교회의 역사는 19세기부터 진행된 루마니아의 독립 및 통일국가 수립 과정과 더불어 고찰해야 한다. 즉, 오랫동안 오스트리아와 러시아 사이에서 고통당하던 루마니아는 크림전쟁에서 러시아가 패하면서 독립에 대한 희망을 품기 시작했다. 1859년 왈라키아 공국과 몰도바 공국이 연합하여 '루마니아 민족국가'가 수립되었고, 1877년 러시아-터키 전쟁에서 터키가 패함으로써 루마니아는 완전한 독립을 선언했다. 독립 이후 루마니아 정교회는 교회의 조직과 성직자 교육을 위한 수준 높은 교육기관 설립, 수도원 부흥과 출판기구 설립에 매진했고, 이런 노력들이 성과를 내면서 콘스탄티노플로부터의 독립도 염원했다. 그리고 1925년 그 꿈을 이루었다.

제2차 세계대전 이후, 소련의 압력하에 루마니아에서 공산주의자들

루마니아 신학자 두미트루 스타닐로에

이 중앙 및 지방정부를 장악했다. 이어서 공산당 외의 모든 정당이 해체되고 국왕제도 폐지되었으며, 1947년 12월 30일 '루마니아 인민공화국'이 탄생했다. 공산당 집권 초기, 다른 공산주의 국가들의 상황과 달리, 루마니아 정교회는 아무런 해를 입지 않았다. 대부분의 교회는 계속 문을 열었고, 루마니아 총대주교구는 신학교를 운영했으며, 정기간행물과 서적 출판에도 어려움이 없었다. 성직자 수는 계속 증가했으며 수도원운동도 부흥했다. 동방 정교회의 주요 문헌을 담은 《필로칼리아》(*Philokalia*)가 유명한 루마니아 신학자 두미트루 스타닐로에(Dumitru Staniloae, 1903-1993)에 의해 1946년부터 발행되기 시작하여 1990년 제11권이 출판되었다.

　　이런 긍정적 상황은 총대주교 유스티니안(Justinian Marina, 1901-1977)과 차우셰스쿠 정권의 우호적인 관계 때문에 가능했다. 하지만 수녀와 수사들의 수를 줄이려는 정부의 조치에 유스티니안이 대항하자, 정부는 즉시 그를 연금 상태에 놓이게 했다. 그가 총대주교직에서 물러난 다음 해(1978), 수도원에서 예배가 금지되고 수사와 수녀 수가 제한되었으며 교리서 검열이 시작되었다. 이런 정부의 조치에 일부 사제들이 저항했다. 특히, 게오르게 칼치우(Gheorghe Calciu, 1925-2006) 신부는 정부가 주도하던 학교 내의 무신론적 교육방침과 교회 건물 파괴를 강하게 비판하다 투옥되었다. 또한 5인의 사제들이 국가에 대한 정교회의 요구를 담은 15개항을 발표했다. "정교회가 독재에 굴종하는 경향에서 벗어나 진정한 민족교회가 되어야 한다"라는 내용이 담겨 있었다. 20세기 말 루마니아 정교회는 14개 교구로 구성되었고, 신자 수는 1,600만 명 이상으로 추정된다. 전례는 루마니아어로 진행된다.

조지아

조지아에 복음이 전해진 것에 대해서는 상이한 전승들이 있다. 이 지역에 최초의 교회를 세운 사람이 사도 안드레라는 전승과 시몬이라는 전승이 공존하며, 사도 마티아의 무덤이 고니오에 있다는 설도 있기 때문이다. 하지만 공식적 역사는 4세기 초반부터 시작된다. 카파도키아 왕실의 공주인 성 니노(St. Nino, 296-335)의 선교활동으로 조지아인들이 그리스도교로 개종했으며, 5세기 후반 동로마제국 황제 제노(Flavius Zeno, 재위 474-491)에 의해 독립자치교회의 지위를 인정받고 완전한 그리스도교 왕국이 되었다. 6세기에 수도원 제도가 융성하기 시작하여 10-12세기에 정점에 달했고, 11-13세기에는 조지아어로 된 풍부한 그리스도교 문학이 발전했다. 이때 수도원이 선교와 문화의 중심지로 크게 활약했다. 하지만 이런 종교적·문화적 황금기는 13세기 칭기즈칸과 15세기 타메를란(티무르)의 침입으로 막을 내렸다.

이후 조지아는 이슬람과 페르시아의 위협으로 어려운 세월을 보냈다. 이어서 1801년 일부 지역이 러시아에 합병된 후 10년간 나라 전체가 러시아의 지배를 받았다. 1811년 조지아 총대주교가 세상을 떠나자, 러시아는 조지아 정교회 총대주교직을 폐지하고 러시아 정교회의 통제하에 두었다. 교구가 30개에서 5개로 축소되었으며, 신학교에서는 러시아어나 슬라브어가 조지아어를 대체했다. 러시아가 공산화된 후, 조지아 정교회의 상황은 더욱 악화되었다. 단적으로, 1917년 2,455개였던 성당 수가 1980년대 중반에는 80개로 급감했다.

조지아의 성 니노

하지만 1980년대 중반, 고르바초프의 개혁과 일리아 2세(Ilia II, 1933-) 총대주교의 지도력하에 조지아 정교회가 재건되었다. 여러 성당이 다시 문을 열었고, 1988년 신학교도 정식 개교했으며, 1990년 3월 4일 콘스탄티노플 총대주교가 조지아 정교회에 독립교회의 지위를 부여했다. 또한 1992년 소련의 해체로 조지아가 독립국이 되면서 교회는 빠르게 회복되었다. 성직자 수가 급증했고 수도원 생활이 재개되었으며, 성당 수도 빠르게 증가한 것이다. 1994년 조지아 정교회와 정부가 체결한 협약으로, 공립학교가 조지아 정교회와 연계해서 종교수업을 하기로 했고, 1995년 성직자와 사무원, 평신도 대표들이 참석한 조지아 정교회의가 개최되어 교회 사목과 영적 쇄신을 위해 중요한 결정들을 내렸다. 그리고 2002년 조지아 정교회와 정부가 정교조약에 서명함으로써, 정교회와 정부의 관계, 사회에서 성직자와 교회의 권리 같은 주요 이슈들이 새롭게 정리되었다.

대통령 에두아르드 세바르드나제(Eduard Shevardnadze, 1928-2014)에 대항하여 2003년 시위가 발생했다. 이때 무력 사용을 반대한 일리아 총대주교의 중재로 세바르드나제가 하야하고 새로운 정부가 폭력 없이 수립되

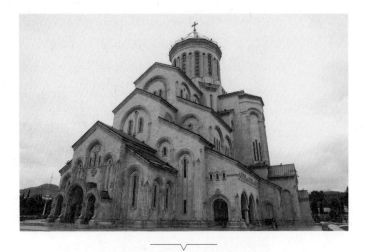

조지아의 트빌리시 성삼위일체 대성당

었다. 2004년 조지아 정부의 지원하에 1996년 시작된 '트빌리시 성삼위일체 대성당' 건축이 완료되었다. 이것은 조지아에서 정교회와 정부의 관계, 정교회의 사회적 위상을 보여 주는 상징적 사건이자 증거다. 2006년 현재 조지아 정교회는 30개 교구, 1,004명의 지역교구 사제들, 65개 수도원을 거느리고 있으며, 조지아 전체 인구 중 83.9퍼센트가 조지아 정교회에 속한 것으로 보고된다.

그리스

비잔틴제국의 일부로서 오랫동안 정교회를 신앙했던 그리스는 15세기부터 오스만터키의 지배하에 놓였다. 하지만 1821년 오스만제국에 저항하는 혁명이 일어나서, 1830년 독립이 인정되고 1833년 바이에른 출신의 오토(Otto, 재위 1832-1862)가 왕위에 올랐다. 그리스 정부는 그리스 정교회를 콘스탄티노플 총대주교의 관할에서 벗어난 독립교회로 선포했고, 1850년 콘스탄티노플 총대주교의 승인을 받았다.

제2차 세계대전과 1949년 공산주의 세력이 패배할 때까지 지속된 내전으로 그리스인들의 신앙생활은 큰 위기를 맞았다. 수많은 교회들이 불탔으며, 수백 명의 사제와 수사가 독일인과 공산주의자들에게 살해된 것이다. 한편, 1967년 군부 쿠데타가 발생하여 군주제를 폐지하고 공화국을 선포했으나, 이 정권은 1974년 다시 전복되었다. 이 기간 동안, 대주교 예로니모스 1세(Ieronymos I, 1905-1988)를 포함한 성직자 계급과 군사독재자 간의 밀월 관계가 지속되었다. 이것은 젊은 세대에게 교회에 대한 실망과 불신을 심어 주는 계기가 되었다.

같은 시기에 그리스 정교회의 영적 갱신이 '신학자들의 형제단'으로 알려진 '조에'(Zoe)에 의해 일어나기도 했다. 이 운동은 1907년 수사 유세비우스 마토폴로스(Eusebius Matthopoulos)의 주도하에 시작되었다. 반수도원적 구조를 갖고 모든 회원(평신도와 성직자)은 독신주의를 추구했다. 이 운동은 처음부터 성찬, 고해, 설교, 교리문답, 청소년 모임, 성서연구 모임 등을 강조했고, 1920-1960년대에 전성기를 누렸다. 또한 그리스 정교회의 고질적 문제였던 성직자들의 낮은 교육수준이 1980년대에 들어와서 현저히 향상되기 시작했다. 1919년에는 그리스 정교회 성직자 중 신학교 졸업자 수가 1퍼센트 미만이었고, 1975년에도 8퍼센트인 589명에 지나지 않았다. 하지만 1992년 그 수가 2,019명으로 급증했다. 여전히 전체 성직자의 4분의 1에 불과하지만 주목할 만한 변화임에 틀림없다.

현재 그리스 정교회는 헌법에 의해 '주된 종교'(prevailing religion)로 인정받으며 다른 종교들에 비해 특권적 지위를 누리고 있다. 세속주의가 빠르게 확산되고 가톨릭과 무슬림 등 비정교회 신자들도 있지만, 여전히 대다수 그리스인들은 정교회에 속해 있다. 그리스 정교회는 교구 및 수도원 외에 많은 고아원, 양로원, 정신병원, 병원 등을 거느리고 있다. 정교회에서 행한 결혼과 세례는 법적 효력을 발휘하고, 정교회 학생들은 초·중·고등학교에서 종교교육을 받는다. 교회는 과거에 일반 수익의 35퍼센트를 세금으로 국가에 납부했는데, 이 제도는 2004년 폐지되었다. 현재 그리스 정교회 성직자들의 월급과 연금은 일반 교사들에 준하는 수준으로 국가가 지급하며, 교회와 국가 간의 연락은 교육 및 종교부가 담당한다.

3. 디아스포라 교회

오랫동안 정교회는 지리적으로 동유럽에 한정되어 있었다. 이것은 로마제국이 동서로 분열되고, 이후 동로마제국(비잔틴제국)의 정교회가 슬라브족 선교를 주도한 결과다. 하지만 20세기 초반 러시아의 공산화와 1945년 이후 냉전의 영향으로 동유럽에 공산정권이 들어서고 이후 정교회 자체의 선교활동에 의해 정교회 신자들이 세계 곳곳으로, 특히 북미로 이주하면서 정교회의 지도가 크게 변하기 시작했다. 1677년 런던에 그리스 정교회가 문을 연 기록이 있으며, 북미 대륙에는 18세기 중반부터 정교회가 존재했다. 그리고 호주에는 제2차 세계대전 이후 정교회 교구들이 설립되었다. 여기서는 북미의 상황만 살펴본다.

북미에서 정교회 역사는 1794년 러시아 발라모 수도원 출신 수사들이 알래스카 원주민들을 대상으로 선교활동을 전개하면서 시작되었다. 물론 당시에는 알래스카가 러시아 영토였으나, 1867년 미국이 알래스카를 구입하면서 이 사역이 미국 역사에 포함되었다. 같은 해 이곳에 최초의 교구가 설치되었고, 이 교구좌는 1872년 샌프란시스코로 이전되었다가 1905년 뉴욕으로 다시 이동했다. 당시 모스크바 대주교 티콘은 아랍인 교구를 위해 '브루클린의 라파엘'(St. Raphael of Brooklyn, 1860-1915)을 주교로 임명하기도 했다.

1900년 이전, 규모는 작지만 이미 그리스인 교회들이 존재하기 시작했고 20세기 불가리아, 루마니아, 세르비아, 시리아, 우크라이나 정교회들이 미국에 출현했다. 이들은 법적으로 러시아 정교회에 종속되었다. 하지만 러시아혁명 이후, 러시아 정교회와 소비에트 정권이 갈등을 빚으면서 총대주교 티콘은 러시아 밖에 있는 러시아 정교회들에게 자치적으로 운영하라는 명령을 내렸다. 이것은 미국에 있는 각 민족의 정교회들에게 영향을 미쳐 독자적으로 조직을 구성하기 시작했다.

1918년 캐나다의 우크라이나 그룹이 독립된 교회를 세웠으며, 1922년 그리스 정교회, 1926년 세르비아 정교회가 각각 독립교회로 거듭났다.

성블라디미르신학교

동시에, 새로 독립한 교회들은 적지 않은 내적 갈등을 겪어야 했다. 러시아 정교회는 4중 분열의 아픔을 겪었으며, 우크라이나인들은 러시아인들과 분리된 후 다시 3중 분열의 홍역을 치렀다. 알바니아, 불가리아, 루마니아, 세르비아, 시리아 정교회는 분열되지 않았지만, 1930년대에야 조직의 안정을 이룰 수 있었다. 이후 미국에는 최소 15개의 전국 혹은 관할 집단으로 분화된 정교회들이 공존하게 되었다. 이런 디아스포라 교회들은 보통 모교회(母教會)에 소속되며 그 주교회의의 지배를 받는다.

현재 미국에는 10개의 정교회 신학교가 있다. 그중에서 뉴욕 외곽의 크레스트우드에 소재한 성블라디미르신학교, 보스턴과 브루클린에 있는 성크로스신학교가 대표적이다. 또한 조던빌에 있는 성삼위일체수도원이 유명한데, 미국 정교회에서 수도원운동은 빈약한 상태다. 이렇게 다양하게 분화 혹은 분열된 미국 정교회들 안에서 1950년대부터 대화와 협력을 위한 노력이 시작되었다. 1954년 미국정교회청년지도자협의회(the Council of Eastern Orthodox Youth Leaders of America)가 구성되었고, 1960년 정교회 주교들로 구성된 위원회가 조직된 것이다.

1,000년 이상 동유럽에서 같은 양식의 예배를 그리스어나 러시아어로 드렸던 정교회 신자들이 미국이라는 낯선 환경에 적응하면서 자신의 전통을 보존하거나 재구성하며 한 세기를 보냈다. 결코 쉽지 않은 세월이었지

만, 대체로 그들의 적응은 성공적인 것으로 평가된다. 그들의 성공적인 적응과 단호한 방어에 대해 윈스롭 허드슨(Winthrop S. Hudson)과 존 코리건(John Corrigan)은 다음과 같이 정리했다.

> 정교회들은 대단히 능동적으로 미국적 환경에 적응하였다. 예배에서 영어 사용, 혼성성가대와 반주악기의 도입, 회중석 설치, 교구 조직들의 발달, 그리고 교회생활의 중요한 측면으로서 교회 만찬의 실시 등은 다른 이민자 기구들이 미국적 삶에 통합되기 이전에 동화되기 위해 실행했던 것들이다. 또한 주로 예전에 성공회 신자들이었던 사람들에 의해서, 보다 미국적이며 동시에 보다 천주교적인, 그래서 다른 전통들에서 개종자를 얻을 수 있는 토착적 정교회를 조직하려는 시도들이 있었다. 그런 시도들은 별로 성공적이지 못했고, 정교회 지도자들로부터 별다른 호응도 받지 못했으며, 겨우 소수의 사람들만 그런 생각에 동조했을 뿐이었다.[9]

4. 선교지 교회

동방 정교회는 앞서 언급한 대로 키릴루스와 메토디우스의 선교활동으로 슬라브족에 전파되었다. 동방 정교회의 역사가 선교와 무관하지 않았다는 것이다. 하지만 동로마제국이 이슬람에게 멸망당하고, 러시아가 공산주의 지배하에 놓이면서 동방 정교회는 타민족에게 복음을 전하는 일에 전념할 여력이 없었다. 자신들의 생존도 쉽지 않았기 때문이다. 그럼에도 1917년 이전까지 러시아 정교회는 주변 지역을 대상으로 꾸준히 선교활동을 벌였고, 그 결과 중국, 일본, 한국에 정교회가 세워졌다. 동유럽이 아닌 지역에, 그리고 그리스어나 슬라브어가 아닌 다른 언어로 예배하는 정교회 공동체가 탄생한 것이다. 여기서는 한국 정교회만 살펴본다.

정교회가 우리나라와 최초로 접촉한 것은 고려시대로 알려져 있다. 원나라 황실이 그리스도교에 호의적이어서 러시아에서 온 대공을 후하게 대접했는데, 당시 볼모로 와 있던 고려 왕실 왕전(王佺) 등과 접촉한 기록이 교황청 자료에 남아 있다. 또한 조선 영조시대에 사신으로 청나라 북경에 갔던 이윤신의 〈문견사건〉(聞見事件)에 "대비달자"(大鼻獺子, 큰 코 오랑캐)를 만 났다는 기록이 있다. 그가 곧 청나라에 파견된 '코 큰' 러시아 정교회 선교 사였을 것으로 추정된다.

하지만 한국 정교회 역사는 구한말 고종 황제가 당시 러시아 공사 관에 성당 부지(지금의 경향신문 자리)를 하사하면서 본격적으로 시작되었 다. 이후 1900년 입국한 러시아 정교회 소속 흐리산프 셰트콥스키(Khrisanf Shchetkovskii, 1869-1906) 신부의 주도로 이 해 2월부터 선교가 시작되었고 1903년 서울 정동에 성당을 건립했다. 1912년 강탁 신부가 한국인 최초로 사제서품을 받았으며, 자체 교육기관인 보정학교도 세웠다. 하지만 1917년 러시아혁명으로 외국 선교부가 폐쇄되면서, 러시아 정교회는 한국 선교에 집중할 수 없었다.

이 기간 동안 한국 정교회는 강탁, 김희준, 김의한 신부 등 3명의 조선 인 사제를 배출했고, 러시아인 선교사와 교인들이 교회를 이끌면서 1946년 교구도 개설했다. 하지만 김의한 신부가 한국전쟁 중 납북되고 성당도 파괴 되는 시련을 겪었다. 이런 위기 상황에서, 한국전쟁 당시 그리스군의 종군 신부로 입국했던 안드레아스 할키오풀로스 신부의 노력과 문이춘 신부가 서품을 받으면서 교세가 다시 확장되었고 성당도 재건되었다.

1956년부터 한국 정교회는 콘스탄티노플 총대주교구 소속의 그리스 정교회 관할로 들어갔다. 규모가 작았기 때문에 1956년부터 1970년까지 미국 대교구, 1970년부터 2004년까지 뉴질랜드 대교구에 소속되었다. 하 지만 1993년 교구로 승격되었고, 2004년 6월 20일 총대주교좌 직속 수도 대교구가 되어 콘스탄티노플과 직접 소통할 수 있게 되었다. 초대 교구장으 로 그리스 출신의 소티리오스 트람바스 수도대주교가 부임했다. 2019년 현 재, 한국에는 9곳의 성당과 2곳의 수도원이 있으며, 신자 수는 2,000-3,000 명 정도로 알려져 있다. 한국 정교회의 중심은 서울 마포구 아현동에 소재 한 성 니콜라스 성당이다. 돔 양식으로 건축된 이 성당은 그리스 정부의 지 원으로 건축되었다.

한편, 북한에는 조선정교위원회가 2002년 9월 25일 발족되었고, 사제 양성을 위해 4명이 러시아에서 유학했다. 2006년 정교회성당 정백사원 (혹은 삼위일체사원)이 완공되었다. 이 성당의 건축계획을 들은 한국 정교회가 그리스 정교회의 지원을 받아 공사비와 자재를 보내 주었고, 한국 정교회 수장인 소티리오스 수도대주교가 세 차례나 북한을 방문했다. 2015년 현재 5명의 사제가 전례와 사원 관리를 맡고 있으며, 5명 정도의 신자가 등록된 것으로 알려졌다.[10] 이 교회는 러시아 정교회 관할하에 있다.

평가와 전망

비잔틴제국의 역사와 함께 찬란한 중세시대를 보냈던 동방 정교회는 오스만터키의 지배를 받으면서 오랫동안 차별과 억압의 세월을 보냈다. 비록 교회는 합법적으로 존재했지만, 예전의 권세와 영광은 역사의 뒤편으로 사라졌다. 그런 과정에서 러시아를 필두로 지역교회들이 독립하면서 하나의 통일된 교회로서의 고전적 이상이 깨어지기 시작했다. 또한 제1차 세계대전의 결과로 오스만터키제국이 해체되고, 제2차 세계대전이 끝난 후에는 이 지역 국가들이 공산주의 체제하에 놓였다. 이슬람의 억압이 사라지자 공산주의의 탄압이 시작된 것이다. 기본적으로 종교를 거부하는 공산주의자들의 통치하에서, 동방 정교회는 이슬람의 지배에 있던 시절보다 더 고통스러운 세월을 보내야 했다. 이 와중에 많은 정교회 신자들이 세계 전역으로, 특히 북미 대륙으로 이주했다. 동방 정교회가 더 이상 지리적으로 동유럽에 한정된 종교로 머물 수 없게 된 것이다. 1980년대 중반, 고르바초프가 개방과 개혁을 추진한 이후 동유럽에서 공산정권이 붕괴되고 냉전도 종식되었다. 그리고 세상은 미국을 중심으로 재편되었다.

이런 변화의 물결은 동방 정교회 전체를 강타했다. 먼저, 거의 반세기 동안 공산정권하에서 억압되었던 동유럽의 정교회들이 종교의 자유를 회복했다. 하지만 공산주의에서 자본주의와 민주주의로 이행하는 과정에서,

이 지역 국가들은 극심한 정치적 혼란과 경제적 빈곤을 경험하고 있다. 아노미 상태에 놓인 국가에서 정교회는 정신적 통합 주체로 기능하면서 자신의 적절한 지위와 역할도 회복해야 하는 어려운 과제를 안고 있다. 또한 서구에서 밀려오는 다양한 개신교들의 공격적인 선교와 경쟁해야 하는 낯선 상황과도 마주하고 있으며, 공산주의적 무신론의 잔재, 신자유주의 물결 속에 흘러들어오는 서구의 세속주의 및 상업주의와도 싸워야 한다.

동유럽 밖에 존재하는 디아스포라 교회들과 선교지 교회들의 상황도 크게 다르지 않다. 무엇보다 이들은 국가와 민족의 보호막이 제거된 상태에서, 사회·정치·인종·종교적 소수자로서 자신의 현실을 인정하고, 지배문화에 창조적으로 적응하며 그들의 고유한 역할과 기능을 개발해야 한다. 아울러 이주 1세대와 2, 3세대 간의 차이와 갈등도 해소해야 한다. 여전히 언어와 예전(禮典) 면에서 민족적 특성에 집착하는 1세대와 새로운 언어와 문화에 이미 적응해 버린 2세대 간의 문화적·세대적 간극이 결코 좁지 않다.

이슬람과 공산정권의 지배하에서 동방 정교회는 다른 종교, 다른 그리스도교들로부터 분리된 채 철저히 고립되어 있었다. 하지만 더 이상 그럴 수 없는 시대가 도래했다. 그들이 사는 곳으로 다른 종교와 문화가 물밀 듯이 밀려들어 왔다. 다른 문화권으로 이주하면서 새로운 환경에 소수자로 정착해야 했다. 더 이상 정교회는 동유럽에, 그리스어와 슬라브어에 한정된 종교가 아니다. 내부적으로도 수십 개의 민족적·지역적 교회로 분리되었고, 외적으로도 대단히 다양하고 급변하는 세상에서 상생과 공존의 법을 배워야 한다. 그동안 정교회 내에서 여러 이유로 갈등하며 등을 돌렸던 교회들이 서로 만나 대화하고 이해하는 법도 배워야 한다. 또한 서로 분리되어 접촉할 수 없었던 다른 종교와 다른 그리스도교 그룹과도 접촉점을 찾고 공존하는 법을 익혀야 한다. 대화와 선교라는 새로운 과제를 어떻게 해결하는지에 따라 21세기 동방 정교회의 진로와 운명이 결정될 것이다.

주

1 —— 디모데 웨어(티모시 웨어), 《동방 정교회의 역사와 신학》(서울: 한국장로교출판사, 2008), 112.

2 —— 10개의 독립교회는 그리스, 러시아, 우크라이나, 조지아, 루마니아, 불가리아, 알바니아, 세르비아, 폴란드, 체코슬로바키아, 키프로스다. 여기서는 그중 일부만 다루었다.

3 —— 디모데 웨어, 《동방 정교회의 역사와 신학》, 181.

4 —— 김철민, 《종교와 문화의 모자이크, 발칸》(서울: 한국외국어대학교출판부, 2014), 188.

5 —— 디모데 웨어, 《동방 정교회의 역사와 신학》, 207-208.

6 —— 임영상 · 황영삼 공편, 《소련과 동유럽의 종교와 민족주의》(서울: 한국외국어대학교출판부, 1996), 9.

7 —— 임영상 · 황영삼, 《소련과 동유럽의 종교와 민족주의》, 325.

8 —— 임영상 · 황영삼, 《소련과 동유럽의 종교와 민족주의》, 326.

9 —— 윈스롭 허드슨 · 존 코리건, 《미국의 종교》(서울: 성광문화사, 2008), 524.

10 —— "2015년 북한종교자유백서: 북한의 종교별 현황", 〈블루투데이〉(http://www.blue-today.net/news/articleView.html?idxno=9978, 2019. 10. 19. 접속)

분파들:
선을 넘은 종교적 실험들

9

381년 작성된 〈니케아-콘스탄티노플 신경〉은 "우리는 하나이고 거룩하며 보편적이고 사도적인 교회를 믿습니다"라고 고백한다. 하지만 교회사는 '다양한 이유와 모양으로 분열된 역사의 기록'이기도 하다. 교회 분열은 종교개혁 이후에도, 특별히 개신교회 안에서 심화되고 가속화되었다. 정통 내부에서 갈등과 경쟁의 결과로 분열된 경우도 있지만, 정통의 범주 혹은 그리스도교의 경계를 벗어난 경우도 적지 않았다. 이것은 그리스도교의 본질에 대한 신학적 논쟁과 위기의식을 촉발했고, 교회의 건강한 발전을 위한 반성과 개혁의 동기가 되기도 했다. 결국 20세기에는 다양한 이유와 목적으로 갈등과 분열이 발생했으며, 새로운 형태의 많은 분파가 탄생했다.

주요 그룹들

예수 그리스도 후기성도교회(Church of Jesus Christ of Latter-day Saints, LDS)

흔히 '모르몬교'(Mormonism)로 알려진 이 그룹은 1820년대 미국에서 시작되었다. 1820년 당시 14세였던 조셉 스미스(Joseph Smith, 1805-1844)는 뉴욕 주 팔미라 근처에 있던 가족 농장에서 두 명의 신적 존재로부터 계시를 받았다. 그들은 스미스에게 기존의 어떤 분파에도 가담하지 말며, 모든 분파를 종식시킬 새로운 분파가 출현 중이라고 말했다. 1823년 (약 400년 전에 죽은 모르몬의 아들) 선지자 모로나이(Moroni)의 천사가 스미스에게 현현하여, 황금판에 '개역 이집트어'(reformed Egyptian)로 쓰인 기록과 그것의 번역을 도와줄 두 개의 특별한 돌이 인근 언덕에 묻혀 있다고 알려 주었다. 4년 후 스미스는 이 돌을 발견했고, 이를 토대로 1930년 《모르몬경》(The Book of Mormon)을 출판하고 교회도 조직했다.

《모르몬경》은 B.C. 600년경 서반구로 항해를 떠난 고대 이스라엘의 한 부족의 역사를 들려준다. 그들은 아메리카에서 수 세기 동안 문명을 유지했고, 부활한 그리스도가 그들을 방문했다. 하지만 그 문명은 모르몬과 모로나이의 시대에 미국 원주민의 조상 레이맨인들(Lamanites)이 의로운

예수 그리스도 후기성도교회 창시자 조셉 스미스

민족 니파인들(Niphites)과의 싸움에서 승리하면서 종말을 맞았다. 모르몬이 이 역사를 기록했고 아들 모로나이가 그것을 땅에 묻었다. 그 후 1,400년 넘는 세월이 흘러, 마침내 스미스가 그것을 발견한 것이다. 모르몬교는 《모르몬경》 외에 《성경》,《교리와 성약》,《값진 진주》도 경전으로 사용한다.

스미스는 교회를 설립하고 〈신앙개조〉를 발표했다. 이 교회는 성부와 성자가 부활체로서 살과 뼈로 된 신령한 형체를 지닌 영이며, 성신은 살과 뼈의 몸체를 지니지 않은 영의 실체로서 인격체라고 믿는다. 삼위일체라는 용어 대신 '영원한 한 하나님', '신회', '성삼위'라는 용어를 사용한다. 인간은 태어나기 전 영의 실체로 존재하고, 이생에서는 영이 육신을 입은 상태로 산다. 사후에는 육과 영이 분리되어 육은 땅으로 영은 영의 세계에서 부활 때까지 살다가 그리스도의 재림 이후 최후의 심판 때 부활하여 영과 육이 결합된 영원한 부활체로 산다고 믿는다. 아담의 원죄가 인류에게 유전된다는 전통적 교리를 부정하고, 인간은 자신의 죄에만 책임을 지며, 예수가 재림하여 아메리카 대륙 내에 천년왕국을 건설한다고 믿는다. 복음을 모르고 죽은 조상들을 위해 성전에서 신권[1] 소유자가 대리 침례 의식도 행한다. 진실한 믿음과 순결한 생활을 통해 구원에 이른다고 믿으며 술, 담배, 커피, 홍차를 금한다.

매주 화요일 '가정의 밤'이라는 가족예배 시간이 있으며, 일요일마다 교회에서 성찬식을 행한다. 특히 매월 첫째 주일에는 24시간 금식 후 간증하는 성찬예배를 행한다. 이때 두 끼분 식사비용을 넉넉히 계산하여 금식 헌금으로 드리는데, 이 헌금은 가난한 이웃 회원의 생계를 지원하는 데 사용된다. 이 교회의 모든 활동은 성도들의 봉사로 이루어진다. 전임으로 봉사하는 총관리 역원[2]의 경우, 교회가 운영하는 기업체에서 기본 생활비를 지원받을 뿐이다. 2018년 현재, 전 세계에서 활동하는 약 6만 5,000명의 선교사들은 물론 모르몬경을 포함한 모든 경전의 번역사업도 무보수로 진행된다. 주일예배를 위한 예배당과 달리, 산 자와 죽은 자를 위한 구원의 의식을 집행하는 성전이 별도로 있다. 전 세계에 132개의 성전이 있다.

교회 설립 후, 스미스는 신적 계시와 현실적 이유로 본부를 오하이오 주 커트랜드, 미주리 주 잭슨 카운티, 일리노이 주 나부로 계속 이전했다. 나부에서 신자 수가 증가하자, 스미스는 남성 신도들의 일부다처제를 허용하고 자신도 여러 명의 아내를 두었다. 1843년 12월, 스미스는 1844년 대통령 선거를 앞두고 십이사도정원회의 만장일치 추대를 받아 정당을 조직하고 대통령 후보로 등록했다. 하지만 그는 동료들과 함께 반역죄로 고소되어 형무소에서 재판을 기다리던 중 약 200명의 무장 폭도들의 총격으로 1844년 6월 27일 사망했다.

이후 브리검 영(Brigham Young, 1801-1877)이 임시총회에서 후계자로 선출되었고, 이 결정에 불응한 무리들이 이탈하여 별도의 교회를 세웠다. 1846년 브리검 영은 1만 명의 성도를 이끌고 로키산맥을 넘어 유타에 솔트레이크시티(Salt Lake City)를 건설했다. 하지만 1857년, 모르몬교인들이 반란상태에 있다고 판단한 연방정부가 연방군을 투입함으로써 '유타 모르몬 전쟁'이 발발했다. 이후 모르몬들은 유타를 미국의 주로 승인해 달라는 청원서를 수차례 연방정부에 보냈으나, 모르몬들의 신정정치와 일부다처제 때문에 여론이 매우 부정적이었다. 결국 1890년 〈우드러프 선언문〉(The Woodruff Manifesto) 이후 모르몬 내에서 중혼이 금지되었고, 1896년 유타가 정식으로 미국의 45번째 주가 되었다. 모르몬교는 1904년 두 번째 선언문을 발표하여 여전히 중혼을 고수하는 사람들을 파문에 처했다.

모르몬교회는 20세기에 눈부신 성장을 거듭했다. 해외선교에 전념한 결과, 2015년 현재 전임선교사가 6만 5,000명, 전 세계 등록 교인 수는 1,600만 명에 이르렀다. 교세 확장에 따라 미국 내에서 정치적 위상도 크게 향상되었다. 대표적인 예가 모르몬교도 미트 롬니(Mitt Romney, 1947-)가 2012년 공화당 대선후보로 출마하여 오바마와 경쟁한 것이다. 스미스는 처음부터 흑인의 입교를 허용했고 노예제도 폐지도 주장했다. 하지만 1852년부터 브리검 영이 흑인의 입교는 허용하되 신권성임은 제한했다. 이것은 오랫동안 모르몬교 안팎에서 갈등과 비판의 원인이 되었다. 마침내 1978년 흑인 신권성임이 승인되고 흑인들의 최고위직 진출도 실현되었다. 이후 모르몬교는 일체의 인종차별에 강력히 반대하고 있다.

이처럼 모르몬교회의 주류가 미국과 세계에서 교세를 확장하고 사회적 지위도 상승되는 동안, 주류에서 이탈한 그룹들이 사회적 갈등의 원인이자 비난의 대상이 되고 있다. 대표적인 예가 1935년 존 바로우(John Y. Barlow, 1874-1949)의 지도하에 출현한 '모르몬 근본주의자들'이다. 이들은 모르몬교가 일부다처제를 포기한 후에도 유타-애리조나 접경지역인 쇼트크릭에서 이 전통을 고수하다 모르몬교에 의해 파문된 사람들이다. 이들은 중혼의 실천방법에 대한 해석과 견해의 차이로 여러 분파로 분열되었다. '예수그리스도후기성도 근본주의교회'(Fundamentalist Church of Jesus Christ of Latter-Day Saints, FLDS), 사도적 연합 형제단(the Apostolic United Brethren), 킹스턴그룹(Kingston group) 등이 대표적이다.

1953년 7월 26일, 애리조나 주 경찰과 연방방위군이 쇼트크릭의 근본주의 모르몬 공동체를 습격하여 아이들 236명을 포함해 주민 전체를 체포했다. 흔히 '쇼트크릭 습격'(Short Creek Raid)으로 알려진 이 사건은 "미국 역사상 가장 큰 규모의 일부다처제주의자 체포 사건"으로 기록되었다.[3] 이

사건 후에도 일부다처제주의자들은 그곳에 계속 살았고, 1960년 이 지역
이름을 콜로라도시티로 변경했다. 현재 FLDS의 본부는 텍사스 주 엘도라
도에 있으며, 2007년까지 워렌 제프스(Warren S. Jeffs, 1955-)가 이 교회를 이
끌었다. 하지만 그는 성범죄 혐의로 수배를 받다가 체포되어 10년 형을 선
고받고 현재 복역 중이다. 캐나다에서 주교로 활동했던 윈스턴 블랙모어
(Winston Blackmore, 1956-)와 제임스 올러(James Oler, 1964-)도 2017년 '일
부다처제 혐의'로 유죄평결을 받았다. 블랙모어는 2002년 FLDS에서 파문
된 후 캐나다에서 약 700명이 속한 공동체를 이끌고 있었다. 그는 지난 25
년간 24명의 여성과 결혼하여 145명의 자녀를 두었다. 한편 올러는 블랙모
어의 여동생 및 5명의 여성과 결혼했다. 현 LDS와 FLDS는 완전히 분리된
상태이며, 양자의 공식적 접촉은 없다. 하지만 FLDS는 언젠가 LDS가 질서
를 회복하고 일부다처제를 재건하리라는 희망을 포기하지 않고 있다.

여호와의증인(Johovah's Witnesses)

여호와의증인의 역사는 1870년 찰스 러셀(Charles Taze Russell, 1852-
1916)이 미국 펜실베이니아 주 피츠버그에서 성경연구 모임을 조직하면서
시작되었다. 그는 1872년 '국제성서연구자협회'(International Bible Students
Association)를 공식적으로 설립했다. 1900년, 수천 명의 전임·비전임 성서
판매원을 임명하고, 해외선교사도 파송하기 시작했다. 러셀이 1909년 본
부를 뉴욕 시 브루클린으로 옮긴 후, 자원자들이 본부 근처에 모여 살았다.

여호와의증인은 성경 전체의 주제가 '하나님의 왕국'에 대한 것이라
고 이해하면서, 이 땅에서 모든 악인과 악한 제도가 멸절되고 그리스도가
의와 평화로 다스리는 세상이 도래할 것이라고 믿는다. 하나님의 고유한 이
름은 여호와이며, 예수 그리스도는 하나님의 첫 창조물로서 받아들이고,
성령은 인격체가 아니라 하나님이 사용하는 강력한 활동력이라고 이해한
다. 따라서 전통적 삼위일체론, 영혼불멸, 지옥의 교리를 반대한다. 또한 이
들은 그리스도는 십자가가 아니라 일자 형태의 기둥에서 죽었고, 크리스마
스는 그리스도의 탄생일이 아니라 고대 로마의 이교 축제일이며, 십일조 헌

금과 안식일도 모세의 율법과 더불어 끝났다고 확신한다.

여호와의증인은 국가에 대한 존중과 준법을 가르치지만, 정치에 참여하지 않고 병역과 전쟁을 반대한다. 또한 담배, 마약, 술 취함, 혼전 성관계, 간음, 음행, 살인, 도둑질, 부정직, 거짓말, 사기, 폭력 등을 금한다. 가정을 중요시하여 음행과 간음 외에 이혼을 인정하지 않으며, 무수혈 수술만 허용하고 진화론에 반대한다. 성경은 1961년 자체적으로 번역한《신세계역 성경》을 사용하고, 십자가나 종교적 형상을 사용하지 않는 '왕국회관'에서 예배드리고 성서교육을 한다. 신도들은 구역을 나누어 호별 방문을 하고, 성서 외에 〈파수대〉(The Watchtower)와 〈깨어라!〉(Awake!) 같은 잡지들을 발행하여 배포하는 일에 힘쓴다. 성직계급도 없다.

1916년 러셀이 사망하자, 다음 해 조셉 러더포드(Joseph F. Rutherford, 1869-1942)가 새 대표로 선출되었다. 하지만 그의 선출로 조직이 분열되어 10여 년 간 갈등이 지속되었다. 러더포드는 1917년 러셀의《성경연구》제7권을 출판했다. 그 책에서 러셀은 가톨릭과 개신교 성직자들을 비난했고, 그리스도인들이 제1차 세계대전에 참전한 것도 비판했다. 이 협회 지도자들은 1918년 방첩법(Espionage Act)에 의해 선동혐의로 수감되었고, 회원들은 군중에게 폭행을 당했다. 한편, 러더포드는 협회를 중앙집권체제로 재편하고 교리적 혁신도 단행했다. 특히, 1920년 아브라함과 이삭 같은 히브리 족장들이 1925년 부활하여 예수의 천년왕국이 시작될 것이라고 선언했다. 결국, 이런 변화와 예언이 빗나간 데 실망한 수만 명의 회원이 탈퇴하여 새로운 성서연구자 모임들이 탄생했다.

1931년 러더포드는 이런 새로운 분파들과 자신의 모임을 구별하기 위해 1884년부터 사용하던 '시온의파수대소책자협회'(Zion's Watch Tower Tract Society)에서 '여호와의증인'으로 이름을 변경했다. 여호와의증인들은 국기에 대한 경례를 우상숭배로 규정하여, 미국·캐나다·독일 등 여러 나라에서 대중의 폭행과 국가적 차원의 반대를 촉발했다. 예를 들어, 1933년 약 2만 명의 여호와의증인이 존재했던 나치 독일에서 약 1만 명의 회원들이 감옥에 갔다. 특히, 그들 중 2,000명이 나치수용소로 보내져서 1,200명이 목

여호와의증인 세계 본부

숨을 잃었다. 제2차 세계대전 동안에는 캐나다에서 중국인과 일본인, 정치범들과 함께 여호와의증인들이 수용소에 수감되었고, 소련에서 약 9,300명이 1951년 시베리아로 강제 이주되었다.

러더포드가 1942년 세상을 떠나자, 네이선 노어(Nathan Knorr, 1905-1977)가 새 대표로 선출되었다. 그는 새로운 성경번역을 주문하였고 1961년 《신세계역 성경》이 완역되어 출판되었다. 1966년 이후, 여호와의증인들은 그리스도의 천년왕국이 1975년 무렵 시작될 것이라고 예측하기 시작했고, 이후 세례자가 급증했다. 1966년부터 1974년까지 약 5만 9,000명에서 29만 7,000명으로 증가한 것이다. 하지만 1975년의 예언이 빗나가자, 1970년대 후반 회원 수가 급감했다. 1976년 이후, 회장의 권한이 축소되고 교리 및 조직과 관련된 결정권이 중앙장로회로 이관되었다.

이 기간 동안, 여호와의증인들은 전 세계에서 법정소송에 휘말렸다. 대개의 경우, 그들의 신앙의 자유, 애국행사 참석 및 군복무, 수혈 문제 등과 관련되었다. 미국과 캐나다에서는 연방 및 주 차원에서 진행된 재판에서 승리하여 자신들의 권리를 보호받게 되었다. 하지만 러시아에서는 상황이 달랐다. 2017년, 러시아 대법원은 여호와의증인을 극단주의자들의 집단으로 규정했다. 러시아 내에서 활동을 금지하고 이 조직의 재산을 압류하라는 판결을 내렸다. 2017년 현재 여호와의증인은 전 세계 약 12만 개 회중(혹

SDA의 지도자 제임스와 엘렌 화이트 부부

은 교회)에서 845만 명의 회원(혹은 교인)들이 전도활동에 적극적으로 참여하고 있으며, 〈파수대〉는 2018년 1월 현재 매월 327개 언어로 6,980만 4,000부가 발행되고 있다. 《신세계역 성경》은 2014년 기준 124개 이상의 언어로 2억 800만 권 넘게 배포되었다.

제칠일안식일예수재림교회(Seventh-day Adventist Church, SDA)

제칠일안식일예수재림교회는 19세기 중반 침례교 평신도 성경교사 윌리엄 밀러(William Miller, 1782-1849)가 미국에서 펼친 운동에서 기원했다. 밀러는 구약성서 다니엘서를 토대로 예수의 재림이 1843년 3월과 1844년 3월 사이에 일어날 것이라고 예언했다. 이후 밀러 주변에 많은 추종자가 모여들었다. 그들 중 일부가 예수 재림의 날짜를 1844년 10월 22일로 확정했고, 10만 명 이상이 모여 예수의 재림을 기다렸으나 기대했던 일은 벌어지지 않았다. 많은 사람들이 실망과 분노 속에 떠났지만("대실망"), 일부 사람들은 밀러의 예언이 정확했으나 기대했던 사건이 틀렸을 뿐이라고 해석했다. 즉, 히람 에드슨(Hiram Edson, 1806-1882)을 포함한 일군의 사람들이 다니엘서 8장 14절("그가 내게 이르되 이천삼백 주야까지니 그때에 성소가 정결하게 되리라 하였느니라")은 예수의 재림이 아니라 하늘성소를 청소하러 지성소에 들어간 것에 대한 예언이라고 결론을 내린 것이다.

한편, 1844년의 "대실망" 직전, '주일' 대신 '안식일'을 지키는 문제가 이들 안에서 확산되고 있었다. 제칠일안식일침례교인인 레이첼 프레스턴(Rachel Oakes Preston, 1809-1868)의 영향으로, 프레블(T. M. Preble), 베이츠(Joseph Bates), 앤드루스(J. N. Andrews), 화이트 부부(James and Ellen White), 에드슨 등이 제7일을 안식일로 지키기 시작했다. 마침내 이 운동은 1860년 '제칠일안식일예수재림교회'라는 이름을 택했고, 1863년 5월 21일 총회를 구성하고 공식 조직으로 출발했다. 이후 SDA에서 가장 중요한 지도력을 발휘한 사람은 엘렌 화이트(Ellen White, 1827-1915)였다. 그녀는 다른 지도자들과 함께 SDA가 선교사역과 의료사역에 집중하도록 이끌었다. 그 결과, 1880년까지 SDA 회원 수는 3배로 늘었으며, 20세기가 시작되었을 때는 대학 2개, 의과대학 1개, 일반 학교 12개, 병원 27개, 출판사 13개를 보유하게 되었다.

엘렌 화이트가 1915년 세상을 떠난 후, SDA 지도자들은 수차례 예언대회를 개최하여 성경예언의 해석과 화이트의 유산을 정리하는 일에 몰두했다. 제1차 세계대전 동안 유럽에서 일부 재림교회 지도자들이 재림교인들의 전쟁 참여를 허용하자, 일부 신자들이 이탈하여 1925년 '제칠일안식일교회 개혁운동'(the Seventh Day Adventist Reform Movement)을 조직했다.[4] 한편, 이 기간 동안 SDA는 새로 출현하던 라디오와 텔레비전 방송을 적극 활용하기 시작했다. 리처즈(H. M. S. Richards)의 라디오쇼 "예언의 소리"(Voice of Prophecy)가 로스앤젤레스에서 첫 방송을 시작했으며, 조지 밴드맨(George Vandeman)은 전 세계로 방송된 그리스도교 텔레비전 프로그램 "성경에 기록하기를"(It is Written)을 1956년 시작했다. 이것은 컬러 방송과 인공위성을 이용한 최초의 종교 프로그램이다.

제2차 세계대전이 발발하자 유럽의 SDA는 큰 시련을 겪었다. 나치가 프랑스를 점령한 후 모든 교회가 해산되고 재산은 몰수되었으며 교회활동도 금지되었다. 상황은 크로아티아에서도 마찬가지였다. 특히 2만 5,000명 넘는 회원이 활동하던 루마니아에서 모든 교회가 폐쇄되었다. 300개가 넘는 채플, 그리고 출판소와 학교가 문을 닫았으며 교회 기금은 몰수되었다. 3,000명이 넘는 신자들이 투옥되어 극심한 고문과 학대를 받았다.

1970년대 중반에는 SDA 내에서 두 개의 신학적 파벌이 갈등을 야기했다. 보수파는 1950년 이전의 재림교회 입장을 두둔했으나, 보다 진보적인 그룹은 복음주의 그리스도교의 신앙을 강조했다. 1976년 캘리포니아 주 팜데일에서 총회가 개최되어 이 문제를 다루었다. 1980년 달라스 총회에서 최초의 공식 신앙선언문 〈근본교리 27〉이 채택되었다. (이 목록은 후에 확장되어 현재는 〈근본교리 28〉이 되었다.) 1990년부터 여성안수문제가 총회에서 주요 안건으로 논의되기 시작했다. 1995년 총회에서는 부결되었지만, 2012년 콜롬비아총회에서 16명의 여성 목회자가 탄생했다. 또한 SDA는 자신들의 독특한 종교적 관습에 영향을 끼칠 수 있는 법안으로부터 자신들을 보호하기 위해 노력해 왔다. 예를 들어, 2011년 '제칠일안식일예수재림교회 국가협의회(State Council)'는 재림교회 노동자들이 안식일을 지킬 수 있도록 권리를 보호하는 법안을 통과시키기 위해 싸웠다.

복음주의 그리스도교처럼 SDA는 성경무오설, 대속적 구원론, 죽은 자의 부활과 이신칭의, 침례, 6일 창조 등을 믿으면서 제칠일 안식일, 그리스도의 하늘성소 봉사, 재림 전 심판, 채식주의, 영혼멸절, 예언의 영 같은 독특한 교리도 신봉한다. 이들은 안식일을 지키기 때문에 토요일에 예배를 드리며, 세족식으로 시작되는 성찬을 1년 네 차례 행한다. 2017년 현재 전 세계에 교회 8만 1,552개, 교인 2,000만 8,779명, 병원 175개, 학교 7,500여 개를 보유하고 있다.

극단적 분파들

인민사원(People's Temple)

1955년 감리교 전도사 짐 존스(James Warren "Jim" Jones, 1931-1978)는 미국 인디애나 주 인디애나폴리스에 '해방의 날개'(the Wings of Deliverance) 교회를 설립했고, 후에 교회 이름을 '인민사원 가스펠교회'(the Peoples Temple Christian Full Gospel)로 변경했다. 존스는 백인 중심의 교회를 비판하면서 흑인들도 차별 없이 교인으로 받아들였다. 그 결과, 이 교회에는 흑인 교인들이 많았다. 1964년 존스는 '그리스도의 제자들'(Disciples of Christ) 교단에서 목사 자격을 취득한 후, 핵 공격으로부터 안전한 장소를 물색하여 캘리포니아 북부로 교회를 옮겼다. 그리고 그리스도교 공산주의 이념에 따라 흑인, 마약중독자, 노숙자 등 도시 빈민계층을 대상으로 구호활동을 활발히 전개했다. 전성기 때는 교인 수가 3,000명을 넘었다.

이렇게 사역이 안정 궤도에 진입하고 영향력이 커지자, 존스는 자신을 예수, 아케나텐(고대 이집트 제18왕조의 파라오), 부처, 레닌, 신의 현현 등으로 일컫기 시작했고, 파시즘, 인종 간의 전쟁, 핵전쟁의 도래를 경고했다. 신도들도 그를 '아버지'(Dad)라고 부르며, 자신들이 사회문제를 해결할 수 있다고 믿었다. 하지만 1970년대부터 이 교회를 탈퇴한 사람들에 의해 인민사원의 실상이 폭로되기 시작했다. 특히 존스 목사가 신도들의 재산을 갈취하고 치유를 조작하며 신도들을 폭행했을 뿐 아니라, 남성 신도들과 변태적 성행위를 벌이고 자신을 메시아로 부른다는 충격적 사실이 드러난 것이다. 존스는 이런 사실을 모두 부인했고, 자신들을 파멸시키려는 외부세계의 음모라고 항변했다.

하지만 상황은 더욱 악화되었다. 점점 많은 사람들이 교회를 탈퇴했고, 그들에 의해 인민사원 내부의 폭력과 학대 실태가 폭로되었다. 이처럼 여론이 악화되고 정치권의 움직임이 감지되자, 존스는 1,000명의 신도들을 이끌고 가이아나의 정글 속으로 거점을 옮겼다. 1974년 소규모 인원이 먼저 이동했고, 1977년 가이아나 정부의 허락하에 어린아이를 포함하여 또한 번 대규모 이주를 했다. 가이아나에 도착한 뒤 신도들은 존스의 명령하에 '존스타운'(Jonestown) 건설현장에 강제 동원되었다. 그들은 외부인들에게 이곳이 열대의 낙원이라고 선전했고, 내부적으로는 이곳을 탈출할 경우 독사와 원주민들에게 살해될 것이라고 위협했다. 그 결과, 아무도 이곳을 떠나지 못했다.

1978년 11월 17일, 미국 하원의원 리오 라이언(Leo Ryan, 1925-1978)이 존스타운의 교인 학대 실태를 조사하러 현장을 방문했다. 라이언 의원이 현장에서 만난 교인들은 매우 행복해 보였으나, 한 신자가 조사 단원에게 몰래 전해 준 쪽지를 통해 존스타운의 실체가 드러났다. 현장 조사가 본격적으로 시작되었고, 많은 신도들이 조사단과 함께 떠나고 싶다는 뜻을 밝혔다. 이렇게 상황이 급변하면서 존스는 라이언 의원이 귀국하여 이곳 실상을 미국 정부에 보고할 것이 두려워 인민사원 경비들을 보내 라이언 의원과 30여 명의 일행(귀국을 희망하는 정착민들 포함)에게 총격을 가했다. 결국, 현장에서 라이언 의원, NBC 방송국 기자 3명, 신도 한 명이 목숨을 잃었다.

존스는 사건을 은폐하려고 신도들에게 집단자살을 명했다. 그들은 집단자살을 연습한 적이 여러 차례 있었기 때문에 그런 연습의 하나로 생각했다. 하지만 이번에는 연습이 아니었다. 무장경비원들에 둘러싸인 채, 신도들이 청산가리를 탄 주스를 마셨다. 일부 신도들은 총을 맞거나 목이 졸려 사망했다. 1978년 11월 18일의 일이다. 존스도 머리에 총을 맞고 사망했다. 하지만 그의 죽음이 자살인지 타살인지는 밝혀지지 않았다. 이 집단자살로 어린아이 276명을 포함하여 총 914명이 목숨을 잃었다. 이것은 "2001년 9월 11일 이전에 미국 시민들이 한 번의 계획된 행동으로 가장 많이 목숨을 잃은 비극적 사건"[5]으로 기록되었다.

제칠일안식일예수재림교회 새싹 다윗파(Branch Davidians)

제칠일안식일예수재림교회 신자 불가리아인 빅토르 호테프(Victor Houteff, 1885-1955)는 1929년《목자의 막대기: 144,000─개혁을 위한 요청》

(The Shepherd's Rod: The 144,000-A Call for Reformation)을 출판했다. 하지만 재림교회 지도부는 호테프의 견해가 교회의 기본 교리에 위배된다며 거부했고, 지역교회들도 그와의 관계를 단절했다. 호테프는 자신의 추종자들을 모아 1935년 텍사스 주 웨이코 서부에 '목자의 막대기' 본부를 설립, 1942년 이 단체 이름을 '다윗제칠일안식일재림교'(the General Association of Davidian Seventh-day Adventists)로 바꾸었다. 교회 이름에 '다윗'을 덧붙인 이유는 그들이 고대 다윗 왕국의 회복을 믿었기 때문이다. 호테프가 1955년 세상을 떠나자 그의 아내 플로렌스(Florence Houteff, 1919-2008)가 조직을 장악했다.

예수가 1959년 재림한다는 플로렌스의 예언이 빗나가면서 벤자민 로든(Benjamin Roden, 1902-1978)이 '새싹 다윗파'(Branch Davidians)를 조직했다.[6] 1978년 그가 사망하자 그의 아내 로이스(Lois Roden, 1916-1986)가 조직을 이끌었다. 로이스는 하나님의 형상에는 남자와 여자가 있으며, 성령은 그리스도의 하늘 어머니이고, 자신은 성령의 화신이라고 주장했다. 1986년 그녀가 세상을 떠나자, 그녀의 아들 조지 로든(George Roden, 1938-1998)과 로이스의 연인이자 로이스가 후계자로 지명했던 데이비드 코레시(David Koresh) 사이에 치열한 권력다툼이 벌어졌다. 이 싸움에서 데이비드 코레시가 승리하고 권력을 장악했다.

코레시의 본명은 버논 하웰(Vernon Wayne Howell, 1959-1993)인데, 조지 로든을 물리치고 조직의 영적 지도력을 장악한 다음 데이비드 코레시로 개명했다. 이것은 이스라엘 왕 다윗(David)과 바빌론 유수를 끝낸 페르시아 왕 고레스(Cyrus the Great: Koresh는 Cyrus의 히브리어적 표현)를 조합한 것이다. 이후 코레시는 위험한 주장을 펴기 시작했다. 즉, 자신이 성경을 해석할 수 있는 유일한 자이며, 상징적 다윗이자 어린양(계 6:39)이고, 공동체 안의 모든 여인이 자신에게 속한다고 주장한 것이다. 심지어 코레시는 자신이 재림 예수라고 하면서, 아마겟돈 전쟁에 대비해 텍사스 주 웨이코의 다윗파 본부에 많은 총기와 탄약을 비축했다. 그 결과, 다윗파는 성적 학대와 불법무기 소지 혐의로 수사 대상에 오르게 되었다.

화염에 휩싸인 텍사스 주 웨이코의 다윗파 본부

1993년 2월 28일, 미연방기관인 '주류, 담배, 화기 및 폭발물 단속국'(the Bureau of Alcohol, Tobacco, and Firearms and Explosives, ATF)이 수색영장을 발부받고 이를 집행하려 했다. 다윗파가 무력으로 저항하면서 양자간에 총격전이 벌어졌다. 이 과정에서 ATF 요원 4명이 사망하고 16명이 부상을 당했다. 다윗파도 6명이 목숨을 잃었다. 이후 ATF와 다윗파 사이에 협상이 이루어졌다. FBI가 이 사건을 담당하게 되었으며, 협상을 통해 19명의 아이들이 구출되었다. 이런 포위상태가 51일간 지속되었다.

1993년 4월 19일, FBI는 상황을 종료하기 위해 최후 공격을 시도했다. 그동안 협상에 응했던 코레시가 신의 계시를 받았다며 협상을 거부했기 때문이다. 중화기와 장갑차를 동원한 강제진압이 시작되자 다윗파의 대응사격이 이어졌고, 이 과정에서 화재가 발생했다. 이날 다윗파 76명이 사망했는데, 상당수는 머리에 총상을 입은 상태였다. 사건이 종결된 후, 미국 FBI의 과잉진압이 참상을 불러왔다는 비판이 사회적으로 거세게 일었다. 2년 후인 1995년 4월 19일, 티모시 맥베이(Timothy James McVeigh, 1968-2001)가 '웨이코 사건에 대한 보복'을 명분으로 오클라호마시티 청사를 폭발하여 186명이 사망했다. 조사 과정에서 맥베이는, 정부가 웨이코에서 저지른 행위에 대한 개인적 응징으로 폭탄테러를 벌였다고 진술했다. 또한 2013년 4월 17일, 웨이코 비료공장에서 폭발사고가 발생했다. 많은 사람들이 이 사고를 웨이코 사건의 보복이라고 생각했다. 그렇게 웨이코의 악몽은 지속되었다.

오대양

'오대양'은 박순자가 1984년 한국에 설립한 기업이자 그리스도교 신흥종교단체다. 박순자는 1974년 횡경막에 병이 생겨 어려움을 겪다가 신비롭게 치유되었다. 이후 신학교를 다니며 여호와의증인에 가입했고, 나중에는 기독교복음침례회(소위 구원파) 신도가 되었다. 얼마 후, 구원파 내에서 자신의 추종자들을 데리고 나와 시한부 종말론을 신봉하는 신흥종교 오대양을 조직했다. 이 조직의 이름은 박순자 스스로 "나는 오대양을 지배할 사람으로, 앞으로 전 세계를 주관하게 될 것"이라고 주장한 데서 기원했다.

박순자는 먼저 대전에 수입품 매장을 열었고, 이어서 대전과 용인의 공장을 인수하여 사업을 확장했다. 1984년 공예품 제조회사를 설립하고 이름도 오대양으로 지었다. 사업을 시작하면서 신도들이 자녀들과 집단생활을 했다. 유치원, 양로원, 고아원 등의 건물을 매입하거나 임대했기 때문에 사회사업을 운영하는 것처럼 보였다. 겉으로는 최신식 시설에서 고아들을 돌보는 것 같았으나, 실제로는 아이들에게 박순자만이 유일한 어머니라고 세뇌시켰다.

1986년 4월, 박순자는 일본의 전자부품 생산업체와 합작하려고 7억 원을 투자했다 사기를 당했고, 사업이 위기에 처하자 신자들에게 사채를 끌어오도록 명령했다. 그렇게 해서 박순자는 270여 명의 신도들로부터 170억 원의 사채를 빌렸다. 그들 중에는 친척들로부터 돈을 빌려다 바친 사람들도 있었다. 하지만 박순자는 그 빚을 갚지 않았다. 오히려 신자들의 삶을 감시하고 통제하기 시작했다. 부부에게 각방을 쓰도록 강요했고 외출도 못 하게 했다. 2주에 한 번씩 단체외출을 허락했으나, 돌아온 후에는 함께 나간 사람들에게 상대방의 행동에 대해 상세히 보고하도록 강요했다. 매달 1회씩 '반성의 시간'을 가지면서 공개적으로 신자들의 삶을 고백하게 했다. 규율을 어기면 집단 구타를 가했다. 결국, 3명의 신도들이 규율을 어겼다는 이유로 직원들에게 살해된 후 암매장되었다.

박순자에게 7억 원을 빌려 준 이상배 씨 부부도 감금과 집단폭행을 당했다. 이 씨의 고발로 오대양 직원들이 구속되었고, 박순자도 아들 이영호와 함께 경찰에 출두해서 조사를 받았다. 이들은 조사 도중 졸도하여 병원으로 옮겨 치료를 받았지만, 중간에 병원을 빠져나와 종적을 감추었다. 이후 박순자는 자신의 가족을 포함한 31명의 신도들과 함께 오대양 용인공장의 식당 천장에 4일간 숨어 있었다. 그리고 1987년 8월 29일, 오대양의 한 직원이 식당 천장에 사람들이 죽어 있는 것을 발견했다. 때마침 가족을 찾아 공장에 온 박순자의 남편이 경찰에 신고하여 이 사실이 세상에 알려졌다. 경찰은 이들이 멀미약과 신경안정제를 복용하여 정신이 몽롱한 상태에서 목이 졸려 사망했다고 발표했다. 그 후에도 이 사건에 대한 조사가 여러 차례 재개되었고 방송에서도 심도 있게 다루었지만, 이들의 죽음이 자의에 의한 것인지 타의에 의한 것인지 혹은 외부에 의한 것인지에 대해서는 명확한 결론이 나지 않았다. 또한 이들과 구원파의 관계도 드러났으나, 여전히 사건의 대부분은 미스터리로 남아 있다.

한국의 이단들

선구자들

〈현대종교〉의 탁지원은 2002년 현재 한국에서 활동하는 "자칭 하나님이 20명 이상, 자칭 재림 예수가 50여 명 이상"이라고 추정하였다.[7] 그렇다면 언제부터 한국에서 자칭 하나님 혹은 재림 예수가 등장하게 되었을까? 이런 그리스도교계 신흥종교 혹은 이단들의 원조는 누구이며, 이들의 주장에는 어떤 공통점이 있을까? 기록상으로, 한국 교회사의 최초 이단은 1917년 여호와의 이름으로 계시를 받아 '정도교'(正道敎)를 창시한 이순화(1870-1939)이다. 하지만 학자들은 한국적 이단의 출현에 결정적인 영향을 끼친 인물로 김성도(1882-1944)를 지목한다.

평안북도 철산에서 활동했던 김성도는 출산 후 정신이상 증세를 보

김성도와 김백문

이다가 예수를 믿고 완치되었다. 금식기도와 철야기도, 성경묵상에 집중하던 그녀는 1923년 음력 4월 2일 입신하여 천군천사들을 만났다. 그때 예수와 대화를 나누던 중 "죄의 뿌리가 음란"이라는 말을 들었고, "지상인들의 불신 때문에 예수 자신이 억울하게 죽었으니 교회당에서 십자가를 떼어 내는 운동을 전개하라"는 당부도 받았다. 열흘 뒤 예수와 두 번째 면담을 하던 중 "재림 주님이 육신을 쓴 인간으로 한반도에 온다"라는 말을 들었고, 이때의 대담 내용을 길이 2미터 폭 30센티미터의 종이 열두 장에 기록했다. 김성도는 "죄의 뿌리는 선악과라는 과일을 따먹은 것에서부터 온 것이 아니라 남녀 관계가 원인이 되어 나타났다. 즉 음란이 타락의 동기가 되었다"라고 가르치면서 아들 며느리에게 부부생활을 금하도록 요구했고, 자손들에게 "고기를 먹으면 정욕이 생겨 탈선하기 쉬우니 고기를 먹지 말라"고 지시했다.[8]

　　이런 체험이 주변에 알려지면서 교우들이 모여들자, 그녀는 1925년 교단에서 출교되고 말았다. 추종자들이 김성도를 '새 주님'이라고 부르면서 '새주파'로 알려졌고, 1932년 6월 이용도, 백남주, 한준명이 창설한 '예수교회'에 가입했다. 당시 철산교회에는 130명가량의 신자들이 모이고 있었다. 이후 백남주가 철산의 김성도를 찾아와서, 김성도의 아들 장석천을 대표로 세우고 총독부에 '성주교회'로 등록하도록 도왔다. 1935년 10월의 일이다. 해방 전, 성주교회는 18개의 교회와 28명의 교직자를 보유하고 있었다.

일제의 탄압이 심해지던 1940년, 김성도는 "머지않아 일본이 망하고 해방되어 큰 복을 받게 된다"라는 계시를 받았다. 이후 이런 계시를 새주파 교인들에게 가르치다 경찰에 연행되어 심한 고문을 받았다. 3개월 후 석방 되었으나 1944년 4월 1일 세상을 떠나고 말았다. 한국전쟁이 발발하자 새 주파 신도들은 흩어졌고, 대구와 부산에 정착했던 김성도의 아들 정석천과 정석진, 맏딸 정석온은 1955년 통일교에 합류했다.

이후 김성도의 계시와 가르침은 김백문에 의해 체계화되어 다양한 사 람들에게 전파되었다. 김백문(1917-1990)은 경북 칠곡 출신으로 한때 대구의 학전문학교에서 수학했다. 1934년 원산신학원에서 백남주를 만났고, 1935 년 백남주와 함께 철산 김성도의 '새주파'에 합류했다. 1940년 조선신학교 에 입학했으나 신사참배문제로 학업을 중단해야 했다. 1943년 7월, 기도 중에 하나님의 음성을 듣고 경기도 파주에 '이스라엘 수도원'을 세웠는데, 1946년부터 1947년까지 장차 한국 개신교 이단의 거물이 되는 박태선, 문 선명, 정득은 등이 이곳에서 김백문의 가르침을 받았다.

김백문은 김성도의 '원죄음란설'을 발전시켜서 '창조, 타락, 복귀'라 는 3대 원리를 주제로, 후대의 모든 성적 타락론의 원조가 되는《성신신학》 (1954)과《기독교 근본원리》(1958)를 출판했다. 김백문은 하와가 선악과를 먹은 것이 뱀으로 나타난 악령과 성관계를 맺은 것이며, 이로써 인간의 영 과 육이 모두 타락했고 이를 회복하기 위해서는 하나님의 용서와 그리스도 의 성혈(聖血)이 필요하다고 설명했다. 따라서 성부시대에는 할례, 성자시대 에는 세례가 있었듯이, 이제 성약시대에는 체례(體禮), 즉 '그리스도의 성체 를 먹고 마시는 성혈전수의식'이 필요하다고 주장했다.

한편, 정득은(1897-?)은 이혼 후 방황하다가 1939년 한동안 잃었던 신 앙을 되찾았다. 이후 "성신의 불을 받아 난치병을 기도로 쾌유케 하는 영 통력의 소유자"가 되었다.[9] 그녀의 신통력과 기도 능력 때문에 사람들이 몰 려들자 서울역 앞 삼파동(현 동자동)에서 20여 명의 신도를 모아 집회를 시 작했고, 김백문의 '이스라엘 수도원' 집회에도 참석했다. 1946년부터 '삼각산기도원'을 시작하면서 그녀의 기도 능력에 대한 소문이 널리 퍼졌고, 이 때 남대문교회 박태선 집사 부부 등이 그녀를 추종하게 되었다. 1947년 정득은은 200자 원고지 약 300매 분량의 계시를 받아 제자 방호동에게 받아쓰게 했고, 이것이 엄유섭에 의해《생의 원리》(1958)라는 제목으로 출판되었다. 이 책에도 성혈전수와 혈통회복 교리가 담겨 있다.

한편, 정득은은 1949년 2월과 3월 환상 중에 계시를 받아 김한, 방호동, 이수완을 택해 수색의 박태선 집에서 '깨끗한 성교'를 시행했다. 이를 성혈전수, 혈분, 혈대교환, 영체교환이라고 부른다. 이후 정득은과 측근들은 삼각산기도원으로 돌아가서 기도와 전도에 힘썼다. 하지만 경제적 어려움에 봉착하여 1950년 3월 하산하여 각지로 흩어졌다. 서울수복 후, 정득은은 '대성심기도원'을 창립했는데, 이 무렵부터 추종자들이 그녀를 '대성모'라고 불렀다. 1963년에는 김연과 더불어 '신단정도회'를 창설했다. 정득은과 강기산이 받은 계시를 토대로 단군을 받들던 이 단체는 1980년 전후로 자취를 감추었다. 이 무렵 정득은이 세상을 떠난 것으로 보인다.

통일교

1920년 평북 정주에서 출생한 문선명은 15세 때 형과 누이가 중병에 걸린 것을 계기로 신앙을 갖게 되었다. 16세인 1935년 4월 17일 부활절 아침, 기도 중에 예수님을 만나 "인류구원의 사명"을 자각했다. 청년 때 상경하여 예수교회 소속 '명수대교회'를 다녔고, 해방 후에는 김백문의 이스라엘 수도원에서 6개월간 활동했다. 1946년 다시 월북하여 평양에서 정득은을 만났고, 신자 10여 명에게 김백문의 가르침을 전했다. 특히 문선명은 이미 결혼한 신분이었지만, 다른 유부녀와 동침하여 '어린양 혼인잔치'를 벌였다가 마을 사람들의 신고로 1948년 체포되었다. 이후 5년 형을 선고받고 흥남형무소로 이감되었다. 1950년 10월, 국군이 북진하자 형무소를 나온 문선명은 부산으로 내려가서 부두 노동자 생활을 하며 전도활동을 재개했다.

이후 1954년 5월 1일 서울 성동구 북학동에서 '세계기독교통일신령협

통일교 창설자 문선명

회'라는 이름으로 통일교를 설립했다. 1955년 이화여자대학에서 교수 5명과 학생 14명, 연세대학에서 교수 1명과 학생 2명이 통일교회에 다닌다는 이유로 퇴직·퇴학 처분을 받았다. 이 사건이 언론에 집중 보도되면서 통일교가 최초로 사회의 주목을 받게 되었다. 문선명은 1957년 통일교 교리서 《원리해설》을 발표했고, 1966년 유효원, 안창성, 유광열, 장영창 등이 이를 보완하여 《원리강론》을 출판했다.[10]

《원리강론》은 전편(창조원리, 타락론, 종말론, 구주론, 부활론, 예정론, 기독론)과 후편(복귀원리, 재림론)으로 구성되어 있다. 《원리강론》에 따르면, 인류가 하나님의 참사랑을 추구하며 하나님 중심의 가정을 통해 지상과 천상에 천국을 이루는 것이 창조의 목적이었다. 하지만 천사장과 해와, 해와와 아담 간의 '비원리적 사랑'(불륜적 성관계) 때문에 원죄가 발생하여 혈통적으로 유전되었고, 하나님께서 노아의 홍수심판과 예수의 말씀심판을 통해 창조 이상을 완성하려 했으나 인간의 실패로 섭리가 연장되었다고 한다. 특히 예수는 천주적 가치를 완성한 인간일 뿐 하나님 자신은 아니며, 십자가의 죽음으로 인류의 영적 구원만 성취했기에 영과 육을 포함한 구원을 위해 재림해야 한다는 주장이다. 예수는 제1차 세계대전 이후 한국에서 지상탄생으로 재림할 것이며, 한국어가 세계 공용어가 될 날이 올 것이다. 끝으로, 인류역사는 소생기, 장성기, 완성기로 나뉘며, 소생기는 '구약시대', 장성기는 '신약시대', 완성기는 '성약시대'에 해당한다고 본다. 소생기에 유대교, 장성기에 그리스도교, 완성기에 통일교를 통해 구원역사가 펼쳐지며, 소생기에 구약성서, 장성기에 신약성서, 완성기에 《원리강론》을 통해 하나님이 말씀하신다고 주장한다.

통일교는 1958년부터 일본, 1959년부터 미국에 선교사를 파송하면서 국외로 확장되었다. 1960년대부터 통일교는 정부에 공식 등록하고 '전국대학원리연구회'(1966)와 '국제승공연합'(1968)을 창설, 전국에 있는 대학으로 교세를 확장하면서 국내외적으로 반공운동에 본격적으로 뛰어들었다. 1970년대에는 성스러운 가정을 강조하면서 대규모 '합동축복결혼식'을 국제적으로 거행해 세계적인 주목을 받았다. 또한 한국과 미국에 신학교를 설립하여 자신의 신학을 체계화하는 데 힘을 쏟았다. 1975년 일본 〈세계일보〉를, 1980년대에는 한국 〈세계일보〉를, 그리고 미국에 〈워싱턴 타임스〉를 설립하면서 통일교의 언론 사업이 크게 확장되었다.

이런 상황에서 통일교에 대한 국내 주류 교회들의 비판과 경계가 강화되기 시작했다. 1971년을 전후로 국내 주류 교회들이 통일교를 이단 및 사이비 단체로 규정한 것이다. 이런 상황에서 문선명은 거처를 미국으로 옮겼다가 1985년 귀국했다. 그 사이에 탈세혐의로 18개월간 미국 교도소에 수감되기도 했으며, 1994년 교회 명칭을 '세계평화통일가정연합'으로 변경했다. 2001년 '하나님 왕권즉위식'을 거행하면서 새천년왕국인 천일국(天一國) 시대가, 2004년 5월 5일에는 후천개벽이 각각 시작되었다고 공표했다. 2006년, 천정궁을 완성하고 입궁식을 겸하여 '천지인 참부모님'과 '천주(天宙) 평화의 왕' 대관식을 거행하면서 천일국 창국선언문도 선포했다. 이로 인해 문선명의 신격화가 완성되었다. 하지만 2012년 9월 문선명이 사망하자 가족 내부에서 주도권을 둘러싼 갈등이 폭발했다. 2015년 문선명의 아들 문형진이 자기 어머니 한학자를 사탄으로 규정한 것이 대표적이다.

이미 통일교는 단순한 종교 조직이 아니다. 사회 전 영역으로 영향력이 확장되었기 때문이다. 선문대학교, 선정중·고등학교, 청심국제중·고등학교, 선화예술중·고등학교 등의 교육기관, 청심병원과 청심빌리지 같은 복지기관, 일화·신정개발·총기회사 '카 암스'(Kahr Arms)·평화자동차 등을 포함한 기업, 리틀엔젤스예술단과 유니버설발레단 같은 문화단체, 용평리조트 등의 레저시설, 성화출판사·청파서림 등의 출판사, 그리고 이전에 있었던 평화통일가정당이 모두 통일교 조직이다.

천부교

평북 덕천 출신인 박태선(1917-1990)은 고향에서 소학교를 마친 후 일본에서 고학으로 야간 고등공업학교를 졸업했다. 졸업 후 일본에서 정밀기계 공장을 경영하며 한인 교회에 다니다가 결혼했다. 제2차 세계대전이 한창이던 1944년 귀국하여 기계부속품 공장을 운영하며 남대문장로교회에 출석했다. 1949년 이성봉 목사의 부흥성회에서 불을 체험한 후 신앙생활에 힘을 쏟았다. 한동안 김백문의 파주 이스라엘 수도원에서 수련했고, 삼각산 기도원의 정득은과 교류하며 '피가름' 교리를 전수받았다.

박태선의 주장에 따르면, 한국전쟁 중 자신의 온몸의 더러운 피가 소변을 통해 나왔고, 옆구리와 손과 발에 흐르는 예수님의 피를 자신이 받아먹었다고 한다. 1953년 서울로 돌아온 후 다시 사업을 시작하고 창동교회를 다녔다. 이때 변계단 권사와 나운몽 장로에게 은혜를 받고 그들을 돕기 시작했다. 1955년부터 부흥사로 활동했다. 남산집회에서 경이로운 치유가 일어나면서 장안의 화제가 되자 전국에서 대형집회를 열었다. 1955년 총 15차례 부흥집회를 인도했고 연인원 500만 명이 참석했다. 그해에 자신의 추종자들을 모아 '한국예수교전도관부흥협회'를 창립했으며, 원효로에 2,500명을 수용하는 '전도관'(傳道館)을 건축했다. 1956년 청암동에 '중앙 전도관'을 지었고, 전국에서 모인 전도관 신도들이 박태선을 '감람나무'로 추대했다(11월 11일).

하지만 1955년 장로교 경기노회가 박태선의 종교활동을 조사하는 과정에서 '피가름' 문제가 드러났다. 그가 출석하던 창동교회 당회는 그를 제명했고, 한국기독교연합회(한국기독교교회협의회의 전신)도 전도관을 "사이비

천부교의 신앙촌

한 신앙운동"으로 규정했다. 이 문제가 1957년 교계의 뜨거운 쟁점으로 떠올랐다. 3월 〈세계일보〉, 5월 신사훈의《이단과 현대의 비판과 우리의 생로》, 6월 월간지 〈실화〉, 7월 김경래의《사회악과 사교 운동》을 통해 전도관의 실체가 폭로된 것이다.

이런 상황에서도 박태선의 부흥집회는 계속되었고, 그를 따르는 사람들도 늘어 갔다. 1957년부터 '신앙촌'이라는 대규모 신앙공동체를 건설하기 시작해 이후 경기도 소사에 공장, 아파트와 주택, 초·중·고등학교를 건축하고 7,500여 명이 입주했다. 그들은 카스테라, 간장, 형광등, 양복 등 50여 종의 물건을 '시온'이라는 상표로 생산했다. 1962년에는 경기도 덕소에 '제2 신앙촌'이 건설되었다. 이곳에는 6,000여 명이 입주했는데, 국내 최초의 중공업 단지로서 철강제품과 선박까지 생산했다. 그리고 1971년 부산시 기장에 수출용 산업단지를 목표로 세 번째 신앙촌을 건설했다.

한편, 박태선과 전도관은 스캔들의 주인공이 되었다. 정신병에 걸린 소년이 안찰기도를 받던 중 사망하고 암매장된 사건이 1958년 발생했다. 1960년에는 전도관에 대해 비판적 기사를 보도한 〈동아일보〉 사옥에 전도관 신도들이 난입하여 기물을 파손하며 난동을 부렸다. 박태선은 부정선거(1961)와 탈세혐의(1972)로 기소되었고, 1975년에는 그의 아들 박동명까지 연예인과의 스캔들 및 외화 밀반출 혐의로 세상의 웃음거리가 되었다. 1980년부터 박태선은 자신의 나이가 5,700세라고 주장하면서, 이긴 자이자 감람나무인 자신이 영생한다고 가르쳤다. 교단명도 '천부교'(한국천부교전도관부흥협회)로 변경하였다.

천부교는 교주가 축복한 물을 생명물(즉, 이슬성신이 담긴 물)로 신성시한다. 성에 대해 대단히 부정적이어서 남자 교회와 여자 교회를 분리하고 이성 간의 애정을 음란죄로 비난한다. 가족 중 한 명이 구원을 받으면 다른 가족도 모두 구원받는다고 주장하고, 제사, 돼지고기, 복숭아, 장어, 화장(火葬)을 엄격히 금한다. 한편, 천부교는 한때 한일물산, 시온합섬, 생명물식품, 신앙촌식품, 신앙촌상회 등의 사업체를 소유했고, 시온실업고등학교(현 시온식품과학고등학교), 시온초등학교, 시온중학교, 시온고등학교, 시온상업고등학교도 운영했으나, 현재는 여러 기업과 학교가 문을 닫은 상태다. 더욱이 영생불사를 주장했던 박태선이 1990년 셋째 아들 박윤명을 후계자로 지목하고 사망하자, 큰 충격을 받은 신자들이 대거 이탈했다. 2000년 이후 제1, 2 신앙촌이 재개발로 사라지고 부산 기장의 신앙촌만 남아 있다.

신천지예수교 증거장막성전

1931년 경북 청도에서 출생한 이만희는 1957년부터 박태선을 추종하다가 1967년 '장막성전'의 유재열파에 가담했다. 하지만 1970년대 장막성전이 변질되어 각종 부정부패를 일삼자 1971년 유재열과 김창도를 고소한 후 낙향했다. 이후 장막성전에서 '솔로몬'으로 불리던 백만봉의 초청으로 1978년부터 그의 '재창조교회'(혹은 사데교회)에서 12사도 중 하나로 활동했다. 하지만 1980년 3월 13일, 백만봉이 예언했던 천국의 실현이 실패로 끝나자 이만희는 그와 결별하고 동료 홍종효와 안양시 비산동에 '신천지중앙교회'를 설립했다. 1980년 유재열 측의 고소로 3년 형의 집행유예를 선고받고 수감되기도 했으나, 1984년 3월 14일 과천에 '신천지예수교 증거장막성전'을 세웠다. 1990년 방배동에 신학교육원을 설립하고 무료 성경신학원을 시작했으며, 2000년 과천에 '신천지예수교총회본부'를 두었다. 12사도 이름을 따라 전국을 12지파로 나눠 운영 중이다.

신천지 교주 이만희는 요한계시록에 나오는 주요 인물, 즉 재림 예수, 이긴 자, 두 증인, 철장으로 만국을 다스릴 아이, 신부, 대언자, 사도 요한격인 목자 등이 모두 자신을 가리키며, 따라서 자신을 통하지 않고는 영생, 구원, 천국, 진리를 얻지 못한다고 주장한다. 특히 신천지는 이만희를 하나님의 대언자요 육신을 입고 온 보혜사(요일 2:1)라고 믿으면서, 그가 직접 하나님께 계시를 받았기 때문에 요한계시록을 바르게 해석할 수 있는 유일한 인물이라고 선전한다. 신천지의 주장에 따르면, 자신들이 천국의 실상, 요한계시록의 시온, 진리의 성읍으로서 세계에서 성경을 통달하고 실상을 증거할 수 있는 유일한 자들이다. 따라서 신천지 12지파의 등록교인 수가 14만 4,000명에 이르면, 이들이 청계산 아래서 12지파를 통해 세상을 영원히 다스릴 것이다. 비밀리에 진행되는 복음방 교육, 신학원 교육, 새신자 교육을 받고 신천지교회에 등록하면 ID카드가 발급되고, 이것을 소지한 사람들만 이들의 예배에 참석할 수 있다.

2017년 12월 말 기준으로 신천지 신도 수는 18만 6,175명이며, 국내 본부 12개, 지교회 57개, 선교센터 266개, 기타 940개를 거느리고 있다. 재산은 약 5,600억 원에 이르는 것으로 알려져 있다. 그 외에 유럽 8개국, 오세아니아 2개국, 아프리카 5개국, 아시아 12개국, 북아메리카 2개국, 남아메리카 6개국 등 총 35개국에서 포교활동을 하고 있으며, 해외에 1만 6,030명의 신도가 있는 것으로 보고되었다.

하나님의교회 세계복음선교협회

'하나님의교회'를 설립한 안상홍(1918-1985)은 1947년 제칠일안식일예수재림교회에 입교했다. 1953년부터 계시를 받기 시작했고, 1956년 초대교회의 진리가 자신을 통해 회복될 것이라고 주장했다. 결국 1962년 안식교에서 출교되자, 추종자들과 1964년 4월 28일 부산에서 '하나님의교회 예수증인회'를 창립했다. 1981년 장길자를 '하나님의 신부'로 택하고 신도들에게 '하나님의 어머니'로 칭송하게 했다. 안상홍은 1988년, 1999년, 2012년이 종말의 해라고 주장했으나 예언은 계속 빗나갔다. 이후에는 제3차 세계대전이 발발하기 전 14만 4,000명에 속해야 한다고 주장했다.

하나님의교회는 자신들을 하나님께서 친히 세우신 지상의 유일한 참교회(행 20:23)라고 주장하면서, 안상홍을 성령 하나님, 예언에 따라 오신 재림 그리스도, 이 시대의 구원자, 지상의 마지막 교회인 하나님의교회를 설립한 후 승천한 자로 규정한다. 동시에 육체의 아버지와 더불어 영의 아버지가 있듯이(히 12:9), 육체의 어머니와 더불어 영의 어머니도 있으며, 성령 하나님 안상홍의 이름과 성령 하나님의 신부 되시는 어머니 하나님을 믿음으로 구원받는다고 주장한다. 구약시대에 하나님께 기도하고 신약시대에 예수 그리스도의 이름으로 기도했으나, 지금은 성령시대이므로 성령 하나님 안상홍의 이름으로 기도해야 한다고 가르친다. 특히 이들은 '7가지 신앙실천'을 강조한다. (1) 여자들은 로마 가톨릭교회처럼 머리에 수건을 쓸 것 (2) 세례를 받지 않고 침례를 받을 것 (3) 토요일을 안식일로 지킬 것 (4) 성탄절은 태양신 기념일이므로 지키지 말 것 (5) 유월절을 지킬 것 (6) 십자가는 우상 (7) 유월절, 무교절, 초실절, 나팔절, 대속죄일, 초막절 등 절기를 철저히 지킬 것.

1985년 안상홍이 사망하자 장길자가 2대 교주로 추대되었다. 이 과정에서 부산을 근거지로 한 '새언약 유월절 하나님의교회'와 서울의 김주철과 장길자를 중심으로 한 '하나님의교회 안상홍 증인회'로 분열했다. 안상홍이 사망한 무렵 교회 수는 10여 개였으나, 총회장 김주철의 지도하에 교세가 급성장했다. 2002년 부산아시안게임과 아태장애인경기대회, 2003년 대구 유니버시아드대회에 대규모 서포터스를 투입해 대통령 표창과 훈장을 받았다. 옥천 고앤컴연수원, 엘로힘연수원, 전의산연수원을 통해 성경 세미나를 운영하고, 국제 성경 세미나를 매개로 해외 포교에도 힘을 쏟았다. 총회본부는 성남시 분당구 수내동 부근에 있으며, 2017년 현재 전 세계 등록 교인 수가 270만 명, 교회는 한국에 약 400개 및 175개국에 7,000개가 있다.

평가와 전망

교회사는 분열의 역사다. 초기에는 예수, 성경, 삼위일체에 대한 해석 차이로 교회가 분열을 반복했지만, 후에는 교회와 교권, 예전(禮典)과 영적 체험에 대한 견해차로 분열이 꼬리를 물었다. 그 결과, 동일한 예수와 성경을 믿지만 다양한 쟁점에 대해 상이한 입장을 견지하는 많은 분파가 탄생했다. 이런 상황은 20세기에도 변하지 않았다. 19세기에 출현한 모르몬교, 안식교, 여호와의증인은 명맥을 유지했을 뿐 아니라 교세를 크게 신장하여 세계적인 네트워크까지 구축했다. 비록 주류 그리스도교에 의해 정통으로 인정받지는 못했으나, 더 이상 사회에서 무시할 수 없는 종교적·정치적·경제적 영향력을 확보한 것이다. 반면, 극단적 교리와 윤리적 일탈로 그리스도교의 전통적 범주를 과도하게 넘어선 집단도 계속 출현했다. 인민사원, 다윗파, 오대양이 대표적인 경우다. 그뿐만 아니라, 통일교, 천부교, 신천지, 하나님의교회(안상홍파) 등은 한국에서 출현한 이단이다. 이들의 부정적 영향으로 한국 교회는 갈등과 분열에 휩싸이고 사회적 평판도 추락하고 있다.

　　그리스도교의 특성과 역사를 고려할 때, 이단의 출현은 필연적이다. 성경해석과 신학적·제도적 관행은 시대와 공간의 차이에 따라 달라질 수밖에 없기 때문이다. 성령론에 대한 논쟁이 한 예다. 또한 이런 차이를 해결하기 위해 인내와 관용에 근거한 신학적 대화와 타협이 아니라 기득권 유지를 위한 정치적 정죄와 배제를 강행하는 경우가 일반적이었다. 네스토리우스를 정죄한 에베소공의회(461)가 대표적이다. 따라서 역사적으로 적지 않은 교회와 신자들이 부당하게 이단으로 정죄되기도 했고, 상황이 변하면서 이단과 정통이 뒤바뀌는 해프닝도 적지 않았다. 그뿐만 아니라, 주류 정통 교회들이 본질을 상실하고 부패했을 때 이런 문제를 지적하며 개혁을 요청했던 의인들이 기득권 세력의 공작과 음모에 희생되어 이단으로 정죄된 경우도 많았다. 루터의 예가 대표적이다. 적절하고 정당한 요구를 겸손하게 수용하여 개혁의 기회로 삼지 않고, 그 요구 자체를 외면함으로써 진실을 가리고 개혁의 골든타임을 놓친 경우도 허다했다. 따라서 이단과 정통의 역사는 생각보다 복잡하며, 신학자와 역사가들의 객관적이고 엄밀한 연구를 통해 진실을 규명하고 역사를 정립해야 한다. 이 작업에 실패할 경우, 이단과 정통의 기준이 흔들리고 정말 제거해야 할 이단은 방치한 채 진정한 정통을 이단으로 정죄하는 치명적 과오를 범할 수 있기 때문이다.

이처럼 이단의 탄생 배후에는 다양하고 복잡한 상황과 역학관계가 존재한다. 하지만 인민사원이나 오대양의 경우처럼, 종교의 탈을 쓰고 벌어지는 천인공노할 이단의 만행도 분명히 있다. 신학적 정통성을 거부하고, 성경에 대한 자의적 해석과 교주의 카리스마가 변퇴적으로 결합될 때, 세상을 구원해야 할 종교가 세상을 지옥으로 돌변시키는 악마의 도구가 될 수 있다. 특히 종교가 특정 개인이나 집단의 경제적 이권 혹은 정치적 특혜와 배타적 유착관계를 형성하면, 그 악마적 파괴력은 더욱 강화될 수밖에 없다. 이런 경우, 추종자들의 이성적 판단력과 윤리적 감수성은 마비되고, 맹신과 폭력의 광기 속에서 교회는 파국으로 치닫는다. 또한 사회는 중심이 흔들리는 종말의 징후마저 보이게 된다. 따라서 이단과 사이비의 출현은 주류 교회와 사회에 심각한 경종이며, 진지한 자기성찰과 자기정화의 기회다. 이런 경고음과 반성의 기회를 무시하거나 거부한다면, 정통과 이단 모두가 공멸하고 종교의 몰락은 사회와 문화의 붕괴로 이어질 수밖에 없다. 이것이 바로 우리가 이단의 출현을 간과할 수 없는 절박하고 현실적인 이유이다.

끝으로, 현재 한국 교회는 어느 때보다 이단의 전투적 포교로 몸살을 앓고 있다. 통일교와 천부교 등에서 기원한 다양한 이단들이 주류 교회를 향해 전면전을 선포하고 전방위적으로 공격적 선교를 하고 있다. 이들의 교리와 관행이 비상식적·반정통적임에도, 이들의 교세는 빠르게 증가하고 있다. 더욱 심각한 것은 이런 이단들에 최근 합류한 사람들 대부분이 이들의 주장과 설득에 넘어간 기성 교회 신자들이라는 사실이다. 이를 통해 우리는 기성 교회의 최소한 두 가지 취약점을 발견할 수 있다. 이단의 주장에 쉽게 설득될 만큼 자신의 구성원들에게 적절한 성경공부와 신학교육을 하지 못했다는 사실, 그리고 이들이 지적하는 기성 교회의 윤리적 타락이 도를 넘었다는 사실 말이다. 신학과 윤리 면에서 정통이 이단보다 우월하지 못하다면, 결코 현재의 진흙탕 싸움에서 이길 수 없을 것이다. 과거처럼 종교재판소를 통해 이단들을 화형에 처하거나 국가권력을 동원해 십자가에 처형할 수도 없다. 오로지 탁월한 신학적 통찰과 윤리적 실천을 통해 대중의 인정을 받아야 한다. 이러한 때에 한국 교회는 진리와 선행으로 이 싸움에서 승리하고, 시대와 민족을 선한 길로 인도하는 등대와 방주의 역할을 제대로 해야 할 것이다.

주

1 —— 신권은 하나님이 사람의 구원을 위한 모든 일을 행하도록 사람에게 주신 권위와 권능을 의미한다.

2 —— 총관리 역원(general authorities)은 교회의 최고 의결권이 있는 자들로 구성되며, 제1회장단, 12사도 정원회, 70인 정원회, 관리 감독단(관리감독, 1, 2 보좌)이 주요 직책이다.

3 —— https://en.wikipedia.org/wiki/Short_Creek_raid (2019. 8. 18. 접속)

4 —— 같은 문제로 러시아에서도 '참되고 자유로운 제칠일안식일예수재림교회'(True and Free Seventh-day Adventists)가 출현했다.

5 —— https://en.wikipedia.org/wiki/Peoples_Temple (2019. 8. 18. 접속).

6 —— 이 이름은 에스겔 3장 8절("내가 이제 새싹이라고 부르는 나의 종을 보내겠다", 새번역)에서 기원했다.

7 —— 현대종교 편집국, 《자칭 한국의 재림주들》(서울: 현대종교사, 2002), 23.

8 —— 허호익, 《한국의 이단 기독교》(서울: 동연, 2017), 74.

9 —— 최중현, 《한국메시아운동사연구 1》(서울: 생각하는백성, 2009), 192.

10 —— 김홍수는 원리강론을 다음과 같이 평가했다. "그것[원리강론]은 통일교의 생산품이기는 하지만, 김성도의 종교체험이 백남주, 김백문, 문선명 등을 통해서 체계화된 것이므로 교회로부터 배척받던 신령파 그룹의 공동의 산물이라고 할 수 있다." 김홍수, "이단 또는 한국적 기독교", 〈제3시대〉 vol.29(2012. 3.).

참고문헌

김철민, 《종교와 문화의 모자이크, 발칸》, 서울: 한국외국어대학교출판부, 2014.

나카무라 사토시, 《일본 기독교 선교의 역사》, 박창수 역, 서울: 홍성사, 2016.

달라스 윌라드, 《잊혀진 제자도》, 윤종석 역, 서울: 복있는사람, 2007.

디모데 웨어, 《동방 정교회의 역사와 신학》, 이형기 역, 서울: 한국장로교출판사, 2008.

랄프 윈터, 《랄프 윈터의 비서구 선교운동사》, 임윤택 역, 서울: 예수전도단, 2012.

류대영, 《미국종교사》, 서울: 청년사, 2007.

목창균, 《현대신학논쟁》, 서울: 두란노, 1995.

배덕만, 《미국 기독교우파의 정치활동》, 서울: 넷북스, 2007.

배덕만, 《교회사의 숲》, 대전: 대장간, 2015.

브라이언 스탠리, 《복음주의 세계확산》, 이재근 역, 서울: CLC, 2014.

스탠리 그렌츠·로저 올슨, 《20세기 신학》, 신재구 역, 서울: IVP, 1997.

스튜어트 머레이, 《이것이 아나뱁티스트다》, 강현아 역, 대전: 대장간, 2011.

안승오, 《세계 선교 역사 100장면》, 서울: 평단, 2010.

안희열, 《세계 선교 역사 다이제스트 100》, 대전: 침례신학대학교출판부, 2013.

위르겐 몰트만, 《희망의 신학》, 전경연·박봉랑 역, 서울: 대한기독교서회, 1973.

윈스롭 허드슨·존 코리건, 《미국의 종교》, 배덕만 역, 서울: 성광문화사, 2008.

윌리엄 A. 스코트, 《개신교 신학 사상사》, 김쾌상 역, 서울: 대한기독교출판사, 1987.

이재근, 《세계복음주의 지형도》, 서울: 복있는사람, 2015.

임영상·황영삼 공편, 《소련과 동유럽의 종교와 민족주의》, 서울: 한국외국어대학교출판부, 1996.

정승진, 《서양건축사》, 서울: 미세움, 2016.

제임스 C. 리빙스톤, 《현대 기독교 사상사》, 김귀탁 역, 서울: 은성, 1993.

제임스 헌터, 《기독교는 어떻게 세상을 변화시키는가?》, 배덕만 역, 서울: 새물결플러스, 2014.

조성노 편, 《최근신학개관》, 서울: 현대신학연구소, 1993.

조은령·조은정, 《혼자 읽는 세계 미술사 2》, 서울: 다산북스, 2015.

존 노리치, 《교황연대기》, 남길영 외 역, 서울: 바다출판사, 2014.

존 A. 호스테들러, 《후터라이트 사람들, 그 삶의 이야기》, 김복기 역, 춘천: KAP, 2007.

죠지 마르스텐, 《미국의 근본주의와 복음주의 이해》, 홍치모 역, 서울: 성광문화사, 1992.

최중현, 《한국메시아운동사연구 1》, 서울: 생각하는백성, 2009.

P. G. 맥스웰-스튜어트, 《교황의 역사》, 박기영 역, 서울: 갑인공방, 2005.

필립 젠킨스, 《신의 미래》, 김신권·최요한 공역, 서울: 도마의길, 2009.

하비 콕스, 《종교의 미래》, 김창락 역, 서울: 문예출판사, 2010.

한국기독교역사학회 편, 《한국기독교의 역사 Ⅲ》, 서울: 한국기독교역사연구소, 2009.

한스 큉, 《가톨릭의 역사》, 배국원 역, 서울: 을유문화사, 2013.

Anderson, Allan H. *To the Ends of the Earth: Pentecostalism and the Transformation of World Christianity*. New York: Oxford University Press, 2013.

Balmer, Randall. *God in the White House: A History*. New York: HarperOne, 2008.

Barron, Bruce. *Heaven on Earth?: The Social & Political Agendas of Dominion Theology*. Grand Rapids, MA.: Zondervan Publishing House, 1992.

Bebbington, David. *Evangelicalism in Modern Britain: A History from the 1730s to the 1980s*. Grand Rapids, MI.: Baker Book House, 1989.

Carpenter, Joel A. *Revive Us Again*, New York & London: Oxford University Press, 1997.

Collins, Kenneth J. *The Evangelical Movement: The Promise of an American Religion*. Grand Rapids, MI.: Baker Academic, 2005.

Cox, Harvey. *The Secular City*. New York: Macmillan, 1965.

Elligsen, Mark. *The Evangelical Movement*. Minneapolis: Augsburg Publishing House, 1998.

Graham, Billy. *Just as I am: The Autobiography of Billy Graham*. Grand Rapids, MI.: Zondervan and HarperSanFrancisco, 1997.

Gutiérrez, Gustavo. *Theology of Liberation*, rev. ed., trans. And ed., Sister Caridad Inda and John Eagleson. Maryknoll, N.Y.: Orbis, 1988.

Jenkins, Philip. *The Map of the Global Church*. New York: The Crossroad Publishing Company, 2017.

Niebuhr, Reinhold. *The Nature and Destiny of Man*. New York: Charles Scribner's Son, 1946.

Nouwen, Henri J. *Lifesigns*. New York: Image Books, 1990.

Rosell, Garth M. *The Surprising Work of God*. Grand Rapids, MI.: BakerAcademic, 2008.

Russell, Letty. *Human Liberation in a Feminist Perspective*. Louisville: Westminster John Knox Press, 1974.

Synan, Vinson. *The Holiness-Pentecostal Tradition in America: Charismatic Movements in the Twentieth Century*. Grand Rapids, MI.: William B. Eerdmans Publishing Company, 1971, 1997.

Tillich, Paul. *Systematic Theology I*. Chicago: University of Chicago, 1951.

20세기 교회사

세계화 시대의 그리스도교

Globalization and Christianity in the Twentieth Century

지은이 배덕만
펴낸곳 주식회사 홍성사
펴낸이 정애주
국효숙 김경석 김의연 김준표 박혜란 송승호 오민택
오형탁 이현주 임영주 주예경 차길환 최선경 허은

2020. 2. 14. 초판 1쇄 인쇄   2020. 2. 28. 초판 1쇄 발행

등록번호 제1-499호 1977. 8. 1.
주소 (04084) 서울시 마포구 양화진4길 3   전화 02) 333-5161   팩스 02) 333-5165
홈페이지 hongsungsa.com   이메일 hsbooks@hongsungsa.com   페이스북 facebook.com/hongsungsa
양화진책방 02) 333-5163

• 잘못된 책은 바꿔 드립니다. • 책값은 뒤표지에 있습니다.
• 이 도서의 국립중앙도서관 출판예정도서목록(CIP)은 서지정보유통지원시스템 홈페이지(http://seoji.nl.go.kr)와
국가자료공동목록시스템(http://www.nl.go.kr/kolisnet)에서 이용하실 수 있습니다.(CIP제어번호: CIP2020005442)

ISBN 978-89-365-0367-3 (03900)